사이버불링의 이해와 대책

안성진 | 이창호 | 조윤오 | 오인수 | 김봉섭 | 김경희 | 이승하
진달용 | 임상수 | 최숙영 | 이원상 | 이유미 | 신나민 공 저

교육과학사

머리말

최근 스마트폰이 청소년들에게 대중화되면서 카카오톡이나 페이스북 등 소셜 네트워크를 중심으로 사이버불링이 빈번히 일어나고 있습니다.

사이버불링은 비단 우리 사회뿐 아니라 IT 선진국인 미국, 캐나다, 영국 등지에서도 중요한 사회적 문제가 되고 있습니다. 우리는 가끔씩 사이버불링을 견디지 못해 자살하는 안타까운 사례들을 뉴스를 통해 알게 됩니다. 사이버불링은 면대면 상황이 아닌 온라인 공간에서 발생하기 때문에 시, 공간적 제약을 받지 않고 언제 어디서든지 일어날 수 있으며 그 영향 또한 오프라인 폭력 못지않게 심각한 것으로 알려져 있습니다. 특히 사이버불링은 온라인공간을 통해 은밀하고 지속적으로 일어날 수 있다는 면에서 청소년들에게 깊은 정신적 상처를 주고 있습니다.

국내외 연구결과를 종합해보면 대략 청소년의 10~30%가 사이버불링을 경험하고 있는 것으로 나타나고 있습니다. 우려스러운 점은 IT 기술의 발달에 따라 사이버불링이 점점 더 다양해지고 교묘해진다는 점입니다. 근래에는 마음에 안 드는 친구를 제외하고 대화방을 만든다든지 대화방에 초대해 놓고 싫은 친구를 집중적으로 괴롭히는 현상들이 두드러지고 있습니다.

이처럼 사이버불링은 우리 사회뿐 아니라 많은 국가들에게서 공통적으로 나타나고 있는 청소년문제입니다. 따라서, 사이버불링의 원인을 정확히 진단하고 이를 해결하기 위한 여러 정책적 방안 마련이 꼭 필요한 시점입니다. 특히 최근 학교폭력의 양상은 바깥 공간에서 일어나는 신체적, 물리적 폭력은 줄어드는 반면 사이버공간에서 일어나는 언어폭력이나 따돌림은 증가하는 패턴을 보이고 있습니다.

이 같이 사이버불링이 청소년들에게 중요한 문제로 부각되고 있지만, 아직까지 관련 연구나 조사는 많지 않습니다. 특히 사이버불링의 원인이나 영향을 다룬 개론서는 거의 없습니다.

이러한 상황을 반영하여 커뮤니케이션학, 교육학, 유아교육, 범죄학 등 다양한 분야의 전문가들이 모여 사이버불링에 대한 대중의 이해를 높이고 이를 예방하기 위한 다양한 방안들을 제시할 수 있는 책을 발간하게 됐습니다.

이 책은 모두 4부 13장으로 구성돼 있습니다. 1부에서는 사이버불링의 개념과 원인, 유형, 영향을 살펴보고 있습니다. 2부는 우리나라뿐 아니라 미국, 영국, 캐나다의 사이버불링 실태를 다루고 있습니다. 3부는 사이버불링을 예방하기 위한 교육적, 기술적, 법·제도적 대책을 논의하고 있습니다. 4부에서는 가정과 학교에서 사이버불링에 어떻게 대응해야 할지를 제시하고 있습니다.

그동안 학교폭력을 다룬 책들은 많았지만 사이버불링을 다룬 책은 거의 없었습니다. 이 책이 최근 급증하고 있는 사이버불링에 대한 심각성을 환기시키고 사이버불링의 원인이나 영향에 대한 대중의 이해를 높이는 데 중요한 길잡이 역할을 할 것으로 기대합니다. 특히 미국, 영국, 캐나다 등 외국의 사이버불링 예방정책들은 우리 사회에 시사하는 바가 클 것으로 보입니다.

끝으로 이 책이 나오기까지 많은 노력을 해주신 교육과학사 김동규 사장님을 비롯한 임직원분들에게 깊은 감사의 말씀을 드립니다.

2015년 3월

집필자를 대표하여

이창호 씀

Part 1

사이버불링 개요

Contents

Part 3

사이버불링 예방

Contents

Part 4
사이버불링 대응

Part 1

사이버불링 개요

사이버불링에 대한 개념과 정의는 학자들마다 다양하다. 1부에서는 사이버불링의 개념과 특성, 원인, 유형, 영향 등을 살펴보기로 한다. 먼저 1장은 사이버불링의 개념과 특성에 대해 논의한다. 사이버불링을 그동안 우리가 혼용하여 사용했던 사이버 비행과 사이버 폭력, 사이버언어폭력을 모두 포괄할 수 있는 개념으로 보면서 사이버 공간에서의 온갖 형태의 폭력적인 표현과 행위로 정의하고 있다. 2장은 사이버불링의 원인을 피해 및 가해로 구분하여 살펴본다. 3장에서는 사이버불링의 유형을 모두 13가지로 구분하여 설명하고 있다. 4장에서는 사이버불링이 미치는 영향을 심리적 영역, 행동적 영역, 관계적 영역, 신체적 영역 면에서 다루고 있다.

안성진

Chapter 01

사이버불링의 개념과 특성

정보사회가 실현됨에 따라서 이전에는 불가능처럼 여겨졌던 일들이 가능해졌다. 인터넷 망의 도움으로 세계 곳곳의 정보를 안방에서 손쉽게 얻을 수 있는 세상이 되었고 물리적으로 먼 곳에 떨어져 있는 누군가에게 손쉽게 연락을 할 수도 있게 되었다. 이런 점에서 비교해 볼 때 현 세대에 살고 있는 우리는 이전 세대에 살았던 사람들보다 정말 편리한 생활을 영위하고 있는 셈이다.

그렇지만, 지금 우리가 사용하고 있는 각종 정보통신 기술의 발전은 그동안 역사적 사실에서 볼 수 있었던 기술의 발전 역사와 비교해볼 때 짧은 기간에 걸쳐 이루어졌기 때문인지는 몰라도 정보통신 기술을 이용하고 있는 현 세대 사람들의 의식적 측면은 발전된 기술 수준을 아직 따라가고 있지 못한 것 같다.

가령 이에 대해 간단하고 일상적으로 쉽게 찾아볼 수 있는 예로는, 별다른 어려움 없이 이메일, 휴대전화, SNS(Social Networking Sites)와 같은 정보통신 기술과 각종 서비스에 대해 접근성이 높아짐에 따라 특정인에 대한 악성 루머를 유포하거나 특정인을 대상으로 인신공격을 하거나 모욕감을 줄 만한 사진을 게재하는 것을 생각해볼 수 있다. 이 밖에도 최근 정보통신 기술의 특성을 이용하여 기밀 정보를 불법적으로 유출시키는 보안 위협 행위를 자행하거나 성매매 사이트 등 불법, 음란 사이트에 피해 상대의 신상정보를 노출시키기도 하는 일이 벌어지고 있다.

이러하듯이, 조금만 머릿속으로 생각을 해보면 화려한 정보통신 기술의 발전상에 비해 그것을 사용하는 주체의 의식적 측면은 상대적으로 많이 부족하다는 것을 쉽게 알아차릴 수 있다. 이른바 '문화 지체 현상'이라고도 할 수 있는데, 그만큼 곳곳에서 쉽게 찾아볼 수 있는 만큼, 이미 사회 곳곳에 만연하다고 할 수 있다.

이러한 현상들로 인해 나타나는 각종 사회·문화적 문제점들은 실제로 사회·국가적으로 많은 갈등 해소 비용과 국가 경제의 손실을 발생시키고 있다. 따라서, 이러한 현상으로부터 나타나는 여러 사회·문화적 문제점에 대한 해결책을 도출할 필요성이 있다는 데에는 대부분의 사람들이 공감할 수 있을 것이라고 본다.

이러한 이유로, 본 장에서는 이른바 '문화 지체 현상'으로 인한 사회·문화적 문제점과 관련된 해결책을 도출하고자 하는 노력의 일환으로 앞서 언급되었던 여러 사회·문화적 문제점 중에서 '사이버불링(Cyber Bullying)'에 대하여 다루어보고자 한다.

본 장에서 앞서 잠깐 언급했던 여러 문제점 중에서 '사이버불링(Cyber Bullying)'에 대해서 집중적으로 다루어보고자 하는 대표적 이유는 바로 '사이버불링'은 사이버 공간에서의 '왕따'라는 점에서 주로 청소년층에서 많이 나타나는 문제점이기 때문이다. 청소년 시기는 일반적으로 인격과 지성의 형성이 이루어지는 중요한 시기라고 할 수 있기 때문에, 이러한 시기에 이루어지는 사이버 공간에서의 '왕따'는 개인의 인격 형성에 심각한 장애를 가져다주는 것뿐만 아니라 그 이상으로 건강한 사회를 만드는 데에도 전혀 도움이 되지 않는다고 할 수 있기 때문이다. 다시 말하자면, 미래 세대의 주된 역할을 하게 될 청소년층의 정서 발달과 인격 형성에 부정적 영향을 주게 될 것이기 때문에 이 문제에 대해 눈여겨보아야 한다는 것이다.

이러한 이유로 '사이버불링'에 대해서 잘 알아보고 해결책을 제시하기 위한 기초적 노력을 하고자 하는 차원에서, 본 장에서는 '사이버불링'의 개념과 실태에 대해서 알아보고, 과연 어떠한 형태로 '사이버불링'이 발생하는지에 대하여 구체적인 사례를 통해서 알아보도록 하겠다.

1. 사이버불링(Cyber Bullying)의 개념과 특징

1) '사이버불링'이란?

본 절에서는 이러한 '사이버불링'에 대한 간단한 이해를 바탕으로 이와 비슷한 개념에 대하여 알아보고, 지금까지 '사이버불링'에 대해 정의된 내용들을 들여다보는 과정을 통해 '사이버불링'의 의미를 폭넓고 종합적으로 정의해보고자 한다.

이에 따라, '사이버불링'에 대하여 정의하기에 앞서 우선적으로 이와 비슷한 사이버 공간을 이용한 괴롭힘에 대해서 나타내는 개념들에 대해서 알아보도록 하겠다. 사이버불링의 개념을 분명하게 정의하기 위해서는 사이버불링과 유사한 개념으로 사용되는 사이버비행과 사이버폭력, 사이버따돌림의 개념정의를 살펴 볼 필요가 있다.

〈표 1-1〉 **사이버불링과 유사한 개념의 정의**

개념	의미
사이버비행	사이버 공간에서 발생하거나 사이버 공간과 관계 있는 범죄
사이버폭력	인터넷이나 인터넷과 관련된 기술상에서 고의적 혹은 반복적으로 다른 사람에게 피해를 입히는 행위
사이버따돌림	인터넷, 휴대전화 등 정보통신기기를 이용하여 학생들이 특정 학생에게 지속적, 반복적으로 심리적 공격을 가하거나, 특정 학생과 관련된 개인정보 또는 허위사실을 유포하여 상대방이 고통을 느끼도록 하는 일체의 행위

우선, 사이버비행(Cyber-delinquency)은 사이버 공간에서 발생하거나 사이버 공간과 관계 있는 범죄를 말하여 '컴퓨터 범죄', '정보통신 범죄', '사이버 범죄', '하이테크 범죄' 등으로 부르고 있다. 특히 가해자가 일반인인 경우에는 범죄로 통용되지만 청소년인 경우에는 범죄라는 말을 대신해 비행이라는 용어를 사용하는 경향이 있다(이정숙, 안윤영, 2005). 이처럼 사이버비행은 사이버 공간과 관련된 범죄 행위 즉 해킹, 바이러스 유포, 신용카드사기 등의 행위와 청소년기에 행해지는 일반적인 비행이라고 인정되는 정도의 개념 즉, 사이버 스토킹, 음란물 중독, 음란물폭력채팅행위, 사이버도박, 게임 중독 등을 사이버비행의 개념에 포함시킬 수 있다(한종욱, 2001). 사이버비행은 인터넷 사용이 일반화되면서 나타난 새로운 유형

의 비행으로 정확한 개념 규정이나 관련 연구가 매우 적으나 일반적으로 인터넷 등 사이버 공간을 중심으로 하여 발생하는 제반 범죄 및 비행을 의미한다. 국내 연구에서는 불법 소프트웨어를 다운받거나 채팅하면서 성별이나 나이를 속이기, 다른 사람의 컴퓨터나 웹사이트를 해킹하는 등의 사이버 공간에서의 청소년 비행에 대해 주로 사이버비행이라는 용어를 사용하고 있다(김경호 · 차은진, 2012; 이성식, 2009; 정혜원 · 정동우, 2012).

Wall(2001)은 이러한 사이버비행을 구분하였는데, 첫째는 허락 없이 다른 사람의 인터넷에 접근하는 것(cyber-trespass)으로 해킹이나 바이러스 침투 등이 이에 해당한다. 두 번째는 사이버사기(cyber-deception and thefts)로 신용카드 사기나 불법복제, 저작권 침해 등이 이에 해당한다. 세 번째는 사이버 포르노그래피(cyber-pornography)인데, 외설관련 법을 위반하는 행동이다. 마지막은 사이버폭력(cyber-violence)으로, 물리적 또는 정신적인 해를 가하겠다고 협박하고 욕을 하거나 스토킹을 하는 행동 등을 포함하였다. 다음은 사이버 스토킹의 예이다.

중학교 2학년이던 이 군은 같은 반 대부분의 아이들로부터 왕따를 당했다. 잘난 척을 한다는 것이 이유였다. 어느 순간부터 이 군은 학교에서 유령이 돼 있었고, '장난'을 빙자한 아이들의 폭력도 수시로 이뤄졌다. 그 중심에는 김무석(15 · 가명) 군이 있었다. 견디지 못한 이 군은 지난 4월 학교와 경찰에 이를 알렸다. 학교폭력대책위가 열리고 이 군의 따돌림을 주도했던 김 군에게는 강제 전학 조치가 내려졌다. 악몽은 끝난 듯했다. 하지만 그게 아니었다. 전학을 간 김 군은 끊임없이 이 군에게 소셜네트워크서비스(SNS)인 카카오톡을 통해 메시지를 보내왔다. 욕설과 함께 "나만 너를 따돌렸냐?" "나만 때렸냐?" "내가 여기 전학 와서 왕따 당하면 네가 책임질 거냐?" 등의 메시지가 수백 통씩 쏟아졌다. 대답을 하지 않으면 "왜 대답을 안 하냐" "내가 우습냐. 내가 전학 왔다고 우리가 만나지 않을 것 같냐?"라는 협박이 이어졌다. 친구 차단을 해도 소용이 없었다. 낯선 아이디로 문자가 왔다. 김 군이었다. 김 군은 친구의 이름으로, 부모님의 이름으로, 혹은 탈퇴 후 아이디를 바꾼 뒤 메시지를 보냈다. 카카오톡을 스마트폰에서 지울까도 생각했지만, 그 아이 하나 때문에 다른 친구들과의 소통 자체를 포기할 순 없었다. 수백 통씩 쏟아지는 김 군의 문자는 두 달 동안 이어지다 이 군이 경찰에 다시 신고를 한 뒤 비로소 끝이 났다. 이 군은 경찰에 신고를 하고 두 달 뒤인 6월 말 학교를 스스로 그만뒀다.

(헤럴드 경제, 2013. 12. 24.)

다음으로, 사이버폭력은 사이버 범죄의 일종으로, 인터넷이나 인터넷과 관련된 기술상에서 고의적 혹은 반복적으로 다른 사람에게 피해를 입히는 행위를 말한다. 사이버폭력은 정확한 법률적 용어라기보다는 인터넷이 일반화되면서 나타나기 시작한 역기능 현상 중 사이버 공간 내에서 발생하는 폭력을 표현하는 용어로써, 지금까지도 일반적으로 사용은 하고 있지만 그 개념이 명확하게 확립되어 있지는 않다.

박종현 · 권도윤 · 서경원(2005)은 사이버폭력을 정보통신망을 통해 부호, 문언, 음향, 화상 등을 이용하여 타인의 명예 또는 권익을 침해하는 행위라 정의하고, 정보통신윤리위원회(2005)는 사이버 공간에서의 온갖 형태의 폭력적인 표현과 행위라고 하였다. 윤경운(2006)은 상대방의 의사와 관계없이 이루어지는 인터넷상의 게시판, 댓글 등을 통한 비방과 욕설, 허위사실유포, 개인정보와 사생활 유출 등의 행위로 특정 대상에게 불쾌감과 정신적 피해를 주는 행동이라고 정의하였다. 사이버폭력은 사이버언어폭력과 동일한 의미로 사용되기도 하며, 일반적으로 인터넷상에서 인신 공격적 언어 사용이나 유언비어 유포 및 명예훼손 등의 일탈행위를 말한다. 이렇듯 사이버폭력은 다양한 정의를 갖고는 있지만 그 공통적인 의미는 특정인을 대상으로 사이버 공간 안에서 이루어지는 폭력적인 행동뿐만 아니라 상대가 불쾌감을 느끼는 모든 행위를 뜻한다. 다음은 사이버폭력의 예이다.

> 14세 영국 소녀 한나 스미스는 최근 인터넷 상담 사이트 'ask.fm'에 습진에 걸린 고민을 털어놨다가 사이버 집단폭력의 희생양이 됐다. 스미스의 글에는 고민을 덜어주는 답변보다는 비방 및 조롱하는 댓글이 홍수를 이뤘고, 페이스북 계정도 자살을 종용하는 '악플'로 도배됐다. 스미스는 수많은 누리꾼으로부터 협박받는 상황에 절망했고 급기야 페이스북에 자살을 암시하는 글을 남기고 자신의 방에서 목을 매 자살하고 말았다. 사고 이후 스미스를 추모하는 페이스북 페이지와 친언니 조안의 페이스북 계정을 향해서도 사이버 폭력이 계속돼 누리꾼의 공분을 불렀다.
>
> (연합뉴스, 2013. 8. 7.)

이어서, 사이버따돌림은 2009년에 개정된 「학교폭력예방 및 대책에 관한 법률」에서 학교폭력 범위에 따돌림과 함께 추가된 개념이다. 동법 제2항 1호의 3항에서는 사이버따돌림을 인터넷, 휴대전화 등 정보통신기기를 이용하여 학생들이 특정 학생에게 지속적, 반복적으로 심리적 공격을 가하거나, 특정 학생과 관련된 개인정보 또는 허위사실을 유포하여 상대방이 고통을 느끼도록 하는 일체의 행위로 정의하고 있다. 다음은 사이버따돌림의 실제 예이다.

> "사이가 안 좋은 애들이 있었는데, 저를 카카오톡으로 초대해서 욕을 하더라고요. '×××아, 네가 ○○한테 욕을 했는데. 네가 그럴 만한 자격이 있냐?'면서 단체로 욕을 해요. 한 다섯 명 정도가. 저는 '나 안 그랬다' 하면서 그냥 카톡방을 나갔어요."
>
> (한겨레 뉴스, 2014. 1. 7.)
>
> "친구한테 3000원 가량을 빌렸는데 그 친구가 카카오스토리에다 '돈을 빌려가고 안 갚으면 그것도 갈취 아니냐?'고 올렸어요. 그 친구한테 학생회 친구가 있나 봐요. 학생회 친구가 그 글에 '그런 것도 금품 갈취야'라고 댓글을 달았어요. 그 친구가 저한테 직접적으로 말을 안 하니까 다른 애들도 제 얘기에 저를 욕하는 댓글을 달아서 기분이 나빴어요."
>
> (한겨레 뉴스, 2014. 1. 7.)

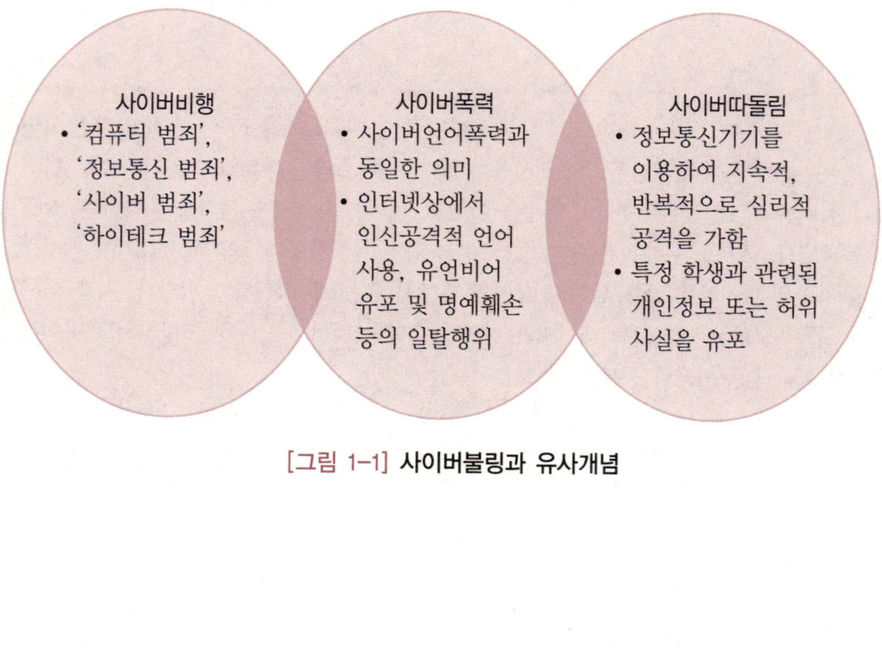

[그림 1-1] 사이버불링과 유사개념

이제까지 살펴본 사이버불링과의 유사 개념을 종합해보면, 그 의미와 유형이 사이버불링과 매우 비슷하다는 것을 알 수 있다. 모두 다소 간의 의미 차이는 존재하지만 정보통신 기술을 이용한 가상공간에서의 위협, 협박과 같은 행위를 나타내고 있다고 종합해볼 수 있다. 이에 따라 이를 종합적으로 묶어서 지칭하고자 하는 움직임이 있었고, 이러한 노력에 따라 나타난 용어가 바로 '사이버불링'이라고 할 수 있다.

이러한 사이버불링에 대한 용어는 IT기기 및 정보사회의 발달 정도를 사회에 반영하듯, 그 영역에 있어서 다양성을 보이면서 다음과 같이 여러 가지 다양한 정의로 이어져 왔다.

〈표 1-2〉 **사이버불링에 대한 정의**

연구자	정의
Findelhor와 그의 동료들(2000)	온라인 괴롭힘이라 정의하고 온라인상에서 다른 사람에게 가하는 위협적이고 공격적인 행위
Ybarra와 Mitchell(2004)	온라인상에서 다른 사람을 향한 고의적인 공격 행위
Willard(2006)	이메일, 인스턴트 메시지, 문자 메시지, 디지털이미지 전송, 웹페이지, 블로그, 채팅방, 토론방 등 컴퓨터나 그 밖의 다양한 정보화 기기 등을 사용하여 괴롭히는 것
Hinduja와 Patchin(2007)	이메일, 문자 메시지, 동영상, SNS 등을 이용해 피해자에게 욕설, 명예훼손, 비방, 위협, 스토킹 등을 가해 특정인을 반복적으로 괴롭히는 행위
Juvoven과 Gross(2008)	인터넷 또는 다른 디지털 통신 장비를 사용하여 누군가를 모욕하거나 위협하는 것
Hinduja와 Patchin(2012)	전자화된 글이라는 수단을 통해 의도적이고 반복적인 해를 가하는 것
한국정보화진흥원(2013)	스마트폰이나 컴퓨터를 통해 욕설과 협박, 괴롭힘 행위들이 발생하는 경우와 SNS등의 사이버 공간에서 원하지 않는 폭언과 음란물을 보내는 행위 및 거짓 정보 유포행위

우선, Findelhor와 그의 동료들(2000)은 사이버불링을 온라인 괴롭힘이라 정의하고 온라인상에서 다른 사람에게 가하는 위협적이고 공격적인 행위라 하였다. 이와 유사하게 Ybarra와 Mitchell(2004)은 사이버불링은 온라인상에서 다른 사람을 향한 고의적인 공격 행위로 보고 이를 인터넷 괴롭힘이라 하였으며, 사이버불링의

공격 형태는 핸드폰, 비디오카메라, 이메일 등의 정보나 커뮤니케이션 테크놀로지를 사용하여, 웹 페이지에 괴롭히거나 모욕을 주는 메시지를 게시하여 다른 사람에게 보이는 것이라고 하였다.

또한 Willard(2006)는 인터넷 또는 기타 디지털통신 장비를 사용하여 유해하고 잔인한 글 또는 그림을 보내는 것으로 보았다. 즉, 사이버불링은 대체로 이메일, 인스턴트 메시지, 문자 메시지, 디지털이미지 전송, 웹페이지, 블로그, 채팅방, 토론방 등 컴퓨터나 그 밖의 다양한 정보화 기기 등을 사용하여 괴롭히는 것(bullying)을 말한다(Belsey, 2006; Patchin & Hinduja, 2006; Willard, 2006).

Hinduja와 Patchin(2007)은 사이버불링이란 이메일, 문자 메시지, 동영상, SNS 등을 이용해 피해자에게 욕설, 명예훼손, 비방, 위협, 스토킹 등을 가해 특정인을 반복적으로 괴롭히는 행위를 말한다고 정의하였고, Juvoven과 Gross(2008)는 사이버불링은 인터넷 또는 다른 디지털 통신 장비를 사용하여 누군가를 모욕하거나 위협하는 것이라 하였다.

이를 종합하여 Hinduja와 Patchin(2012)은 사이버불링이 온라인에서 이메일 또는 메신저를 통해 어떤 누군가를 지속적으로 괴롭히거나, 누군가가 좋아하지 않는 것을 온라인에 게시하는 것으로, 전자화된 글이라는 수단을 통해 의도적이고 반복적인 해를 가하는 것이라고 정의할 수 있다.

우리나라에서도 최근 '사이버불링에 대한 이해와 대응 방안(한국정보화진흥원, 2013)'을 통해 사이버불링은 스마트폰이나 컴퓨터를 통해 욕설과 협박, 괴롭힘 행위들이 발생하는 경우와 SNS등의 사이버 공간에서 원하지 않는 폭언과 음란물을 보내는 행위 및 거짓 정보 유포행위라고 정의하였다. 또한 「학교폭력 예방 및 대책에 관한 법률」에서는 사이버불링을 사이버따돌림으로 번역하여 학교폭력의 범위에서 사이버불링을 하나의 영역으로 두고 있기도 하다.

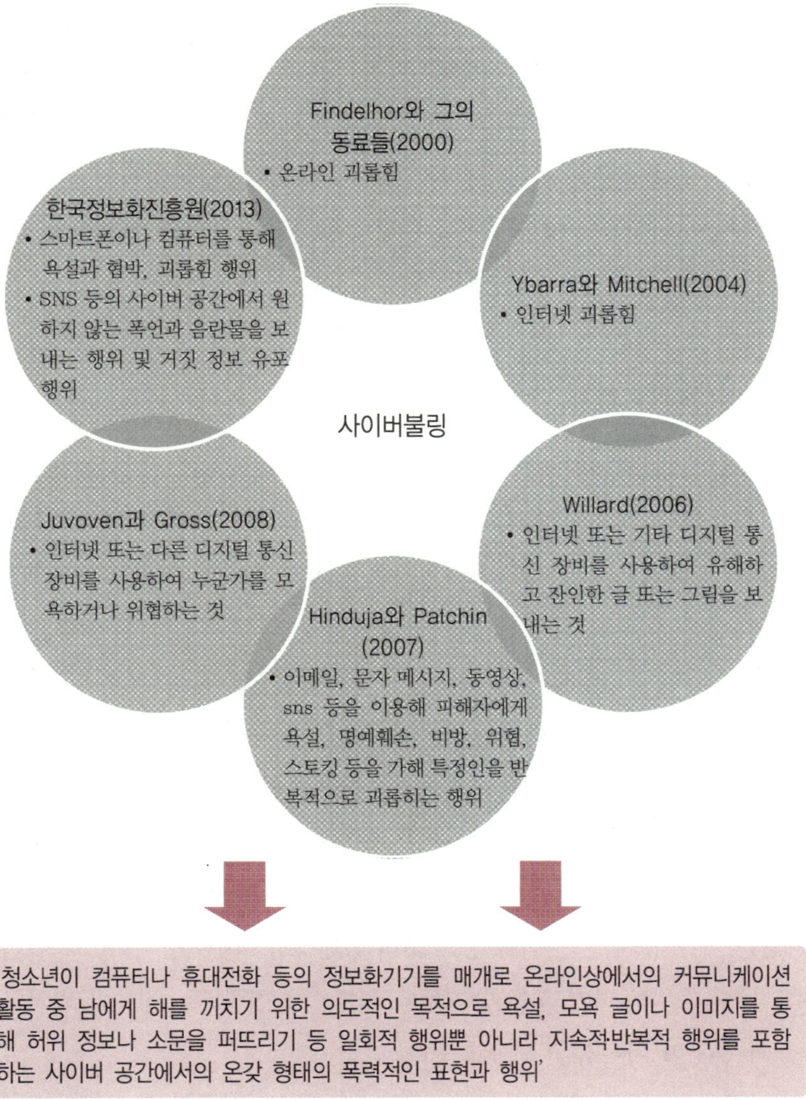

[그림 1-2] **사이버불링의 정의**

그러나 이러한 각각의 사이버불링에 대한 개념 정의에도 불구하고 아직 사이버불링에 대한 개념정의는 명확하지 않으며, 단지 연구자의 관점이 상황에 따라 다양한 용어로 정의되어 사용되고 있다.

따라서 우리는 사이버불링을 그동안 우리가 혼용하여 사용했던 사이버 비행과 사이버 폭력, 사이버언어폭력을 모두 포괄할 수 있는 개념으로 사이버불링을 '청소년이 컴퓨터나 휴대전화 등의 정보화기기를 매개로 온라인상에서의 커뮤니케이션 활동 중 남에게 해를 끼치기 위한 의도적인 목적으로 욕설, 모욕 글이나 이미지를 통해 허위 정보나 소문을 퍼뜨리기 등 일회적 행위뿐 아니라 지속적 · 반복적 행위를 포함하는 사이버 공간에서의 온갖 형태의 폭력적인 표현과 행위'라고 정의하고자 한다.

2) 사이버불링의 특징

일반적으로 오프라인에서 발생하는 폭력은 학교와 지역, 또는 다른 사회적인 관계를 통해 이미 알고 있는 청소년들 사이에서 발생한다. 반면, 사이버불링 피해를 경험하는 청소년 역시 아는 사람에 의해 피해를 입는 경우가 있지만, 알지 못하는 사람에게 무차별적으로 괴롭힘을 당하는 경우 역시 빈번하다. 이렇듯, 사이버불링은 기존의 오프라인에서의 폭력과는 분명 다른 양상을 보이고 있다. 이에 따라 현재 사이버불링으로 인해 직간접적으로 나타나는 문제를 해결하고자 하는 차원에서 이번에는 사이버불링의 특징에 대해 파악해보고자 한다.

사이버불링은 기본적으로 우리가 알고 있는 왕따와는 다르게 직접 만나서 대면하고 이루어지는 괴롭힘이 아니라고 할 수 있다. 이는 정보화 기기 및 기술에 의한 다양한 커뮤니케이션 방식을 통해 여러 방면에서 이루어질 수 있고, 확산이 빠르며, 가해자를 파악하기 힘들기 때문에 처벌조차 어렵다는 점에서 과거의 집단 따돌림과 분명한 차이점을 보이고 있다.

이러한 사이버불링에는 인터넷 서비스 아이디를 도용하여 거짓정보 올리기, 문자로 루머 퍼뜨리기, 휴대폰으로 음해문자 보내기, 온라인에 거짓 소문 퍼뜨리기 등이 있으며 국내에서는 같은 반 학생을 대상으로 하는 안티카페만도 1천여 개가 넘는 실정이다. 이 외에 메신저 집단 차단, 일촌 집단 거부 등의 현상도 국내에서 발생하는 대표적인 사이버불링 사례이다.

이러한 사례에서 짐작해볼 수 있듯이, 사이버불링은 일반적인 집단 괴롭힘과 달리 온라인상에 한 번 올라온 욕설과 비방은 수많은 사람들이 동시에 보고, 퍼 나르기 때문에 완전 삭제가 어려우며, 또 짧은 시간에 광범위하게 확산되는 한편 동영상과 합성사진 등으로 익명성, 지속성, 신속성, 확산성, 시각적 충격을 준다는 특징을 가지고 있다고 할 수 있는데, 이와 관련하여 사이버불링의 특징에 대해 상세히 정리해보도록 하겠다.

〈표 1-3〉 **사이버불링의 특징**

연구자	특징
Hinduja와 Patchin(2007)	지속성, 반복성을 바탕으로 피해자에 대한 가해자의 "지배와 통제"가 필요하고, 동시에 가해자-피해자 간의 "힘의 불균형"도 범죄 특성으로 필요하다.
Gradinger, Strohmeier, & Spiel(2009)	- 의도성, 반복성 - 피해자가 스스로 피해를 입었다고 자각하는 것 - 전자기기를 이용한 행위
이인태(2012)	- 비대면성, 익명성 - 채팅, 게임 등에 끼워주지 않는 비언어적 형태의 따돌림
Hinduja와 Patchin(2012)	전통적인 불링과 함께 중복하여 발생하는 경우가 많다.
조희정(2012)	컴퓨터 등 전자장치 사용능력에 따라 괴롭힘 수준이나 정도가 달라지고, 거짓 정보의 확산성이나 신속성, 시각적 충격, 익명성 정도가 달라진다.

사이버불링의 특징을 살펴보면, 먼저 일반 전통적인 불링과 함께 중복하여 발생하는 경우가 많다고 하겠다. 새롭게 등장하는 전자장치 및 기술을 이용하여 원거리에서 피해자를 괴롭힌다는 특징이 있는 것도 사실이지만, 많은 경우 폭력이나 절도, 왕따 등을 직접 피해자에게 가하면서 부수적인 방식으로 사이버불링을 이용한다(Hinduja & Patchin, 2012).

Gradinger, Strohmeier, 그리고 Spiel(2009)은 사이버불링의 주요 요소로 네 가지를 설명하고 있는데, 첫째, 행동이 우연이 아니라 고의로 일어나는 의도성이다. 둘째, 일회성의 사건이 아니라 반복된 행동의 패턴을 보인다는 반복성이다. 셋째, 피해자가 해를 입었다고 지각하는 것이다. 넷째, 컴퓨터나 휴대전화 등의 전자기기를 사용하는 것이다.

이인태(2012)는 전통적인 집단 괴롭힘과 다른 사이버불링만이 갖고 있는 특징을 다음과 같이 세 가지로 정리하였다. 첫째, 비대면성으로 기존의 괴롭힘과 다르게 인터넷 혹은 휴대전화를 통해 이루어지기 때문에 직접 접촉하지 않은 상태에서도 괴롭힘이 지속된다. 둘째, 익명성과 낮은 사회적 실재감, 탈육체화된 자아가 강하기 때문에 따돌림의 빈도와 강도가 더욱 강화될 수 있다. 셋째, 사이버불링은 인터넷이나 휴대전화를 매개로 하기 때문에 여러 활동(채팅, 게임 등)에 끼워주지 않는 비언어적 형태의 따돌림으로 나타난다.

또한 지속성, 반복성을 바탕으로 사이버불링 역시 피해자에 대한 가해자의 "지배와 통제"가 필요하고, 동시에 가해자-피해자 간의 "힘의 불균형"도 범죄 특성으로 필요하다(Hinduja & Patchin, 2007). 그러나 온라인 공간 내에서 이루어지는 힘의 불균형이 오프라인상에서의 불균형과 반드시 동일한 것은 아니다. 오프라인에서는 가해자가 나이가 많고, 힘이 더 세고, 물리적으로 더 강할 때 공격행동이 일어나겠지만, 사이버불링에서는 컴퓨터 등 전자장치 사용능력에 따라 괴롭힘 수준이나 정도가 달라지고, 거짓 정보의 확산성이나 신속성, 시각적 충격, 익명성 정도가 달라진다고 하겠다(조희정, 2012). 즉, 가해자가 갖고 있는 사이버상에서의 기술 활용 노하우에 따라 사이버불링 폐해 정도가 달라질 수 있다.

이러한 사이버불링의 특징을 볼 때, 사이버불링의 피해 혹은 가해자는 IT기기를 사용하는 사람이라면 누구나 될 수 있으며 그 방법 또한 단순한 괴롭힘의 한계에서 벗어나 명예훼손, 모욕, 차별, 폭력의 양상으로 번지고 있어 다양한 사회문제로 대두될 수 있다는 생각을 해볼 수 있다.

실제로 최근에는 이 사이버불링이 청소년들 사이에서 유행처럼 번지면서 학교폭력의 새로운 유형으로 떠오르고 있으며, 이는 청소년들의 문제뿐만 아니라 심각한 사회문제로 확산되고 있다. 특히나 사이버불링은 기존 청소년 사회의 문제였던 학교폭력 및 왕따의 어두운 그림자가 사이버 공간으로 옮겨지면서, 폭력의 공간적 확장성뿐만 아니라 시간적 지속성 측면에서도 그 영역이 넓고 깊어지는 양상을 보이고 있다.

다음은 스마트폰을 매개로 한 따돌림의 실례이다.

> 대구의 한 중학교에 다니는 최모 군(14)은 최근 휴대전화 요금제를 11만 원에 달하는 '무제한 데이터 통신요금제'로 바꿨다. 이는 평소 학교에서 문제아로 낙인찍힌 같은 반 친구 3명의 강요에 의해 마지못해 이뤄졌다.
>
> 이들 문제아 친구들은 최군으로 하여금 값비싼 무제한 데이터 요금제에 등록게 한 뒤, 핫스팟 기능(스마트폰을 모뎀화시켜 다른 기기들을 연결할 수 있도록 하는 기능)을 이용해 정작 자신들은 무료로 인터넷을 사용했다. 최군은 학교에서 이른바 '와이파이 셔틀'(강제로 와이파이 핫스팟을 켜주는 것)로 불리며, 친구들로부터 '스마트폰 왕따'를 당하고 있었다.

이처럼 스마트폰을 매개로 한 따돌림 행위인 일명 '스마트폰 왕따'가 청소년들 사이에서 급속도로 퍼지고 있다.(영남일보, 2014. 2. 3.)

청소년 사회에서의 사이버불링은 가해 청소년이 피해자를 직접 대면하지 않으면서 텍스트 문자나 온라인 공간 내 SNS 등을 활용하여 24시간 실시간으로 피해자를 괴롭히고, 통제하며, 거짓 정보를 퍼뜨릴 수 있다는 점에서 가해자가 익명성이라는 사이버공간의 특수성에 뒤에 숨어 피해자에게 심각한 정신적 고통을 남길 수 있는 새로운 폭력 형태이다(한국정보화진흥원, 2013). 현행 「학교폭력 예방 및 대책에 관한 법률」은 사이버불링에 관하여 '인터넷, 휴대전화 등 정보통신기기를 이용하여 학생들이 특정 학생들을 대상으로 지속적, 반복적으로 심리적 공격을 가하거나, 특정 학생과 관련된 개인정보 또는 허위사실을 유포하여 상대방이 고통을 느끼도록 하는 일체의 행위'라고 광범위하게 정의하고 있지만, 가해자가 미성년자이거나 청소년이기에 그를 제재할 수 있는 강력한 수단을 강구하기란 쉽지 않다. 뿐만 아니라, 사이버불링은 가해자와 피해자 사이에 사적인 공간에서 대부분 발생하기 때문에 초기에 수면 위로 떠오르지 못하고 그 상태가 곪을 때로 곪은 상태에서 나타나기 때문에 쉽게 발견되기 어렵다.

사이버불링이 더욱 심각한 이유 중 하나는 가해자가 피해자의 상태나 고통을 직접 목격하지 않기 때문에 자신의 감정조절에 수위를 조절하지 못할 뿐 아니라, 남을 놀리거나 따돌리는 행위를 그들만의 놀이나 문화로 가볍게 여기고 상대방의 심각성을 인지하지 못하는 데 있으며, 여러 명의 가해자가 한 명의 피해자를 집중적으로 괴롭힌다는 데에도 있다. 더욱이 최근에는 사이버불링의 피해자 범위가 과거와는 달리 청소년 중 누구나 즉, 청소년이라면 누구나 피해자의 한 명이 될 수 있다는 점이다.

이렇듯 사이버불링은 다양한 기법과 특정한 환경에 기인한 현상으로 우리가 생각하는 것보다 훨씬 뿌리 깊게 우리사회와 청소년 사회에 육체적, 정신적 폭력을 가하고 있는 '문화 지체 현상'의 일종이라고 볼 수 있다.

2. 사이버불링의 실태

1) 사이버불링의 실태

일반적으로 오프라인에서 발생하는 폭력은 학교와 지역, 또는 다른 사회적인 관계를 통해 이미 알고 있는 청소년들 사이에서 발생한다. 그러나 온라인상에서의 가해자와 피해자의 관계에 대해 Wolak과 그의 동료들(2007)이 연구한 바에 따르면, 인터넷 폭력 피해자의 43%는 가해자를 알고 있고, 57%는 단지 온라인에서만 접촉했던 사람에게 폭력을 당한 것으로 나타났다. 그리고 피해자가 비피해자들에 비해서 다른 사람을 괴롭힐 가능성이 약 5배 정도 높다는 사실을 밝혀냈다.

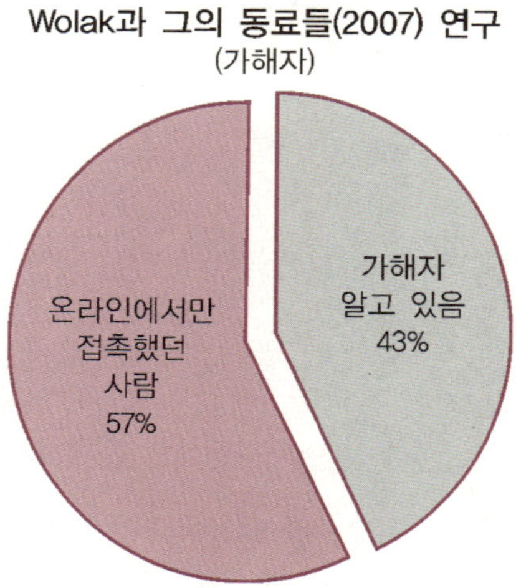

〈그림 1-3〉 가해자에 대한 Wolak 등의 연구

또 Kowalski와 Limber(2006)는 사이버불링 피해자의 48%가 가해자의 신원을 모르고 있다고 보고했다. Ybarra, Mitchell, Finkelhor 그리고 Wolak(2007)은 동일한 가해자로부터 온라인과 오프라인에서 동시에 괴롭힘을 당한 청소년의 비율이 12.6%에 이르고, 피해 청소년의 10.4%는 오프라인과 온라인에서의 가해자가 각각 다르다고 보고했다.

[그림 1-4] **온라인과 오프라인 가해자**

사이버불링 피해자가 겪는 여러 가지 부정적 경험들은 청소년의 건강한 발달을 저해한다. Patchin과 Hinduja(2006)는 18세 이하 청소년을 대상으로 사이버불링 피해를 당했을 때 성인과 의논하는지 여부를 조사한 결과, 피해자들은 그들의 경험에 대해서 어른과 의논하지 않는다는 사실을 보고했다. 특히 피해자가 부모에게 사이버불링 경험을 의논하는 비율은 10% 미만이고, 선생님에게 의논하는 비율은 5% 미만인 것으로 나타났다. 이후 2007년에는 같은 주제를 가지고 중학생을 대상으로 조사 결과, 이 수치가 조금 증가한 것으로 나타났다. 이를 통해 과거에 비해 보다 많은 청소년이 사이버불링에 대한 경험을 나눈다는 것을 알 수 있었으며, 고등학생보다는 중학생이 사이버불링 경험을 더 쉽게 이야기한다는 것을 알아냈다. 남학생과 여학생은 모두 사이버불링 경험에 대해 다른 사람에게 털어놓지 않으려는 공통점을 갖고 있지만, 여학생(57%)은 남학생(50%)에 비해서 친구와 의논하는 비율이 높고, 남학생(39%)은 여학생(21%)에 비해 선생님과 의논하는 경향이 높다. 하지만 사이버불링 피해자의 약 60%가 사이버불링 경험을 어른과 의논하지 않고 있다고 말했다. 더욱이 많은 부모들은 사이버따돌림을 잘 알지 못하거나 과민반응을 하기 때문에 자녀들은 부모에게 말하는 것을 꺼려 한다.

이러한 조사는 최근 국내에서도 이루어졌다. 최근 서울시는 서울시 거주 청소년 4,998명을 대상으로 한 '인터넷 · 스마트폰 사용 및 사이버불링 실태조사' 결과,

서울에 거주 중인 청소년 5명 중 1명이 스마트폰 중독 위험군에 속하는 것으로 나타났다고 8일 밝혔다.

조사 결과 남학생(15.9%)보다는 여학생(22.8%)에게서 스마트폰 중독률이 더 높게 나타났다. 여학생은 고위험군과 잠재적 위험군 모두에서 남학생보다 높았다. 학년별로는 고등학생(26%) 〉 중학생(24.5%) 〉 초등학생(7.7%) 집단순으로 나타나 고학년일수록 스마트폰 중독률이 더 높았다.

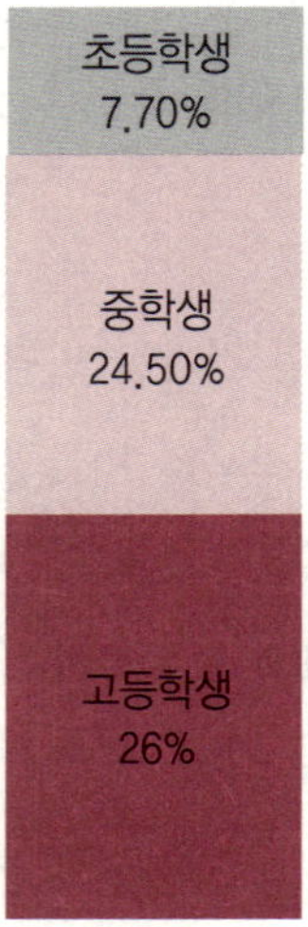

[그림 1-5a] **스마트폰 중독률**

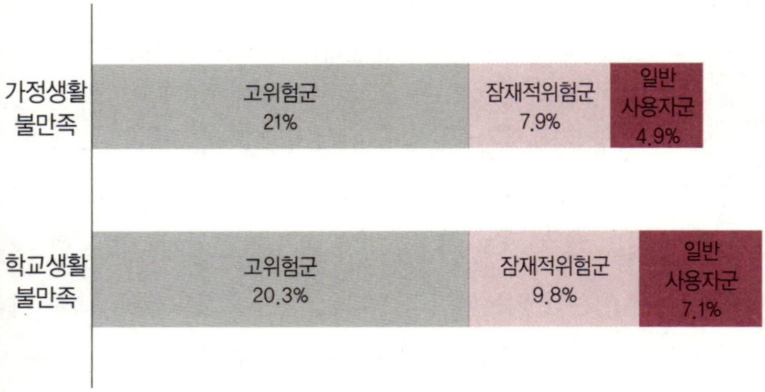

[그림 1-5b] **가정생활과 학교생활 불만족도**

특히 주목할 점은 고위험군으로 갈수록 학교생활과 가정생활을 불만족스럽게 여기는 비율이 높았다는 점이다. 스마트폰 중독 고위험군 중 학교생활이 불만족스럽다고 답한 비율은 20.3%로 잠재적 위험군(9.8%)과 일반 사용자군(7.1%)에 비해 높았다. 가정생활에 불만족하다고 응답한 비율 역시 고위험군(21.0%)이 잠재적 위험군(7.9%), 일반 사용자군(4.9%) 등에 비해 월등히 높은 것으로 조사됐다.

또한 눈에 띄는 점은 스마트폰 중독 고위험군으로 갈수록 '사이버불링' 가해·피해 경험이 모두 증가하는 것으로 나타났다. 조사 결과에 따르면, 사이버불링을 당했거나 가한 적이 있는 청소년은 각각 3.5%, 3.7%이었고 고위험군으로 갈수록 그 비율이 모두 높아져 스마트폰을 과다 사용하는 학생일수록 사이버불링을 더 많이 경험하는 것으로 나타났다.(조선일보, 2014. 4. 9.)

청소년 5명 중 1명가량이 스마트폰 때문에 일상생활에 장애를 겪는 스마트폰 중독이라는 정부의 조사 결과가 있다. 1년 전보다 청소년 중독률이 7% 포인트나 높아진 것은 물론 어른 중독률의 두 배에 달한다. 청소년 스마트폰 중독이 개인이나 가정의 문제를 넘어 사회문제로 대두되고 있어 더 이상 방치해선 안 된다는 경고이다.

2) 사이버불링의 유형

사이버불링의 유형을 분류해놓은 Willard(2006)의 연구 결과에 따르면, 사이버불링은 플레밍에서부터 사이버스토킹까지 일곱 가지로 분류되어 있다. 이렇듯, 사이버불링은 여러 형태로 나타나고 있다고 할 수 있는데, 이번에는 사이버불링의 일곱 가지 세부유형의 정의와 그에 따른 사례를 자세히 살펴보고자 한다.

〈표 1-4〉 사이버불링의 유형

유형	의미
플레밍	특정인을 자극해 일부러 논쟁 또는 분란을 일으켜 특정인이 문제 있음을 드러나도록 하는 의도적 행위
사이버괴롭힘	누군가에게 반복적으로 불쾌하고 비열하고 모욕적인 메시지를 이메일이나 문자메시지의 형태로 지속적으로 보내는 행위
명예훼손	온라인 게시판에 타인의 명예를 훼손하는 글이나 사진 즉 허위 또는 잔인한 내용의 루머나 가십거리를 게시하거나 이메일을 통해 유포하는 행위
위장하기	다른 누군가인 것처럼 가장하면서 그의 평판이나 교우관계에 손해를 입히고, 위험에 처하게 만들거나, 곤란을 겪게 하기 위한 자료 송신, 또는 게시물을 등록하는 행위
아웃팅	의도적으로 공유하고 싶지 않은 예민하거나 창피한 사적 정보가 폭로되는 행위
소외와 배척	온라인 그룹에서 누군가를 고의적으로 잔인하게 배제시키는 행위
사이버스토킹	인터넷 게시판, 대화방, 이메일 등 정보 통신망을 통하여 상대방이 원하지 않는 접속을 지속적으로 시도하거나 욕설 및 협박 내용을 담고 있는 메일의 송신 행위를 지속하는 행위

첫 번째, 플레밍(flaming)은 특정인을 자극해 일부러 논쟁 또는 분란을 일으켜 특정인이 문제 있음을 드러나도록 하는 의도적 행위를 말한다. 즉, 화나게 하거나, 무례하고 상스러운 메시지를 온라인 그룹에 보내거나, 이메일이나 문자 메시지를 보냄으로써 서로 싸우는 것을 말한다. 구교태(2007) 또한 플레밍을 컴퓨터 커뮤니케이션에서의 언어적 공격 형태인 욕설, 비방과 같은 부정적인 커뮤니케이션 현상으로 지칭하고 있다. 다양한 측면에서 정의되고 있지만 사전적 의미의 플레밍은 온라인 토론에서의 상대방에 대한 격렬한 공격을 의미한다. 이러한 공격적인 메시지는 온라인 공간에서 인품(character), 능력(competence), 배경(background)에 대한 공격, 모욕(insult), 험담(malediction), 조롱(ridicule), 모독(profanity), 협박(threat), 욕설(swearing), 이모티콘과 같은 상징(emblems)등을 통해 다양한 형태로 전개될 수 있다.

두 번째, 사이버 괴롭힘(Cyber Harassment)은 누군가에게 반복적으로 불쾌하고 비열하고 모욕적인 메시지를 이메일이나 문자메시지의 형태로 지속적으로 보내는 것이다. 플레밍과 비교하면, 사이버 괴롭힘은 오랜 기간 동안의 일방적인 공격 형태로 적어도 한 명의 공격자와 한 명의 타깃이 있다(Kowalski, Limber & Agatston, 2008).

(사례)

서울 ㄱ고등학교 1학년인 A양은 학교 폭력에 시달리다 아파트 옥상에서 스스로 몸을 던졌다. A양을 괴롭힌 것은 교실에서의 집단 따돌림이나 물리적 폭행이 아니었다. 주변 학교 남학생 10여 명이 A양을 카카오톡 대화방에 초대해 끊임없이 욕설을 쏟아냈던 것이다. 지속적인 욕설을 견디기 힘들었던 A양은 극단적인 선택을 했다.

(머니투데이 뉴스, 2014. 5. 1.)

세 번째, 명예훼손(denigration)은 온라인 게시판에 타인의 명예를 훼손하는 글이나 사진 즉 허위 또는 잔인한 내용의 루머나 가십거리를 게시하거나 이메일을 통해 유포하는 것을 말한다. 한 예로 다음의 사례를 볼 수 있다.

(사례)

서울수도권 중학교에 다니는 혜진(가명 · 중2)이는 초등학교 5학년 때부터 따돌림을 당했다. 초등학교를 졸업하면 끝날 줄 알았던 따돌림은 인터넷을 통해 "우리 학교 왕따가 어느 중학교에 간다."는 소문으로 퍼지면서 중학교에서도 계속됐다. 혜진이를 욕하는 저주 카페가 생겼고 그의 얼굴과 영화 속 괴물을 합성한 사진이 카페에 올라왔다. 이를 본 혜진이는 충격을 받았고 결국 지난해 2학기 휴학했다.

(사례)

중학교 1학년인 A군(12)은 지난달 자신의 SNS(소셜네트워크서비스)를 통해 세월호 침몰로 숨진 단원고 학생들에 대해 '뒤진 고등학생들 과학고나 외고가 아니어서 다행' '그딴 고등학교 가서 지잡대나 갈 바에는 이렇게 죽어 주는 게 부모한테 효도인 듯' 등 글을 올렸다.

경찰은 A군을 세월호 침몰사고로 사망한 학생들의 명예를 훼손한 혐의(명예훼손)로 불구속 입건했다.

(머니투데이 뉴스, 2014. 5. 14.)

네 번째, 위장하기(impersonation)는 다른 누군가인 것처럼 가장하면서 그의 평판이나 교우관계에 손해를 입히고, 위험에 처하게 만들거나, 곤란을 겪게 하기 위한 자료 송신, 또는 게시물을 등록하는 것이다. 가해자는 피해자인 척한다. 피해자의 계정에 빈번하게 접근하여 부정적이고, 무례한 대화를 하거나 부적절한 정보를 다른 사람에게 밝히는 등 마치 피해자인 것처럼 자신의 생각을 말로 써 낸다.

한 예로 다음의 사례를 볼 수 있다.

(사례)

"왜? 멋지지 않냐?"라는 답만 돌아왔다. 사진은 금세 학교에 퍼졌고, 최 양 엽사를 카톡 프로필 사진에 올려 괴롭힘에 동참하는 친구도 하나 둘 늘어났다. 최 양은 열린 의사회가 운영하는 청소년 학교폭력 상담프로그램 '상다미쌤' 상담에서 "죽고 싶다"는 말부터 했다. 평소 아이들의 따돌림을 꾹 참고 있던 터에 이번 카톡 사건까지 겹치면서 최 양은 학교생활을 무척 버거워하고 있다. 학교 상담 권유에 대해 최 양은 "학교 상담을 하면 아이들이 뭐라고 할 거예요. 담임선생님이 알아도 일만 커질 것 같아요"라고 대답했다. "예전에 외부 상담센터에 엄마랑 함께 갔었는데 엄마가 너무 마음 아파하는 걸 봤어요. 엄마를 아프게 하고 싶지도 않아요."라고 했다.

(헤럴드 경제, 2013. 12. 31.)

다섯 번째, 아웃팅(outing)은 의도적으로 공유하고 싶지 않은 예민하거나 창피한 사적 정보가 폭로되는 것이다. 아웃팅이란 커밍아웃과 반대로 자신의 의지와는 상관없이 자신의 성적 경향이 드러나게 되는 것을 말한다. 즉, 일반적으로 자신의 의지와 관계없이 타인에 의해 동성애자인 사실이 밝혀지는 것을 의미한다. 한 예로 다음의 사례를 볼 수 있다.

(사례)

2009년 11월 29일 부산 A고교 1학년 김 모(당시 16세) 군이 자기 집 지하실에서 목을 매 숨졌다. 두 달 전 김 군은 자신의 동성애적 취향과 외모를 비하하고 놀리던 친구들을 죽이고 싶다는 메모를 남겼다. 이에 김 군 부모는 "아이가 지속적인 괴롭힘과 따돌림을 당해 자살에 이를 수도 있다는 것이 예견 가능했음에도 학교당국이 보호 감독할 책임을 다하지 못했다"며 담임교사와 고용주인 부산시교육감을 상대로 2억 6천여만 원의 손해배상 청구소송을 제기했다.

(부산일보, 2014. 3. 14.)

여섯 번째, 소외와 배척(exclusion and ostracism)은 온라인 그룹에서 누군가를 고의적으로 잔인하게 배제시키는 것을 말한다. 온라인 세계에서 소외되는 것이나 사이버 배척은 피해자에게 심각한 정서적 영향을 줄 수 있다(Kowalski, Limber, and Agatston, 2008). 한 예로 다음의 사례를 볼 수 있다.

(사례)

초등학교 6학년 A양은 친하게 지내던 친구들과 함께 게임을 했다. 게임에서 진 사람의 벌칙은 술을 마시고 담배를 피우는 것이었다. 재미로 게임에 참여한 A양은 벌칙을 거절했다. 그 후 학교에는 몇몇 아이들이 술을 마시고 담배를 폈다는 소문이 돌았고 친구들은 A양이 소문을 냈다며 따돌리기 시작했다.

아이들은 A양의 카카오스토리와 미니홈피에 A양을 욕하는 글을 공개적으로 올렸고 '착한 척하지 마라' '이 세상에서 없어져 버려라' 등의 글들도 서슴지 않았다. 나중에는 A양을 잘 모르는 아이들까지도 동참해 '떼카'를 보내며 A양을 괴롭혔다. A양은 3개월간 이들의 폭언과 괴롭힘에 시달리면서 '친구들 때문에 죽고 싶다'고 호소했다.

(아이뉴스, 2013. 4. 6.)

일곱 번째, 사이버 스토킹은 인터넷 게시판, 대화방, 이메일 등 정보 통신망을 통하여 상대방이 원하지 않는 접속을 지속적으로 시도하거나 욕설 및 협박 내용을 담고 있는 메일의 송신행위를 지속하는 것을 말한다. 다시 말해 이메일, 인터넷 채팅, 인터넷 게시판, 문자메시지 등의 가상공간을 통하여 글이나 음향, 부호 등을 반복하여 보냄으로써 상대방에게 공포심이나 불안감을 주는 일탈행위이다. 최근 소셜네트워크서비스가 활성화되고 블로그 등 인터넷 개인 활동이 증가함에 따라 사이버 스토킹 피해가 늘고 있다. 인터넷 검색을 통해 한 네티즌의 소셜네트워크서비스나 인터넷 게시판, 블로그 활동 기록을 맞춰보면 개인정보가 쉽게 드러나기 때문이다. 한 예로 다음의 사례를 볼 수 있다.

(사례)

여중생 이모(15) 양은 친구들로부터 휴대전화 문자와 메신저를 쉼 없이 받아왔다. 금품을 요구하는 욕설 섞인 내용들이었다. 답신이 짧거나 성의가 없다고 판단하면 여지없이 학교에서 직접 마주쳐 퍼붓는 폭력을 감당해야 했다. 애타게 기다린 방학 때도 휴대전화는 쉼 없이 울렸고 자신을 호출했다. 휴대전화 문자 알리는 소리에 노이로제가 걸렸으며 퇴행성 야뇨증에도 시달리고 있다.

(서울신문, 2012. 4. 10.)

현재 사이버불링이 어떠한 형태로 현재 개인적 혹은 사회적 측면에서 어느 정도 부정적인 영향을 주고 있는지에 대하여 사례를 통하여 그 유형을 알아보았다.

3. 정리하기

앞서 정리해본 내용에서 이미 언급하였듯이, '사이버불링'은 단어 자체에서 의미하듯이 사이버 공간에서의 이른바 '왕따' 문제라고 할 수 있다. 정보화 시대의 산물이라고 할 수 있는 정보통신 기술이 비록 많은 혜택을 준 것은 사실이지만, 너무 빨리 발전해온 것인지 정작 그 기술을 사용하는 사람들의 의식의 성숙도는 그 속도를 따라가지 못했기 때문에 사이버불링이 발생한 것이라고 봐도 무방하다.

따라서 문제의 근본적인 해결을 위해서 이에 대한 이해와 성숙한 대응이 필수적이라고 할 수 있는데, 그러한 이해 과정을 돕기 위해서 본 장에서는 간략하게 사이버불링에 대한 개괄적 내용을 정리해보았다. 사이버불링이란 개념이 구체적으로 어떠한 행위를 지칭하고 의미하는 것인지에 대해서 다루었고, 현재 사이버불링이 어떠한 형태로 현재 개인적 혹은 사회적 측면에서 어느 정도 부정적인 영향을 주고 있는지에 대한 간단한 정보 역시 사례를 제시함으로써 이해를 돕고자 했다.

그러므로 이러한 내용에 대해 전반적으로 들여다보는 과정을 통해서 '사이버불링'에 대해 이해가 일정 부분 이루어졌을 것으로 생각한다. 이에 따라 '사이버불링'에 대한 기초적인 이해를 바탕으로 좀 더 깊이 있는 이해를 위해 이후 내용에서는 '사이버불링'의 실태와 유형에 대해 깊이 있게 다루어보도록 하겠다.

참고문헌

구교태 (2007). 온라인 플레이밍 발생 요인과 해소 방안에 대한 연구. 한국언론정보학, 39, 224-249.

김경호, 차은진 (2012). 중학생의 사이버 비행의 영향 요인 탐구 및 인과관계 분석. 한국자치행정학회, 26(3), 407-434.

박종현, 권도윤, 서경원 (2005). 사이버 폭력의 실태 및 대응방안. 정보통신윤리,63, 10-15.

미래창조과학부. 2012년 인터넷 중독 실태조사 결과, 2012.

이성식 (2009). 청소년들의 인터넷 게시판 악성 댓글의 동기와 통제요인에 관한 연구. 한국형사정책연구원, 20(3), 191-212.

이정숙, 안윤영 (2005). "초등학생의 컴퓨터 사용과 사이버비행에 관한 연구", 한국청소년연구, 16(1), 225-254.

전동일, 위수경, 최종복, 오봉욱 (2008). 청소년 사이버 비행 영향 요인. 가톨릭대학교 사회과학연구소, 13, 149-170.

정혜원, 정동우 (2012). 청소년의 자기통제력이 사이버비행에 미치는 영향: 부모애착, 교사애착의 매개 및 조절효과를 중심으로. 한국청소년학회, 19(9), 1-23.

조희정 (2012). 청소년 사이버불링의 현황과 대책. 국회입법조사처 이슈와 논점 제 457호.

학교폭력예방 및 대책에 관한 법률(법률 제11388호, 일부개정 2012. 3. 21, 시행일 2012. 5. 1.)

한종욱 (2001), 청소년의 사이버비행에 관한 연구. 동국대학교 박사학위논문.

한국정보화진흥원 (2013), 사이버불링에 대한 이해와 대응방안.

Belsey, B. (2006). Cyberbullying: An emerging therat to the "always on" generation.from http://www.cyberbullying.ca.

Finkelhor, D., Mitchell, K., & Wolak, J. (2000).Online victimization:A *report on the nation'syouth*. National Center for Missing& Exploited Children.

Hinduja, S., & Patchin, J. W. (2007). Off-line consequence of online victimization: School violence and delinquency.*Journal of School Violence, 6*(3), 89-112.

Juvoven, J., & Gross, E. F. (2008). Bullying experiences in cyberspace. *The Journal of*

School Health, 78, 496-505.

Kowalski, R. M., & Limber, S. P. (2006). Cyberbullying among middle school children, Manuscript under review.

Patchin, J. W., & Hinduja, S. (2006). Bullies move beyond the schoolyard: A preliminary look at cyberbullying, *Youth Violence and Justice, 4*(2), 148-169.

Willard, N. E. (2006). Cyberbullying and cyberthreat: Eugene, OR: Center for Safe and Responsible Internet Use.

Wolak, J., Mitchell, K. J., & Finkelhor, D. (2007). Does online harassment constitute bullying? An exploration of online harassment by known peers and online-only contacts. *Journal of Adolescent Health, 41*, S51-S58.

Ybarra, M. L., Mitchell, J. K., Finkelhor, D., & Wolak, J. (2007). Examining characteristics and associated distress related to internet harassment: Findings from the second youth internet safety survey. *Pediatrics, 118*(4), 1169-1177.

〈참고사이트〉

http://www.mt.co.kr/view/mtview.php?type=1&no=2014030315075677338&outlink=1

http://news.heraldcorp.com/view.php?ud=20131227000509&md=20131231085148_BK

http://news.inews24.com/php/news_view.php?g_serial=728121&g_menu=020310&rrf=nv

http://www.seoul.co.kr//news/newsView.php?code=seoul&id=20120410011011&keyword=사이버불링'에 피멍드는 청소년

http://www.mt.co.kr/view/mtview.php?type=1&no=2014042214524018145&outlink=1

http://www.yeongnam.com/mnews/newsview.do?mode=newsView&newskey=20140203.010060732270001

http://news20.busan.com/controller/newsController.jsp?newsId=20140314000174

http://news.naver.com/main/read.nhn?mode=LSD&mid=sec&sid1=104&oid=001&aid=0006416631

http://news.heraldcorp.com/view.php?ud=20131224000178&md=20131227004305_BK

http://app.chosun.com/site/data/html_dir/2014/04/08/2014040802134.html

이창호

Chapter 02

사이버불링의 원인

최근 학교폭력은 신체적, 물리적 폭력은 줄어드는 반면 사이버공간에서 일어나는 언어폭력이나 따돌림은 증가하는 양상을 보이고 있다. 사이버불링은 면대면 상황이 아닌 온라인 공간에서 발생하기 때문에 시, 공간적 제약을 받지 않고 언제 어디서든지 일어날 수 있으며 그 영향 또한 오프라인 폭력 못지 않게 심각하다. 최근 들어 사이버불링에 대한 관심이 높아지고 관련 연구나 조사가 활발해지고 있지만 아직까지 사이버불링의 원인이나 영향에 대한 연구는 외국에 비해 턱없이 부족한 실정이다. 이에 따라 본장은 사이버불링이 일어나는 원인에 대해 청소년들을 중심으로 구체적으로 살펴보고자 한다.

1. 청소년이 말하는 사이버불링의 원인[1)]

교육부(2013)가 발표한 학교폭력실태조사자료에 따르면, 학교폭력을 당했다고 응답한 비율은 시간이 갈수록 꾸준히 줄어드는 반면, 전체 학교폭력 중 사이버폭력이 차지하는 비중은 증가하는 패턴을 보이고 있다. 즉 스마트폰을 비롯한 스마트기기의 확산으로 청소년들이 소셜네트워크서비스나 채팅서비스 등에 노출되는 시간이 늘면서 사이버불링 피해 및 가해경험도 증가하고 있는 것이다.

사이버불링이 발생하게 된 원인을 살펴보기 위해서는 먼저 청소년들이 말하는 사이버불링의 이유를 살펴볼 필요가 있다. 방송통신위원회와 한국인터넷진흥원이 2013년 조사한 바에 의하면, 초등학생 응답자들은 사이버폭력의 가해이유로 '재미있어서'를 가장 많이 언급했고, 중, 고등학생들은 '상대방에게 화가 나서'를 주된 이유로 밝혔다(방송통신위원회 · 한국인터넷진흥원, 2013). 한국정보화진흥원(2013)의 조사에서도 청소년들이 사이버불링을 저지르는 주된 이유는 '재미로'가 가장 많았고 '상대방이 싫어서', '복수'가 그 뒤를 이었다. 한편, 이 조사에서는 사이버불링 피해 목격시 아무런 행동을 하지 않는다고 응답한 비율이 43.4%로 가장 높게 나타났고 사이버불링 피해시 느낀 감정으로는 '화'가 가장 높게 나타났다(한국정보화진흥원, 2013).

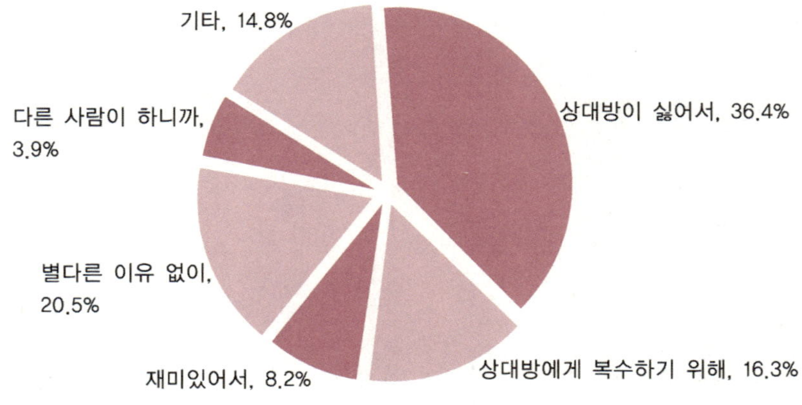

[그림 2-1] 사이버불링 가해이유

1) 본 내용은 한국청소년정책연구원 2014년 고유과제 '청소년 사이버불링실태 및 대응방안 연구'를 바탕으로 한 것임.

한국청소년정책연구원이 사이버불링가해경험이 있는 청소년들을 대상으로 그 이유를 질문한 결과, [그림 2-1]에서 나타난 바와 같이 '상대방이 싫거나 미워서'가 36.4%로 가장 높았다(이창호 · 신나민, 2014). '별다른 이유없이' 저질렀다는 응답자도 20.5%에 달했다.

이러한 국내의 조사결과는 외국의 조사결과와도 크게 다르지 않다. 캐나다 중, 고등학생들을 대상으로 한 조사에서도 응답자들은 사이버불링의 원인으로 재미를 가장 많이 꼽았다(Li, 2010). 이어 가해자들이 불안정하거나 화가 나서 사이버불링을 저지른다고 믿는 경향이 그 뒤를 이었다. 미국 청소년들을 대상으로 한 조사에서는 사이버불링에 가담하는 가장 큰 이유가 '복수를 위해서'였고, '그럴만한 사람이어서', '재미를 위해'가 그 뒤를 이었다(Hinduja & Patchin, 2009/2012). 오스트리아 청소년을 대상으로 한 조사에서는 전통적 불링과 사이버불링 동시에 가담한 학생들의 경우 분노가 가장 주요한 사이버불링 가담 원인으로 나타났고 재미, 권력과시, 소속감이 그 뒤를 이었다(Gradinger, Strohmeier & Spiel, 2012).

이러한 국내외 연구결과들을 통해 볼 때 청소년들은 재미나 복수를 위해 사이버불링에 가담하고 있다는 것을 확인할 수 있다. 실제로 가해자들은 그들의 행동을 폭력으로 보지 않고 단순히 즐긴 것이라거나 단지 문자일 뿐이라는 반응을 보이는 경우가 대부분이다(Hinduja & Patchin, 2009). 즉, 무심코 재미로 저지른 사이버불링이 피해자에게는 큰 정신적 충격이나 상처를 주고 있는 것이다.

그렇다면 사이버불링에 영향을 미치는 요인들은 무엇인지 피해 및 가해경험으로 구분하여 살펴보기로 하자.

2. 양적 연구를 통해 본 사이버불링 피해원인

먼저 기존연구에 대한 검토를 통해 사이버불링 피해에 영향을 미치는 요인들을 살펴보았다. 그 결과, 사이버불링 피해의 원인으로는 인터넷이나 소셜네트워크 이용 등 매체관련 변인(Accordino & Accordino, 2011; Erdur-Baker, 2010; Hinduja & Patchin, 2008; Mesch, 2009; Navarro & Jasinski, 2012; Smith et al., 2008)이 두

드러졌다. 사이버불링의 경우 스마트폰 등 디지털 기기를 매개로 일어나는 현상이기 때문에 사이버공간에서 커뮤니케이션이 활발한 청소년들에게 일어나기 쉽다. 특히 최근 스마트폰이 확산되면서 카카오톡 같은 채팅서비스나 페이스북을 비롯한 소셜네트워크 등 타인과의 관계를 기반으로 한 연결망에서 따돌림 사례가 빈번히 나타나고 있는 실정이다(Accordino & Accordino, 2011; 이창호·이경상, 2013). 즉 기존에는 익명성을 이용하여 사이버불링이 많이 일어났지만 최근의 추세는 지인들이나 친구들 사이에서 빈번히 일어나고 있는 것이다. 특히 카카오톡을 통한 사이버불링이 청소년들 사이에서 빈번해지고 있다. '카따'(카카오톡을 통한 왕따), '떼카'(채팅방에서 단체로 누군가에게 욕을 하는 행위), '카톡감옥'(채팅방으로 피해학생을 초대하여 끊임없이 괴롭히는 행위) 같은 용어의 범람은 이러한 현상을 잘 나타내주고 있다.

매체관련 변인이 사이버불링에 어떤 영향을 미치는지는 많은 경험적 연구를 통해 밝혀졌다. 가령, 미국 청소년과 그들의 부모를 대상으로 한 조사결과에서도 SNS사이트에 개인의 프로파일을 가지고 있고, 유튜브 영상을 많이 보며 채팅룸에 많이 참여한 청소년들이 사이버불링 피해를 더 겪은 것으로 나타났다(Mesch, 2009). 또 다른 연구에서도 메신저 서비스인 IM(Instant Messaging)을 적극적으로 이용하고 소셜네트워크 사이트를 이용하거나 온라인 채팅룸을 자주 방문하는 청소년일수록 사이버불링 위험에 노출될 가능성이 커졌다(Navarro & Jasinski, 2012). 국내연구에서도 온라인 활동이 활발하며 주중 게임을 많이 하는 청소년일수록 사이버불링을 당하는 경향이 높은 것으로 나타났다(신나민 · 안화실, 2013). 이 같은 연구결과들은 사이버불링의 온상지라 할 수 있는 온라인커뮤니케이션 참여가 활발할수록 사이버불링을 당할 가능성이 더욱 커진다는 것을 암시해주고 있다. 특히 국내의 경우 언론에 자주 보도됐듯이, 카카오톡을 중심으로 한 사이버불링이 심각한 문제이다. 아울러, 남학생들의 경우 온라인게임을 통해서도 사이버불링이 많이 발생하고 있다.

매체변인 외에는 학교만족도나 부모와의 관계 등이 사이버불링 피해에 영향을 미치는 요인으로 거론되고 있다. 즉, 학교만족도가 높을수록 사이버불링 피해경험은 낮은 것으로 나타났으며(신나민 · 안화실, 2013), 부모와의 친밀도가 떨어질수록 사이버불링을 더 당하는 것으로 나타났다(Accordino & Accordino, 2011). 한편, 사이버불링 가해경험은 사이버불링 피해경험과 매우 밀접한 연관이 있는 것으로 나타나 사이버공간에서 누군가를 괴롭히는 청소년들이 피해도 많이 당하는 양상을 보였다(이창호·이경상, 2013; Accordino & Accordino, 2011).

부모의 중재유형도 사이버불링 피해에 많은 영향을 미치고 있다. Mesch(2009)가 미국의 자료를 이용해 분석한 바에 따르면, 부모가 자녀와의 대화를 통해 자녀가 방문할 수 있는 사이트를 제한해 놓는 규칙을 마련할수록 자녀의 사이버불링 피해가 감소하는 것으로 나타났다[2]. 하지만 필터링 소프트웨어의 설치나 모니터링 소프트웨어의 설치와 같은 부모의 일방적인 통제(제한적 중재)는 사이버불링에 유의한 영향을 미치지 않았다. Livingstone과 Helsper(2008)는 적극적 공동 중재, 기술적 제한, 상호작용 제한, 감시라는 네 가지 중재 유형을 도출하였고, 그 중에서 자녀의 이메일, 채팅, 인스턴트 메시징 이용을 제한하는, 즉 온라인 상호작용 활동을 제한하는 제한적 중재만이 온라인 위험 노출(음란물, 폭력물, 개인정보제공 등)과 부적인 관계가 있었다. 이처럼 부모가 자녀의 미디어이용시간이나 이용콘텐츠를 통제할수록 그 부작용은 줄어든다는 것을 알 수 있다.

이 같은 연구결과들을 종합해보면, 사이버공간에서의 활동이 활발하고 부모와의 관계가 원만하지 않으며 교우관계가 안 좋은 청소년들이 사이버불링 피해를 당할 가능성이 큰 것을 유추해 볼 수 있다. 아울러, 부모가 자녀의 인터넷이용이나 스마트폰 이용을 제한할수록 위험에 노출될 가능성은 적어진다고 볼 수 있다.

3. 양적 연구를 통해 본 사이버불링 가해원인

사이버불링에 관한 기존 연구들은 피해보다는 가해경험에 영향을 미치는 요인들을 많이 분석하였다. 사이버불링 가해원인 역시 피해원인과 유사하다. 즉 채팅

2) 연구자는 이를 평가적 중재(evaluative mediation)라 부르고 있다.

서비스나 소셜네트워크 이용 등 매체관련 변인, 부모와의 관계, 학교만족도 등이 사이버불링 가해경험에 영향을 미치는 중요한 요인으로 거론되고 있다.

매체요인과 관련하여 디지털리터러시[3]수준이 높을수록 사이버불링 가해경험이 높아지는 것으로 나타났으며(신나민 · 안화실, 2013), 카카오톡이나 페이스북 등 결속형 소셜미디어를 많이 이용할수록 가해경험이 많았다(이창호 · 이경상, 2013). 즉 사이버공간에서의 참여가 활발할수록 사이버불링 가해경험에 참여할 가능성도 커지는 것이다.

부모와의 애착은 사이버불링 가해경험을 낮추는 효과를 가져왔고(성동규 외, 2006) 부모와의 대화가 자유롭거나 개방적일수록 휴대폰을 통한 언어폭력은 줄어드는 것으로 나타났다(이정기, 2011). 따라서, 부모와의 관계가 원만한 청소년들이 사이버불링에 가담할 가능성은 적은 것으로 볼 수 있다.

아울러, 신체적 폭력 피해경험이 크고 학업스트레스가 심한 청소년일수록 사이버불링 가해경험이 많은 것으로 나타났으며(김종길, 2013), 즐거운 학교생활이나 원만한 교우관계 등 학교만족도가 높은 청소년일수록 사이버불링 가해경험에 가담할 가능성이 적었다(신나민 · 안화실, 2013; 한국정보화진흥원, 2013). 다시 말해, 학교생활이 즐겁고 만족스러워야 사이버불링에 가담할 가능성이 적은 것이다.

이러한 결과들은 학교생활에 대한 만족이 낮고 부모와의 애착이 낮은 청소년들이 사이버불링에도 가담할 확률이 높다는 것을 보여주고 있다. 미국의 한 연구에서도 학교에서 친구와 싸우거나 말썽을 일으킨 학생들이 사이버불링을 많이 저질렀다(Hinduja & Patchin, 2008). 또 다른 연구에서도, 긴장과 좌절을 많이 겪는 청소년일수록, 사이버불링을 더 많이 자행한 것으로 드러났다(Patchin & Hinduja, 2011). 즉, 학교에서 나쁜 성적을 받거나 가족과의 불화 등을 경험한 청소년들이 사이버공간에서 더 적극적으로 남을 괴롭히고 있다는 것이다. 국내의 한 연구결과에서도, 교우관계가 안 좋거나 학업스트레스가 심할수록 휴대전화와 인터넷을 통한 사이버불링을 더 많이 저지르는 것으로 나타났다(한국정보화진흥원, 2011). 호

3) 트위터, 페이스북 등에 정보올리기, 웹사이트에 사진 올리기, 블로그 운영하기 등이 이에 해당된다 (신나민 · 안화실, 2013, 7쪽).

주의 연구결과에 따르면, 초등학생의 경우 음주나 흡연, 도둑질 등 문제행동에 가담한 청소년일수록 사이버불링 가해행위에 가담할 가능성이 높았고, 인터넷이나 휴대전화의 이용에 관한 학교규칙을 가지고 있을수록 사이버불링에 가담할 가능성은 감소되는 것으로 나타났다(Cross et al., 2012). 하지만 중학생의 경우 문제행동경험이나 디지털기기에 관한 규칙과 같은 변인들은 사이버불링에 유의미한 영향을 미치지 않았다.

더불어, 사이버불링 가해원인으로는 학교, 컴퓨터, 휴대전화에서의 비행친구 수, 부모로부터의 욕설 · 폭력경험, 충동성, 도덕적 죄책감이 제시되었다(남상희·권남희, 2013). 즉, 비행친구가 많고 부모로부터 욕설이나 폭력을 많이 경험하고 충동적이며 도덕적 죄책감을 덜 느낄수록 사이버불링을 더 많이 저지르는 것으로 나타났다. 서울시내 중학생들을 대상으로 한 연구에서도 휴대전화를 이용한 비행경험이 있는 친구 수는 휴대전화를 이용한 사이버집단괴롭힘 가해행위에 유의한 영향을 미쳤다(전신현 · 이성식, 2010).

정보통신윤리의식수준 또한 사이버폭력 가해경험에 부적인 영향을 미친 것으로 나타나 정보통신윤리의식수준이 높을수록 가해경험은 줄어드는 것으로 분석됐다(성동규 외, 2006; 한국정보화진흥원, 2013). 캐나다 청소년들을 대상으로 한 조사에서는 사이버공간에 대한 긍정적 믿음이 사이버불링 가해경험을 낮추는 중요한 요인으로 나타났다(Li & Fung, 2012). 또한 교과 외 활동이 활발할수록 사이버불링에 가담할 가능성은 떨어지는 것으로 분석됐다. 홍콩 청소년들의 경우 학교소속감이 낮은 학생들이 사이버불링에 참여할 가능성이 높고, 공감능력이 높은 청소년이 사이버불링 피해를 더 당하는 것으로 나타났다(Wong, Chan, & Cheng, 2014). 하지만 자기효능감은 사이버불링 가해 및 피해경험에 어떤 유의한 영향도 미치지 않았다. 이처럼 충동성이나 도덕적 죄책감 등 개인의 심리적 변인들이 사이버불링 가해경험에 중요한 영향을 미치고 있다. 아울러 사이버공간에서 지켜야 할 윤리를 잘 지키는 청소년일수록 사이버불링에 가담할 가능성은 적어지는 것으로 나타났다.

이러한 변인들 외에도 사이버불링에 영향을 미치는 중요한 요인으로 사이버불링 경험을 들 수 있다. 즉 사이버불링 피해경험은 사이버불링 가해경험을 예측하는 가장 중요한 요소로 나타나기도 했다(성동규 외, 2006; 이창호·이경상, 2013). 즉, 사이버불링 피해경험이 많은 학생들이 사이버불링 가해경험에 가담할 가능성이 높은 것으로 나타난 것이다. 청소년들의 경우 사이버불링 피해를 당하면 가만 있질 않고 누군가를 다시 괴롭히는 현상이 두드러지게 나타나고 있다. 이 때문에 사이버불링 피해와 가해를 동시에 경험하는 청소년들이 늘고 있다. 한국청소년정책연구원의 조사(이창호, 신나민, 2014)에 따르면, 사이버불링 피해와 가해를 동시에 경험한 청소년은 전체의 13.1%에 달했다([그림 2-2] 참조). 사이버불링 피해 및 가해경험 어느 것도 없는 집단이 전체의 66.0%를 차지했고 사이버불링 피해만 당한 집단은 14.6%, 가해경험만 있는 집단은 6.3%였다. 즉, 사이버공간에서는 피해자가 가해자가 되고 가해자가 피해자가 되는 현상이 두드러지고 있다.

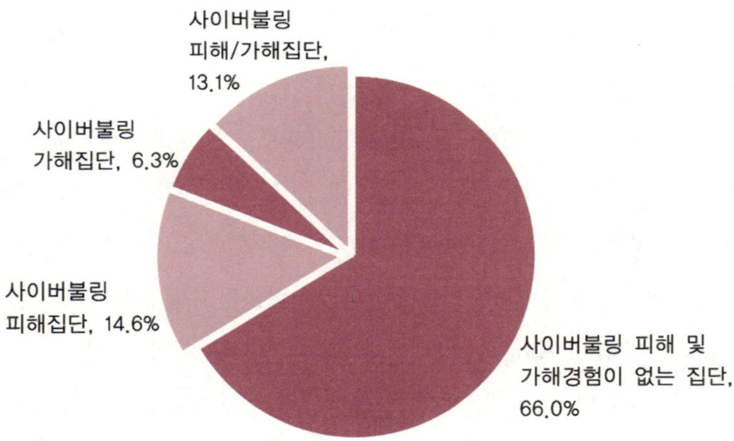

[그림 2-2] **사이버불링 집단유형**

이처럼 사이버불링을 당하는 청소년들이 가해자로 변하는 이유는 피해로 입은 분노나 상처를 잘 조절하지 못하기 때문인 것으로 보인다. 따라서, 청소년들이 분노나 화를 잘 통제할 수 있는 능력을 길러주는 것이 필요하다.

위에서 논의된 내용을 정리하면 사이버불링에 영향을 미치는 요인들은 다음 [그림 2-3]과 같이 매체이용요인, 가정환경요인, 학교생활요인, 친구관계요인, 심리적 요인 등으로 구분해 볼 수 있다.

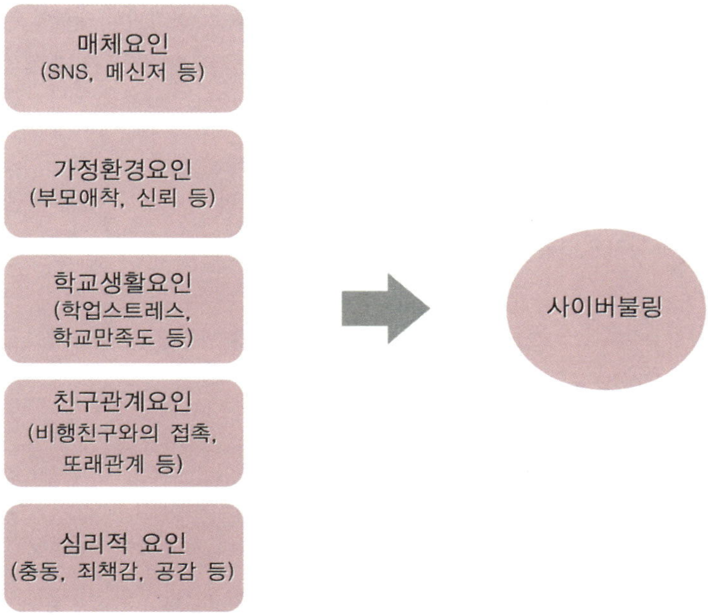

[그림 2-3] **사이버불링에 영향을 미치는 요인**

4. 질적 연구를 통해 본 사이버불링의 원인

사이버불링이 일어나는 원인 등을 파악하기 위해 청소년 8명을 대상으로 심층 인터뷰를 실시하였다(자세한 내용은 이창호 · 신나민, 2014 참조). 그 결과, 사이버불링이 일어나는 원인에 대해 인터뷰참가자들은 또래집단 사이에서의 대인관계문제를 많이 지적했다. 즉 남들과 잘 어울리지 못하거나 성격이 좋지 않은 경우, 자기주장이나 의사가 명확하지 않은 사람이 사이버불링 피해를 당하기 쉽다는 것이다. 따라서, 또래집단 내에서 잘 어울리지 못해 소외 받는 학생들이나 너무 튀는 학생들이 사이버불링 위험에 노출될 가능성이 큰 것으로 나타났다.

> 학교에서도 혼자 다니거나 잘 못 어울리는 애들이 있는데 좀 약한 친구들이거나 친구가 없는 그런 애들이 좀 더 사이버불링을 잘 당하는 것 같아요. (인터뷰 1)

저 같은 경우는 거절 잘 못하고 따지고 그런 거도 잘 못하니깐 애들이 더 그런 거 같아요. 저는 혼자 있는 걸 좋아해요. 보통 가해자들은 튀는 애들인데 거의 그런 애들이 사이버불링을 많이 저질러요. (인터뷰 2)

애들 중에는 주로 너무 조용하거나 성격이 특이할 경우에 사이버불링을 많이 당하는 것 같아요. (인터뷰 4).

자기주장이나 의사가 명확하지 않은 사람이 사이버불링 피해를 많이 당하는 거 같아요. (인터뷰 5)

제 성격에도 문제가 있었겠지만 자기들이랑 잘 안 맞는다고 그런 거 같아요. (인터뷰 7)

약한 애들을 단체로 괴롭히기도 하는데, 장애가 있거나 성격이 별로 좋지 않으면 애들이 다 같이 안 좋아하는 상태니까 걔한테 화를 내거나 그렇게 되는 것 같아요. (인터뷰 8)

일부 학생들은 재미나 장난삼아 사이버불링이 저질러지고 있다고 말했다. 즉, 친구들이 친근감의 표시로 사이버불링을 많이 한다는 것이다.

그냥 재미나 장난으로 시작하는 것 같아요. (인터뷰 2)

장난삼아 하는 경우가 많은 것 같아요. 가끔씩 그런 거 때문에 마음 상하는 경우가 있는 거 같은데, 속으로는 잘 모르겠지만 겉으로는 다 친하게 지내요. 전 그냥 그 자체를 사이버불링이라고 할 필요까지도 없고 그냥 친구들끼리 친근감의 표시 중 하나라고 생각해요. 친구한테 직접적으로 친함을 표시하는 방법 중 하나같아요. 만약 그 상대방이 모르면 피해가 되지만 보통은 다 아는 거 같아요. (인터뷰 4)

특히 여학생들의 경우 질투로 인해 사이버불링이 많이 일어났다.

질투 나서 그런 것도 있고... 세 명이 다니면 두 명이서 짝 지어서 놀게 되잖아요. 그러면 이제 나머지 한 명이 질투가 나니까 이간질을 하는 거죠. "얘가 니 욕했다"고 말 지어내면서 그런 식으로 왕따 당하는 애들도 있고... 그냥 솔직히 제가 볼 때는 걔 성격이 맘에 안 든다기보다 질투 나서 그러는 게 여자아이들 사이에서는 더 많은 거 같아요. 왕따를 당하는 건 그런 거 때문에 그런 거 같아요. 그걸 또 다른 애들한테 말하고... 제가 그런 일이 한 명한테 일어나고서 다른 애들이랑 어울리면 그 애한테도 "얘가 이랬다"고 또 얘기를 해요. 근데 저는 그런 적이 없어서 없다고 이야기를 하면 니 말 못 믿겠다고 꺼지라는 식으로 얘기를 해요. "그냥 꺼져" 이래요. (인터뷰 7)

친구들 간의 힘의 관계나 권력관계도 사이버불링의 주요 원인이었다.

학교에서 세다고 하는 그런 애들(주먹, 힘) 양아치, 중학교 때부터 유명했던 애들 중심으로 이어져서 걔네가 누구를 싫어하면 다른 친구들도 얘네 편이 되지 않으면 자신들도 왕따를 당할까봐 힘이 되어주는 거죠. 같이 욕을 하면서. 여자애들도 다들 이러더라고요. (인터뷰 1)

인터뷰 진행자 : 물리적 힘이 센 그런 애들을 중심으로 나약하고 사교성이 떨어지는 그런 친구들을 집중적으로 괴롭힌다는 거죠?

여자친구들 같은 경우에는 무리무리 지어서 다니잖아요. 근데 그 안에서 알게 모르게 권력을 잡고 있는 친구가 있어요. 그 친구가 '아 재 싫은 거 같애'라고 이야기를 하면 그 얘기를 안 받아주면 자기도 그렇게 될까봐 따라오는 거죠. (인터뷰 3)

이처럼 청소년들 사이에서 일어나는 사이버불링의 원인은 기본적으로 교우관계의 갈등에서 비롯된 것임을 알 수 있다. 따라서 청소년들이 서로를 잘 이해할 수 있는 어울림프로그램의 확대가 사이버불링 예방을 위해 중요하다. 그리고 사이버불링 피해를 당할 경우 가만히 있지 말고 분명하게 싫다는 의사표시를 하는 것도 필요해 보인다. 미국의 경우에도 사이버불링을 당하거나 목격했을 경우 가만히 있거나 방관하지 말고 적극적으로 이에 맞설 것을 강조하고 있다.

5. 학교폭력과 사이버불링 간의 높은 상관관계

앞서 언급한대로 학교폭력은 감소추세에 있지만 온라인 공간에서 발생하는 사이버불링은 점차 다양해지고 교묘해지고 있다. 이러한 사이버불링은 오프라인상에서 일어나는 폭력과도 매우 밀접한 연관을 갖고 있다(전신현 · 이성식, 2010; Cross et al., 2012; Erdur-Baker, 2010; Gradinger, Strohmeier & Spiel, 2012, Wong, Chan, & Cheng, 2014). 가령, 미국의 한 조사결과, 오프라인상에서의 불링경험이 사이버불링에 가장 큰 영향을 미치는 것으로 드러나 오프라인상에서의 불링과 온라인 공간에서의 불링이 매우 밀접히 연관된 것으로 드러났다(Hinduja & Patchin, 2008). 즉, 오프라인 공간에서 폭력에 가담한 청소년들이 사이버불링에 가담할 가능성이 상당히 높다는 것이다. 역으로 사이버불링에 가담한 학생들은 오프라인 공간에서도 남을 지속적으로 괴롭힐 확률이 높다. 또한 오프라인 공간에서 폭력피해를 당한 청소년들은 온라인공간에서도 괴롭힘을 당할 가능성이 매우 높다. 따라서, 아래 [그림 2-4]와 같이 사이버불링은 오프라인 공간에서 발생하는 폭력과 매우 밀접한 관련을 지니고 있다.

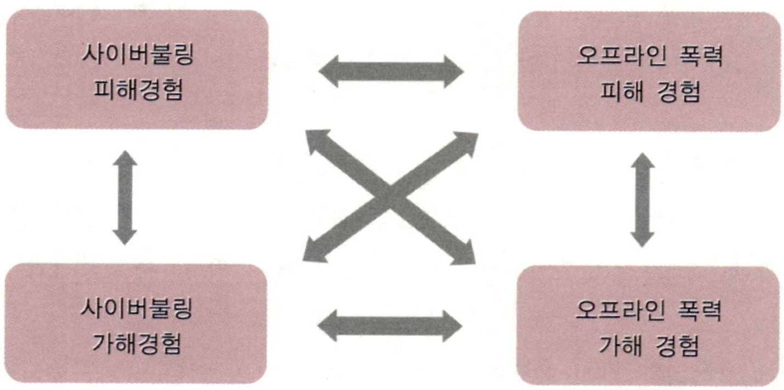

[그림 2-4] 사이버불링과 오프라인 폭력 간의 관계

이러한 연관성은 이미 많은 연구들에서 입증됐다. 가령, 영국학생들을 대상으로 한 조사에서도 전통적 불링과 휴대전화와 인터넷을 이용한 사이버불링 간에 관련성이 높았다(Smith et al., 2008). 국내의 한 조사에서도 현실세계에서 집단괴롭힘을 당한 청소년들과 휴대전화를 통해 집단괴롭힘을 당한 청소년들이 휴대전화를 이용한 사이버집단괴롭힘에 참여할 경우가 많았다(전신현 · 이성식, 2010). 한국정보화진흥원(2013)의 조사에서도 사이버공간의 경험이 오프라인 공간에서의 학교폭력과 매우 밀접히 연관된 결과가 나타났다. 이러한 연관성은 한국청소년정책연구원(2014)의 분석에서도 드러났다(이창호 · 신나민, 2014). 아래 〈표 2-1〉에서 나타나듯이, 사이버불링과 학교폭력 간에는 매우 높은 상관관계가 나타났다. 즉 사이버불링과 학교폭력은 상호 중첩돼 나타나고 있는 것이다.

〈표 2-1〉 **사이버불링과 오프라인 학교폭력 간의 상관관계**

	사이버불링 피해경험	사이버불링 가해경험	학교폭력 피해경험	학교폭력 가해경험
사이버불링 피해경험	1			
사이버불링 가해경험	.648**	1		
학교폭력 피해경험	.457**	.447**	1	
학교폭력 가해경험	.419**	.448**	.644**	1

**p〈.01

이처럼 사이버불링은 전통적인 불링과 동시에 일어나고 있다. 다시 말해, 디지털기술의 발전으로 새로운 폭력유형으로 등장하고 있는 사이버불링은 물리적, 신체적 폭력과 매우 밀접히 관련돼 있어 복잡한 양상을 보이고 있다.

이 같은 결과를 고려하면, 사이버불링 근절을 위해서는 학교폭력을 없애는 것이 무엇보다 중요한 것임을 알 수 있다. 사이버불링은 학교폭력의 연장선에 있기 때문에 학교폭력이 일어나지 않도록 하는 것은 사이버불링을 예방하기 위한 지름길이기도 하다.

참고문헌

교육부 보도자료 (2013.11.29). 2013년 2차 학교폭력실태조사 및 정보공시 분석결과 발표.

김종길 (2013). 청소년의 폭력피해경험과 학업스트레스가 사이버불링에 미치는 영향. 한국범죄심리연구, 9(1), 47-68.

남상희, 권남희 (2013). 청소년사이버불링가해에 영향을 미치는 변인 연구. 미래청소년학회지, 10(3), 23-43.

방송통신위원회, 한국인터넷진흥원 (2013). 사이버폭력실태조사 요약보고서. http://isis.kisa.or.kr/board/?pageId=040100에서 2014년 2월 3일 인출.

성동규, 김도희, 이윤석, 임성원 (2006). 청소년의 사이버폭력 유발요인에 관한 연구: 개인성향·사이버폭력피해경험·윤리의식을 중심으로. 사이버커뮤니케이션학보, 19호, 79-129.

신나민, 안화실 (2013). 청소년 사이버폭력 현황 및 피해·가해관련 변인에 관한 연구. 교육문제연구, 26(4), 1-21.

이정기 (2011). 청소년의 성향적 휴대폰 이용동기와 중독, 언어폭력에 관한 탐색적 연구: 서울 · 경기지역 중 · 고등학생을 중심으로. 언론과학연구, 11(2), 365-401.

이창호 · 신나민(2014). 청소년사이버불링실태 및 대응방안 연구. 한국청소년정책연구원 보고서.

이창호, 이경상 (2013). 소셜미디어이용시간이 청소년의 사이버불링에 미치는 영향 탐구: 네트워크특성을 중심으로. 한국청소년연구, 24(3), 259-285.

전신현, 이성식 (2010). 청소년의 휴대전화를 이용한 사이버 집단괴롭힘 현상의 원인 모색. 청소년학연구, 17(11), 159-181.

한국정보화진흥원 (2011). "소리없는 폭력, 사이버왕따 진단과 해법" 세미나 자료집.

한국정보화진흥원 (2013.12.18). 학교폭력 2.0, 사이버불링실태와 해법 세미나 자료집.

한국청소년정책연구원 청소년정책분석평가센터 (2014). 청소년의 사이버폭력(사이버불링 등) 실태 및 대책방안 연구. 청소년정책리포트 제1호, 1-30.

Accordino, D. B., & Accordino, D. B. M. P. (2011). An Exploratory Study of Face-to-Face and Cyberbullying in Sixth Grade Students. American Secondary Education, 40(1),

14-30.

Cross, D., Shaw, T., Epstein, M., Monks, H., Dooley, J., & Hearn, L. (2012). Cyberbullying in Australia: Is School Context Related to Cyberbullying Behavior? In Qing L., Donna C., and Peter. K. S. (Eds.), *Cyberbullying in the Global Playground: Research from International Perspectives* (pp.75-98). West Sussex, UK: Wiley-Blackwell.

Erdur-Baker, Ozgur (2010). Cyberbullying and its correlation to traditional bullying, gender and frequent and risky usage of Internet-mediated communication tools. *New Media & Society, 12*(1), 109-125.

Gradinger, P., Strohmeier, D., & Spiel, C. (2012). Motives for Bullying Others in Cyberspace: A Study on Bullies and Bully-Victims in Austria. In Qing L., Donna C., and Peter. K. S. (Eds.), *Cyberbullying in the Global Playground: Research from International Perspectives* (pp. 263-284). West Sussex, UK: Wiley-Blackwell.

Hinduja, S., & Patchin, J. W. (2008). Cyberbullying: an exploratory analysis of factors related to offending and victimization. Deviant Behavior, 29, 129-156.

Hinduja, S., & Patchin, J. W. (2009). *Bullying Beyond the Schoolyard.* 조아미 외 역 (2012). 사이버폭력. 파주: 정민사.

Li, Q. (2010). Cyberbullying in High Schools: A Study of Students' Behaviors and Beliefs about This New Phenomenon. *Journal of Aggression, Maltreatment & Trauma, 19*, 372-392.

Li, Q., & Fung, T. (2012). Predicting Student Behaviors: Cyberbullies, Cybervictims, and Bystanders. In Qing L., Donna C., and Peter. K. S. (Eds.), *Cyberbullying in the Global Playground: Research from International Perspectives* (pp. 99-114). West Sussex, UK: Wiley-Blackwell.

Livingstone, S., & Helsper, E. (2008). Parental Mediation of Children's Internet Use. *Journal of Broadcasting & Electronic Media*, 52(4), 581-599.

Mesch, G. S. (2009). Parental Mediation, Online Activities, and Cyberbullying. *CyberPsychology & Behavior*, 12(4), 387-393.

Navarro, J. N., & Jasinski, J. L. (2012). Going Cyber: Using Routine Activities Theory to Predict Cyberbullying Experiences. *Sociological Spectrum, 32*, 81-94.

Patchin, J, W., & Hinduja, S. (2011). Traditional and Nontraditional Bullying Among Youth: A Test of General Strain Theory. *Youth & Society, 43*(2), 727-751.

Smith, P. K., Mahdavi, J., Carvalho, M., Fisher, S., Russell, S., & Tippett, N. (2008). Cyberbullying: its nature and impact in secondary school pupils. *The Journal of Child Psychology and Psychiatry, 49*(4), 376-385.

Wong, D. S. W., Chan, H. C., & Cheng, C. H. K. (2014). Cyberbullying perpetration and victimization among adolescents in Hong Kong. *Children and Youth Services Review, 36*, 133-140.

조윤오

Chapter 03 사이버불링의 유형

최근 청소년들 사이에서 카카오톡 왕따(카따), 카카오톡 감옥(카톡감옥), 와이파이 셔틀 등 스마트폰과 SNS(Social Networking Sites)를 활용한 새로운 사이버불링 수법이 급격히 증가하고 있다. 스마트폰 보급률의 증가로 우리나라 청소년들의 신체적 학교폭력 양상이 인터넷 공간과 SNS 등의 전자매체를 활용한 간접적인 사이버 상의 괴롭힘 수법으로 빠르게 변화하고 있는 것이다. 이에 우리나라 상황에 적합한 새로운 형태의 사이버불링 유형화 개발이 시급하다고 하겠다.

본 장에서는 2013년도에 수집한 온라인 상담 자료(상다미쌤)를 분석하여 사이버불링 유형 별로 각 사례를 정리해 볼 것이다. 먼저 외국에서 논의되었던 사이버불링 관련 선행연구들을 검토한 후, 우리나라에서 발생한 사이버불링 피해 사례를 그 유형별로 검토해 본다.

1. 사이버불링 유형 관련 연구

1) 사이버불링 개념 및 특징

사이버불링은 전형적으로 이메일 메시지나 휴대전화기 등의 통신 장치를 이용해서 타인을 괴롭히는 공격행동으로 볼 수 있다. 가해자가 피해자에게 반복적으로 모욕적인 문자나 욕설 등을 보냄으로써 피해자를 정신적으로 수치스럽고 고통스럽게 만들 수 있고, 다른 사람들에게 피해자와 관련된 개인정보나 거짓 소문을 퍼뜨리는 행동이 가장 대표적인 사이버불링 유형일 수 있다(Akbulut, Sahin, & Eristi, 2010).

여기에서 어떻게 사이버불링을 "유형화"하느냐가 관건인데, 전통적으로 사이버불링 개념과 수법을 설명하면서 어느 정도 초기 유형화 작업을 시도했다고 볼 수 있다. 한 예로 피해자가 거부의사를 밝혔음에도 불구하고 인스턴트 메시지를 반복적으로 계속 보내는 것, 상대방이 원하지 않는 괴롭힘 문자를 계속 보내는 것, 신체적 협박 문자를 보내는 것, 소문을 퍼뜨려 다른 친구들과 함께 어울리지 못하게 하는 것 등이 사이버불링의 전형적인 수법이자 유형에 속한다고 볼 수 있다(Lacey, 2007).

온라인 공간이 갖고 있는 전파성이라는 힘을 이용하여 특정인이 알고 있는 은밀한 개인 정보를 불특정 다수에게 퍼뜨리거나, 거짓 소문을 사람들에게 알려 피해자를 고립시키는 것 등 SNS 상의 인신공격을 통해 사이버 공간 내에서 개인을 무기력하게 만드는 것이 사이버불링이 갖고 있는 특징이라고 볼 수 있다.

무엇보다도 가해자가 자신의 ID나 신분을 다른 사람으로 속여서 피해자에게 접근하는 경우, 피해자가 겪게 되는 정신적 고통은 더욱 심각해질 수 있다. 특히, 익명성(anonymity)을 악용하여 가해자가 피해자에 대한 특정 사진이나 콘텐츠를 사이버공간에 유포시키는 경우, 가해자-피해자 양자 간의 관계가 순식간에 불특정 다수들과의 관계로 확대되면서 피해자에 대한 정보가 빠른 시간에 많은 사람에게 공급됨으로써 그 파급효과는 매우 커지게 된다(Hinduja &Patchin, 2009).

전통적으로 학자들은 사이버불링 개념 및 수법을 정리하면서 사이버불링이 갖고 있는 특징에 초점을 두었다. 특히 기존 오프라인상의 금품갈취나 신체적 폭력 행위처럼 사이버불링이 일종의 심리적, 간접적 괴롭힘에 속한다는 특징에 큰 관심을 가졌다. 그리고 사이버불링은 직접적인 신체적 공격은 없지만, 시간과 장소를 뛰어넘어 학교 밖에서도 휴대폰 문자나 이메일, SNS 등의 전자통신 매체를 통해 가해자가 피해자를 교묘하게 조절하기 때문에 그 폐해가 더 심각할 수 있다는 사실에 주목했다. 실제로도 Shariff와 Gouin(2005)은 사이버불링을 “전통적인 학교폭력과 달리 웹사이트, 대화방, 블로그, 스마트폰 등의 다양한 매체를 통해 피해자에게 심리적 불링(psychological bullying)을 가하는 것”이라고 정의하기도 하였다.

이러한 사이버불링에 대해 일부에서는 기존의 전통적인 학교폭력과 별 차이점이 없으므로 기존 학교폭력 논의에 사이버불링을 포함시켜 보면 된다는 의견을 제기하기도 하였다(Cetin, Yaman, & Peker, 2011). 다시 말해, 사이버불링은 학교폭력의 작은 한 부분에 지나지 않으므로 따로 독립해서 살펴 볼 의의가 크지 않다는 것이다. 그러나 사이버불링은 기존 오프라인의 신체적 폭력과 달리, 단 한 번의 개인정보 유포만으로도 피해자에게 중대한 피해를 야기할 수 있고, 전파성이나 익명성 차원에서 분명 전통적 학교폭력보다 더 심각한 폐해를 일으키는 독자적 특징을 보이는 범죄행동이다.

기존 학교폭력과 사이버불링이 함께 일어나는 경우도 있지만, 때로는 타인 ID 도용이나, 집단 카카오톡 왕따 행위로 가해자-피해자 관계 확인이 불확실한 경우도 있고, 심지어 목격자가 누군인지 제대로 파악되지 않는 경우도 있다(Kowalski, Limber, & Agatston, 2007). 따라서 사이버불링에 대한 독자적인 연구 필요성이 크다고 볼 수 있고, 특히 다양한 사이버불링 세부 범죄수법에 대한 측정 유형화 작업이 반드시 필요하다고 볼 수 있다(Cetin, Yaman, & Peker, 2011).

우리나라의 경우 일반적으로 사이버불링을 이메일, 인스턴트 메시지, 문자 메시지, 디지털 이미전 전송, 토론방, 블로그, SNS 등을 통해 컴퓨터나 기타 정보화 기기로 특정인을 괴롭히는 행위로 광범위하게 정의하면서, 그 정의 자체에서 일부 특정 행동 및 수법을 어느 정도 설명하고 있다(김봉섭 · 이원상 · 임상수, 2013). 그러나 이것은 사이버불링에 대한 개념정의와 범위를 보여주는 것일 뿐, 정확한 유형화 작업이라고 볼 수는 없다. 따라서 이하에서는 최근 발생하고 있는 사이버불링 범죄수법별 내용에 대해 보다 구체적으로 살펴보도록 한다.

2) 사이버불링 수법

사이버불링은 한 개인이나 집단이 주로 컴퓨터나 핸드폰 등의 디지털 도구를 이용하여 정보 및 의사소통을 통해 다른 개인이나 집단에게 잔인한 문자, 글, 그림 등을 보내거나 포스팅함으로써 고의적이고 반복적인 괴롭힘 또는 협박을 가하는 행위로 볼 수 있다(Mason, 2008; Patchin & Hinduja, 2006).

이러한 차원에서 사이버불링의 형태로써 통상 핸드폰을 통한 경멸적인 문자 보내기, 피해대상에게 그러한 문자를 보내기 전에 다른 사람들에게 보여주기, 협박성 이메일 보내기, 개인적으로 보낸 이메일 내용을 자신의 주소록에 있는 모든 친구들에게 포워딩시킴으로써 최초 이메일 발송자를 공개적으로 망신주기, 이메일 및 인스턴트 메시지를 보내 괴롭히기, 블로그, 홈페이지 등의 SNS 사이트에 부정적인 메시지 올리기, 채팅룸에서 타인을 비방하기, 핸드폰 등의 정보통신 기기를 통해 타인에게 문자, 사진, 동영상을 보내 괴롭히거나 잘못을 뒤집어씌우기 등을 모두 포함한다고 할 수 있다(Belsey, 2007; Patchin & Hinduja, 2006).

그밖에 사이버불링 가해자 및 피해자의 연령, 발생 공간 및 수단 등에 따라 다양한 형태로 구분되고 있으나, 사이버불링 행위 간의 중복성 등으로 인해 사이버불링의 목적이나 행위유형을 명확하게 구분할 만한 뚜렷한 기준은 아직까지 찾기 어려운 상황이다.

일부 사이버불링 항목(Cyber Bullying Inventory: CBI) 연구들이 복수의 세부문항을 가지고 사이버불링을 측정하려고 하였으나 요인분석 결과, 많은 문항들이 큰 차이를 보이지 않고 단 하나의 요인으로 묶여버리는 문제점이 발생하기도 하였다(Ybarra, 2004; Li, 2005; Dilmac, 2009). 다시 말해, 요인분석 결과 다수의 문항들이 다양한 사이버불링 수법에 대해 제대로 유형화하지 못하고 있음을 보여주는 것이다. 실제로 Akbulut 등(2010)의 연구에서도 많은 사이버불링 관련 문항들이 하나의 요인으로 묶이는 결과를 초래하며, 개별 사이버불링 수법이 다양한 행동을 모두 설명하지 못한다는 비판을 받은 바 있다.

3) 사이버불링 조사항목

이번에는 사이버불링 조사항목을 살펴봄으로써 유형화 문제를 좀 더 진지하게 고민해보도록 한다. 즉, '무엇을 기준으로 유형화했는가'를 좀 더 명확하게 살펴보고, 그 근거로써 선행 연구자가 조사한 항목들을 재검토해 보는 것이다. 예를 들어, 일반적으로 사용하고 있는 사이버불링 조사척도를 통해 사이버불링 행위를 어떻게 유형화하고 있는지를 살펴볼 수 있는데, 아래 〈표 3-1〉과 같이 Hinduja와 Patchin(2009)은 '어떤 유형의 괴롭힘 행위를 했는가'를 기준으로 사이버불링 수법을 구분하고 있음을 알 수 있다.

〈표 3-1〉 사이버불링 가해행동 조사항목

사이버불링 가해행동 유형
온라인에서 타인에 대해 심술궂게 행동하며 상처가 될 수 있는 글을 올린다.
온라인에서 타인에 대해 심술궂게 행동하며 상처가 될 수 있는 그림을 올린다.
온라인에서 타인에 대해 심술궂게 행동하며 상처가 될 수 있는 동영상을 올린다.
온라인에서 타인에 대한 루머(소문)를 퍼뜨린다.
온라인에서 타인에게 상처를 주기 위해 협박한다.
핸드폰 문자를 통해 타인에게 상처를 주기 위해 고의로 협박한다.
타인에게 웹페이지를 통해 심술궂게 행동하거나 상처가 되는 행위를 한다.
온라인에서 다른 사람인 척하며 타인에게 심술궂게 대하거나 상처를 준다.

(출처: Hinduja & Patchin, 2009.)

정리하면, 사이버불링 행동이란 온라인 공간에서 타인에게 고통을 주는 글, 사진, 그림, 동영상 등을 무단으로 올리는 행동 전체라고 볼 수 있다. 또한 피해자에 대한 과거 행동이나 확인되지 않은 소문을 허락 없이 타인에게 유포하는 것도 사이버불링 수법에 해당한다고 볼 수 있다. 그리고 피해자에 대한 직접적인 협박 이메일 송신 행위뿐만 아니라, 안티카페 제작 등을 통한 간접적인 피해자 괴롭힘 행위도 사이버불링에 해당한다. 이와 함께 자신의 아이디를 숨기고, 익명성 뒤에 숨어서 온라인 공간에서 피해자를 괴롭히는 행위도 사이버불링 수법에 해당한다고 볼 수 있다.

이러한 상황에서 범죄수법별 유형화를 생각해보기 위해 기존 연구들이 어떻게 사이버불링을 "측정"하고자 했는지 검토해 볼 필요가 있다. 사이버불링 측정 연구들은 보통 두 가지 형태를 포함하고 있다. 하나는 "사이버불링 피해자 문항"이고 다른 하나는 "사이버불링 가해자 문항"이다(Li, 2005; Ybarra, 2004).

전통적인 학교폭력의 실태 조사와 같이 사이버불링에서도 측정도구를 피해자 문항과 가해자 문항 두 가지로 구분하였다. 사이버불링 피해자 문항에 초점을 두어 살펴보면, 사이버불링 문항 내에 사이버 위조(cyber forgery), 사이버 언어적 괴롭힘(cyber verbal bullying), 아이디 감추기(hiding ID) 세 가지 차원을 포함할 수 있다(Cetin, Yaman, & Peker, 2011). 이 세 가지 차원 내에는 여러 가지 세부 항목이 포함될 수 있는데, 주로 사이버불링 수법과 관련된 유형들이다(〈표 3-2〉 참조).

〈표 3-2〉 사이버 피해 및 가해행동 척도(Cyber Victim and Bullying Scale) 하위 요소

1. 인터넷상에서 거짓 루머 퍼뜨리기
2. 인터넷상에서 타인에게 충격을 주는 닉네임 사용하기
3. 인터넷상에서 공격적인 기호를 사용하기
4. 인터넷상에서 타인 조롱하기
5. 인터넷상에 타인의 정보를 공유해서 놀리기
6. 웹사이트의 뉴스에 공격적인 댓글 달기
7. 인터넷상에서 타인에게 굴욕감을 주는 표현 사용하기
8. 인터넷상에서 허락 없이 타인의 아이디 사용하기
9. 인터넷상에서 본인의 신분 숨기기
10. 인터넷상에서 허락 없이 타인의 개인 공간에 들어가기
11. 허락 없이 타인의 사적인 웹페이지 해킹하기
12. 이메일로 바이러스에 감염된 파일/프로그램 보내기
13. 인터넷상에 허가되지 않은 동영상 공유하기
14. 허락 없이 인터넷상에 다른 사람의 사진 공유하기
15. 인터넷상에서 공격적인 방법으로 사진을 편집하기
16. 인터넷상에서 성적인 이슈에 관해 말하도록 강요하기
17. 인터넷상에서 채팅을 하는 동안 성적 상징물을 사용하기
18. 인터넷상에 성적인 내용이 포함된 사진 공유하기
19. 이메일에 모욕적이고 폭력적인 언어 사용하기
20. 타인을 비방하는 도구로써 인터넷을 사용하기
21. 자신의 이익을 위한 선전의 도구로 인터넷을 사용하기
22. 사기 등 타인을 기망하기 위해 인터넷을 사용하기
사이버 언어폭력(요인 1) 정체성 숨기기(요인 2) 사이버 위조(요인 3)

(출처: Cetin, Yaman, & Peker, 2011)

구체적으로 세부 항목을 선행연구 내에서 살펴보면, 인터넷으로 특정 피해자에 대한 소문을 퍼뜨리는 것, 인터넷 공간에서 모욕적인 방법으로 특정인을 욕하는 것, 인터넷 공간에서 누군가를 놀리는 것, 감정적으로 누군가를 자극하기 위해 일부러 공격적인 말을 인터넷 공간에 남기는 것, 허락 없이 누군가의 ID를 몰래 인터넷 공간에서 사용하는 것, 이메일로 누군가를 협박하고 괴롭히기 위해 문자나 사진을 보내는 것, 허락 없이 누군가의 녹화 파일을 인터넷에 유포시키는 것, 인터넷 상에서 성적인 말이나 농담을 하도록 피해자를 괴롭히는 것 등 22개 항목이 포함되어 있다. 각각의 문항을 가지고 요인분석, 신뢰도 분석을 실시한 결과, 사이버불링 측정 항목으로써 전체 문항이 통계적으로 유의미한 설명력을 갖는 것으로 나타났다. 그리고 추가로 22개 항목을 분석한 결과, 각 사이버불링 수법들이 크게 언어폭력, 정체성 숨기기, 사이버 위조 세 가지 요인으로 유형화 할 수 있는 것으로 나타났다(Cetin, Yaman, & Peker, 2011).

2. 새로운 사이버불링 유형 고찰

1) 외국의 사이버불링 유형

기존의 사이버불링 유형은 사이버불링에 대한 개념정의나 전통적인 범죄자의 가해행동(혹은 피해자의 피해경험) 측정 문항을 바탕으로 한 것이었다. 그러나 최근의 사이버불링 유형은 온라인이나 SNS에서 나타나고 있는 새로운 형태(forms)의 괴롭힘 수법을 기초로 하고 있다.

먼저 Willard(2007)가 발표한 "교육자를 위한 사이버불링·사이버위협 대응 가이드"를 보면, 사이버불링 형태에 플레이밍(flaming), 괴롭힘(harassment), 사이버 스토킹(cyberstalking), 명예훼손(denigration), 배제(exclusion), 트롤링(trolling), 타인사칭(Impersonation), 비밀폭력 및 협잡(outing and trickery)의 행위가 포함된다.[1)] Willard(2007)가 소개하고 있는 사이버불링 유형의 내용을 설명하면 다음과 같다.

1) http://archive.adl.org/education/curriculum_connections/cyberbullying/glossary.pdf (2014년 11월 12일 인출).

첫째, 플레이밍(flaming)이란 분노, 무례, 저속한 내용의 메시지를 전달하여 사이버 공간에서 상대방과 싸움을 하는 행위를 말한다. 사이버상에서 특정 사건 또는 특정 대상에 이견이 있을 때 이용자들을 자극하여 흥분하게 만들고, 그 결과로 불특정 다수에게 자신이 갖고 있는 생각을 인터넷에서 극도로 저급한 용어 또는 공격적인 방식으로 표현하게 만드는 행위를 말한다.

둘째, 괴롭힘(harassment)이란 공격적인 메시지를 전달하는 것이다. 상대방에게 무례한 문자를 보내고 상대방을 협박하여 불안에 떨게 하는 일체의 모든 행위를 의미한다고 볼 수 있다.

셋째, 사이버 스토킹(cyberstalking)이란 반복적으로 위협 또는 협박하는 메시지를 전달하는 것이다. 괴롭힘이 상대방에게 모욕이 되는 문자를 보내는 행위에 초점을 둔다면, 사이버 스토킹은 피해자로 하여금 자신의 안전 전반에 극도의 불안감을 느끼도록 하는 반복적인 위협행동에 초점을 둔다. 모욕이 되는 문자 발송으로 끝나는 것이 아니라, 피해자가 실질적으로 자신의 안전에 두려움을 느끼게 만드는 것이 사이버 스토킹의 특징이라고 하겠다.

넷째, 명예훼손(denigration)이란 상대방의 명예를 실추시킬 목적으로 진실 혹은 허구의 내용을 불특정 다수에게 전파시키는 행위를 말한다. 피해자에게 고통이 될 수 있는 소문들을 피해자의 허락 없이 주변 사람들에게 퍼뜨리는 것이 명예훼손의 일반적인 행동이라고 볼 수 있다.

다섯째, 배제(exclusion)란 특정인을 의도적으로 대화 목록에서 제외시키는 행위를 말한다. 일종의 온라인 따돌림이라고 볼 수 있는데, 여기에서는 의도적으로 온라인 그룹에서 특정인을 제외시키는 행동을 지칭할 수 있다. 온라인 게임을 하거나 대화창을 만드는 데 있어 특정인을 고의로 제외시키는 것이 일종의 온라인 왕따에 해당하는 대표적인 배제 전략에 해당한다.

여섯째, 트롤링(trolling)은 사이버 공간에서 의도적으로 상대방이 기분 나빠할 수 있는 부정적인 행동을 하는 것 혹은 메시지를 보내는 것을 말한다. 직접적인 언어적 폭력이나 욕설 게재는 플레이밍에 해당하고, 트롤링은 보다 간접적인 방식으로 교묘한 신경전을 펼치는 것을 말한다. 온라인 공간에서 싸움이 시작되거나 갈등관계를 초래하기 위해 의도적으로 상대방을 화나게 만드는 일체의 "감정적 유도" 행위가 트롤링에 해당한다고 볼 수 있다.

일곱째, 타인 사칭(impersonation)은 특정 대상을 화나게 만들기 위해 자신이 아닌 다른 사람의 아이디로 접근하는 것을 말한다. 특정인의 아이디를 무단으로 사용함으로써 그 사람이 다른 사람으로 하여금 나쁘게 보이게 만들거나, 다른 사람이 그 사람을 오해하게 만들기 위해 타인 사칭 전략을 사용할 수 있다.

여덟째, 비밀폭로 및 협잡(outing and trickery)이란 다른 사람에게 특정 대상의 개인정보를 유포하거나, 민감한 자료를 게시, 혹은 당황할 만한 정보를 공개하는 것을 말한다. 숨기고 싶은 누군가의 정보를 일부러 온라인 공간에 발표하는 것도 비밀폭로 및 협잡에 해당한다고 볼 수 있다.

최근 연구에서 Patchin과 Hinduja(2010)는 사이버불링의 유형을 괴롭힘 및 협박, 위협, 비방, 허가받지 않은 정보유포로 소개하고 있다. (1) 괴롭힘 및 협박이란 사이버 통신을 사용하여 특정 대상을 협박하는 내용의 메시지 전달 또는 게시하는 행동을 말하고, (2) 위협이란 특정 대상을 괴롭히거나 해칠 목적으로 사이버 통신을 통해 위협하는 것을 말한다. (3) 비방이란 네트워킹을 통해 특정대상을 비방하거나 악의적인 메시지를 전달하는 것을 말하며, (4) 허가받지 않은 정보유포란 페이스북과 같은 업로드 사이트 등을 통해 굴욕적인 사진 또는 동영상을 유포하는 행위를 말한다.

Aricak와 동료(2008)의 연구에서는 사이버불링의 유형을 놀림, 루머, 모욕과 위협, 미디어 유포, 해킹 및 메일을 통한 바이러스 유포로 소개하고 있다. 여기서 놀림이란 거짓말, 부정적인 행동을 포함해 특정대상을 약올리는 것을 말하며, 미디어 유포란 특정 대상의 동의 없이 사진과 같은 미디어를 유포하는 것을 말한다. 또한, 사이버불링에 있어서 당사자 유형을 구분한 연구도 있다. Coloroso(2011)는 사이버불링의 당사자 유형에 기존의 불링에서 제시되었던 '가해자' 이외에 '추종자', '지지자', '잠재적 가해자', '구경꾼', '잠재적 방어자', '방어자'의 지위를 추가하여 사이버 공간의 당사자 특징을 사이버불링 유형화 작업에 포함시키기도 하였다.

2) 우리나라의 사이버불링 유형

이번에는 우리나라에서 발생하고 있는 신종 사이버불링 유형을 살펴본다. 국내의 최근 연구에서 이인태(2012)는 사이버불링의 유형을 언어적, 비언어적, 사이버상의 따돌림으로 구분하여 소개하고 있다. 첫째, 언어적 사이버불링의 유형에는 폭언, 협박, 놀림이 포함되는 사이버상의 메시지 전달에 대한 행위가 포함되며, 둘째, 비언어적 사이버불링의 유형에는 원치 않는 정보의 전송과 같은 행위가 있다. 셋째, 사이버상의 따돌림이란 인터넷 공동체 안에서 커뮤니티, 게임, 채팅상에서 특정 대상을 따돌리는 행동이라고 설명하였다.

김은경(2012)은 사이버불링을 그 수단에 있어서 컴퓨터, 휴대전화와 같은 정보화기기를 통해 특정 대상에게 가해하려는 의도적인 목적을 갖고 욕설과 모욕 등을 글, 이미지 등의 수단을 통해 일회적 또는 지속적으로 괴롭히는 행위로 정의하기도 하였다.

한편, 2013년에 한국정보화진흥원에서 외국의 사이버불링 유형을 바탕으로 우리나라의 사이버불링 수법을 몇 가지 공통된 특징으로 정리하는 작업을 시도했는바, 그 유형별 개념을 살펴보면 아래 〈표 3-3〉과 같다.

〈표 3-3〉 사이버불링 유형화 및 정의

최근 사례	용어 정리	정의
사이버 스토킹	사이버 스토킹 (Cyber Stalking)	특정인이 싫다고 했음에도 인터넷이나 스마트폰을 통해 계속적으로 말·글·사진·그림 등을 보내 공포심과 불안감을 유발하는 행위
사이버 비방	사이버 비방 (Cyber Slander)	인터넷이나 스마트폰을 통해 특정인에게 욕설, 비속어, 모욕적인 메시지 등을 전달하는 행위
Happyslapping 사진변조	이미지 불링 (Image Bullying)	특정인을 비난하거나 모욕하기 위해 타인에게 알려지기를 원치 않는 사진이나 동영상을 유포하는 행위
아이디 도용	아이디 도용 (ID Theft)	특정인의 아이디를 이용하여 사이버상에서 마치 그 사람인 것처럼 행동하는 행위
사이버 갈취	사이버 갈취 (Cyber Extortion)	인터넷이나 스마트폰을 이용해 특정인에게 돈이나, 사이버머니, 캐릭터 등을 요구하거나 데이터나 소액결제 등의 비용을 부담하게 하는 행위

최근 사례	용어 정리	정의
사이버 성폭력	사이버 성폭력 (Sexting)	특정인에게 성적인 메시지를 보내거나 성적인 모욕 등을 하는 행위
카톡 감옥	사이버 감옥 (Cyber Jail)	인터넷 대화방이나 스마트폰 카톡 등에서 특정인을 퇴장하지 못하게 막고 비방 또는 욕설하는 행위
대화방 따돌림 사이버 차단	사이버 따돌림 (Cyber Exclusion)	사이버상에서 특정인을 친구목록에서 제외하거나 친구신청 거부 또는 배제하는 행위
플레이밍	플레이밍 (Flaming)	특정인을 자극하여 일부러 논쟁 또는 분란을 일으켜 특정인이 문제있음을 드러나도록 하는 의도적 행위
사이버명령	사이버명령 (Cyber-Order)	인터넷이나 스마트폰을 이용해 특정인에게 원치 않는 행동을 강요하거나 심부름 시키는 행위
안티카페	안티 카페 (Anti-Cafe)	특정인을 비방, 욕설, 따돌림 등을 위해 사이버상에 사이트나 게시판 등을 만들어 운영하는 행위
사이버 왕따놀이	사이버 왕따 놀이 (Cyberbullying Play)	사이버상에서 특정 그룹에 소속된 사람들끼리 번갈아 가면서 소속된 사람을 일방적으로 욕설, 비방, 모욕하는 행위

(출처: 2013년 10월 NIA 정보화역기능대응부 자료.)

3. 유형별 사이버불링 사례

1) 자료수집 및 분석방법

우리나라의 사이버불링 사례를 살펴보는 것은 한국형 유형화를 시도하고, 세부항목을 이해하는 데 도움이 될 수 있다. 아래에서는 2013년 8월 20일부터 23일까지 '상다미쌤' 기관을 방문하여 수집한 자료를 바탕으로 사이버불링 사례를 살펴볼 것이다. 연구보조원[2]들이 직접 '상다미쌤' 상담사로 활동 중인 8명의 상담사와 심층면접을 실시한 후, 우리나라에서 발생하고 있는 사이버불링 사례들을 유형별로 재정리해 본 것이다.

2) 본 자료수집과 관련하여 연구보조원들(박희린, 신소라, 조제성)은 설문을 위해 사전에 심층면접 교육을 받았음. 인터뷰 내용은 연구목적 외에 사용하지 않으며 참여자들의 정보를 익명으로 처리하기로 사전에 공지하였음

참고로 열린의사회의 '상다미쌤'은 익명으로 전문상담사와 상담을 할 수 있는 공간을 온라인에 만들었고, 청소년들이 스마트폰이나 PC에서 손쉽게 이용할 수 있도록 했으며, 2012년 1년간 약 16만 명과 친구맺기를 하였다. 그리고 같은 기간에 3만 건 이상의 학교폭력 상담을 온라인에서 진행하였다.

분석방법은 질적연구방법으로써 상담사들이 묘사한 사이버불링 사례를 공통 유형으로 분류화하는 방식을 주로 사용하였다. 그리고 앞서 살펴본 다양한 사이버불링 유형을 기본으로 하였고, 우리나라에서만 나타나고 있는 고유한 카카오톡 SNS 관련 사이버불링 범죄수법을 독립된 유형으로 추가시켰다.

2) 유형화 결과 및 논의

① 사이버 스토킹

인터넷 게시판, 대화방, E-mail 등 정보통신망을 통하여 상대방이 원하지 않는 접속을 지속적으로 시도하거나 욕설, 협박 내용을 담고 있는 메일 송신 행위를 지속하는 것을 말한다(경찰청 사이버테러 대응센터, 2013)[3].

참여한 상담사들의 인터뷰 사례 모두 '카카오톡'에서 발생하였으며, 가해 학생들이 지속적으로 피해학생에게 욕설과 협박의 메시지를 보낸 사례이다. '카카오톡'의 경우 상대가 대화에 초대하면 자동적으로 대화방에 들어가게 됨으로써 피해학생이 원치 않아도 초대된 대화방의 글을 읽게 되면서 피해를 입게 된다. 또한 친구등록에 있어서 친구 요청이나 수락 등의 절차가 별도로 진행되지 않기 때문에 상대방의 일방적인 친구등록을 통하여 지속적으로 원치 않는 메시지를 받게 된다.

> **(상담사 E)** "그냥 계속 피해자를 초대하는 거예요. 괴롭히는 목적으로요. 원치 않는 내용의 문자나 말들을 건네면서.... 친구차단을 하면 또 탈퇴했다 다른 아이디로 가입해서 또 초대하고, 또 초대하고, 아이들은 이런 것에도 굉장히 괴로워해요."

> **(상담사 G)** "남학생 사례인데요. 일진의 '꼬봉' 같은 애였는데, 얘가 아는 여학

3) 경찰청 사이버테러 대응센터, http://www.ctrc.go.kr/ 2013. 10. 28

생한테 일진 욕을 해서 소문이 났대요. 그래서 일진한테 맞았대요. 그 날 밤에 상담을 받았는데.. '너 내일 학교 오면 죽었어'라고 계속 카톡을 보내고... 반복적으로 일진이랑 아예 모르는 형들도 '너가 그랬다며?'라고 연락을 해요. 그래서 피해 학생이 우리 쪽에 내일 학교 못가겠다고 상담 신청을 했었어요. 이런 경우 첫 상담 이후 두 번 정도 더 상담했었는데. 결국 자퇴뿐이 방법이 없다는 걸 부모님이 이해하셔서 가해자 학생은 형사처벌되고, 피해학생은 검정고시를 보게 되었어요."

② 사이버 명예훼손

타인의 명예를 훼손하는 글·사진 등을 인터넷 게시판에 게시하거나 전자우편 등을 통해 유포하는 것을 말한다. 사이버 명예훼손은 불특정 다수인의 무제한 접근이 가능한 인터넷의 특성상 한 번 내용이 게시되면 시간과 공간의 제약 없이 급속히 유포되고 따라서 그로 인한 피해가 크다. 그렇기 때문에 「정보통신망 이용촉진 및 정보보호 등에 관한 법률」에서는 사이버 명예훼손죄를 일반 명예훼손죄보다 더 강하게 처벌하도록 규정하고 있다(경찰청 사이버테러 대응센터, 2013)[4].

다음 사례는 청소년들 사이에서 그들만이 알 수 있는 온라인 대화명으로 상대를 인지하고 상대가 자신과 같은 연예인을 좋아하지 않는다는 이유로 비방의 글을 올림으로써 상대뿐만 아니라 특정 연예인의 명예까지도 훼손하는 것을 알 수 있다.

(상담사 B) "학생들이 연예인 팬클럽 카페에 가입을 많이 해요. 대화명도 아이돌 그룹이름으로 하는 거죠. 그래서 서로 라이벌 그룹을 좋아하면 헐뜯고. 상대 아이돌 팬인 아이들한테 '촌스럽고 수준 떨어지는 가수를 좋아한다.' 라는 식으로 모바일 상으로 특정의 같은 가수를 좋아하는 친구들끼리 다른 가수를 좋아하는 친구들을 배척하는 거죠."

청소년의 사이버 명예훼손은 인터넷뿐만 아니라 SNS의 다양한 기능들을 활용하여 갈수록 지능화되고 은밀하게 이루어지는 것을 보여주는 대표적인 예라 할 수 있다. 다음에 소개될 사례들에서는 '카카오톡'의 게임과 프로필 기능에서 상대에게

4) 경찰청 사이버테러 대응센터, http://www.ctrc.go.kr/ 2013. 10. 28

보내는 아이템에 욕설을 보내거나 친구로 등록된 사람들이 모두 볼 수 있는 프로필에 상대의 욕설을 게시하는 등으로 피해를 입히는 것을 알 수 있다.

(상담사 B) "카스(카카오스토리)로 게임을 하면서 서로 '애니팡' 하트를 보내면 친구 이름으로 등록을 안 하고 욕설을 적어서 보내는 거죠. 그래서 일부러 특정 상대방이 욕설을 받아보게끔 만드는 거예요. 아주 교묘하게 게임을 통해서 괴롭히는 거죠."

기존의 사이버 명예훼손이 불특정 다수의 접근이 용이하여 많은 피해를 입었다면, 요즘 청소년들의 경우에는 반익명으로 상대를 특정하여 특정 그룹이나 사람들이 인지 가능하게 함으로써 욕설과 비방을 하는 사례가 증가하고 있는 것을 알 수 있다.

(상담사 G) "카스에 글을 썼는데 누가 봐도 내 욕인걸 알겠는데. 정황상 난데. 이름만 없이 글을 올린대요. 그런 걸 캡쳐해도 누구를 지명한 건지 알 수가 없으니까. 또 댓글을 다는 다른 친구들도 다 이름은 안 적는대요. '아! 걔 진짜 싫어', '걔 진짜 못생겼지?' 이런 식으로요. 신고를 하고 싶어도 증거가 없는 거죠. 여중학생의 경우 '내 얘기 아니야?' 라고 물어보면 씹거나, '니 얘기 아닌데?' 이렇게 말한대요."

학생들이 주로 이용하는 '카카오톡' 대화방에서 상대를 초대하여 개인이나 다수가 욕설 메시지를 올리거나 '카카오스토리(카스)'에 댓글을 달면서 상대를 비하하는 식의 명예훼손 사례가 많은 것으로 나타났다. 다음은 여러 명이 한꺼번에 대화를 나눌 수 있는 단체 대화방과 댓글 달기가 가능한 '카스'에서 상대방의 글이나 이미지를 올리고 그 밑에 지속적으로 서로가 대화를 주고 받으며 상대에게 피해를 주는 사례이다.

(상담사 E) "'필독 걸다'라는 표현 아세요? 학생들이 정말 많이 쓰는 표현이에요. 카카오톡이나 카카오스토리에 글을 올리고 친구를 '필독' 걸어놓으면 그 친구가 접속하자마자 그 글이 나와서 꼭 읽게 되는 시스템이에요. 그리고 읽었는지 안 읽

었는지 확인도 되고요. 학생들이 이런 기능을 알기 때문에 일부러 글을 올리고 왕따를 당하는 아이에게 필독을 걸어서 욕설과 비방글을 읽게 만든 다음, 피해학생이 읽으면 바로 그 글을 삭제해 버려요."

③ 해피 슬래핑(Happy Slapping)

해피 슬래핑을 가리켜 피해자가 본인 의사에 반해서 예상치 못하게 가해자로부터 휴대폰 촬영을 당하는 것이라 정의할 수 있다(Associated Press, 2006). "해피"라는 표현 때문에 간혹 가벼운 놀림이나 청소년들끼리의 장난으로 생각할 수도 있지만, 실제로는 피해자의 가장 수치스런 장면을 녹화하여 타인에게 유포시키는 위험한 행동이라고 볼 수 있다(조계화, 2014). 그리고 피해자 몰래 피해자의 신체적인 특정 폭력피해 상황을 녹화하여 그 영상을 인터넷에 올리는 것도 해피 슬래핑에 해당한다고 하겠다(Palasinski, 2013).

다음의 사례는 해피 슬래핑의 신체적 폭력 중에서도 성폭력에 해당되는 사례로, 피해학생이 화장실을 사용할 때를 틈타 다수의 학생들이 몰려와 사진 촬영을 한 것이다.

(상담사 B) "학교에서 피해 여학생이 화장실에 들어가 하의를 탈의하면 여러 명의 학생들이 동시에 화장실 벽 위의 뚫린 공간이나 밑의 뚫린 공간 등에서 사진을 찍어요. 피해자가 대응할 시간조차 없게 만든 거죠. 문 열고 나오면 다들 아무렇지 않은 척하고....피해자가 아무리 '하지 말라'고 말해도 화장실 안에 들어가면 또 다시 하고, 또 계속 핸드폰을 들이대어 사진을 찍어대는 거죠. 정확히 누가 자신의 사진을 찍었는지도 알 수 없어서 피해자는 문제를 제기하기도 힘들어요. 그 사진이 친구들 사이에서 화장실 모습이 카카오톡을 통해 유포되고, 반 친구들 사이에서 그 사진으로 피해자는 계속 놀림을 받을 수밖에 없어요."

④ ID 도용

「정보통신망 이용촉진 및 정보보호 등에 관한 법률」 제49조에서는 '누구든지 정보통신망에 의하여 처리 · 보관 또는 전송되는 타인의 정보를 훼손하거나 타인의 비밀을 침해 · 도용 또는 누설하여서는 아니 된다'라고 명시하고 있다. 특히, 청소년들 사이에서는 ID 도용 피해 사례가 빈번히 일어나는 것을 알 수 있었는데, 이러한 사례가 발생하는 이유는 친구끼리 자신의 ID를 공유하거나 특정 Application 등에 자동 로그인되도록 설정해 놓은 스마트폰을 남기고 자리를 비운 사이에 친구들에 의하여 원치 않는 피해가 발생하게 되는 것이다.

(상담사 A) "사이버불링 가해학생이 다른 친구 ID로 들어와서 '성폭행 당했어요' 라고 신고하면서 특정 가해자의 이름까지 지명을 했어요. 상담사는 그 신고가 확실한 것 같아서 경찰에 신고를 했죠. 부모님도 학교에도 다 알려지고 수사도 하고... 근데 알고보니, ID가 가짜인 거예요. 자신의 아이디를 도용당한 학생도 피해자가 되고, 성폭행 가해자로 지목받은 애도 가만히 있다가 결국 사람들에게 가해자로 잘못 인식되어서 피해를 입은 거죠. 좁은 학교에 소문이 나서 학교를 못 다닐 상황이 되어버렸어요. 근데 사실은 신고 자체가 거짓이었고 성폭행 사건은 실제 없었던 일이어서 상담기관까지도 곤란했던 적이 있어요."

(상담사 D) "가해자가 피해자 학생의 아이디랑 비밀번호를 몰래 알아내서 피해자 학생인 것처럼 꾸미고 온라인에서 친구들에게 욕을 한 거예요. 자기(피해자)는 그런 사실을 몰랐는데 다른 일부 학생들이 와서 따지니 아이디 도용 피해를 알게 된 거예요. 대부분 이런 아이디 도용은 가까운 친구 사이에서 많이 일어나요. 자기가 욕하기는 힘드니까, 친구의 아이디로 몰래 숨어서 욕을 하는 거죠. 친한 친구들끼리 아이디 같은 거 서로 알려주지 못하도록 사전에 교육해야 해요."

⑤ 사진변조

다음 사례는 상대의 사진을 허락 없이 합성하여 그것을 다수와 함께 공유하거나 게시하여 상대방으로 하여금 수치심을 가지게 하는 사이버불링 유형이다.

(상담사 B) "사진합성을 해서 우스꽝스럽게 하거나 보기 흉하게 만들어서 유포하거나 함께 돌려보면서 낄낄대고 비아냥거리고... 이런 사건의 피해자는 대부분이 여학생들인 것 같아요."

⑥ 사이버 갈취(경제적 괴롭힘)

오프라인상의 금품 갈취의 연장이 되어 사이버상의 특정 수단을 통해 금품 갈취를 행하거나 금전적 가치가 있는 대상(금품, 사이버머니, 캐릭터)을 얻거나 갈취하기 위해 지속적인 또는 억압적인 메시지를 보내는 행위이다.

사이버 갈취는 상대를 경제적으로 괴롭히는 것으로써 온라인 게임에서 사용되는 아이템이나, 캐릭터 등을 피해학생에게 구매하라고 협박하거나, 피해 학생의 것을 갈취함으로써 피해를 입히는 방법을 모두 포함한다. 또한 따돌림을 당하는 학생을 SNS로 협박하여 오프라인에서 금품을 갈취하는 사례도 여기에 포함된다.

> **(상담사 E)** "스마트폰으로 아이템을 사서 게임을 하다가 그 아이템이 자기한테 필요 없어지면 친구한테 그걸 사라고 하는 거죠. 금액은 한 5만 원 정도예요. 터무니없이 비싸게 요구하지는 않지만 어린 학생들한테는 결코 작은 돈이 아니에요. 그리고 계속되는 요구에 그 친구가 안 산다고 하면 '너 산다고 했는데 왜 거절해?'라며 협박하고 괴롭히는 거예요. 그 학생은 사이버에서뿐만 아니라 학교에 가도 그런 상하관계 속에서 지내야 해요."

> **(상담사 D)** "본인이 키워 놓은 인터넷게임 캐릭터를 어느 날 친구가 강제로 달라고 요구하는 거예요. 그때부터 계속해서 달라고 조르고 왜 안주냐고 욕을 하고 시도 때도 없이 캐릭터를 달라고 카카오톡으로 메시지를 계속 보내는 거예요."

⑦ 사이버 성폭력

사이버 성폭력은 원치 않는 성적 메시지(글이나 부호)나 이미지(음향이나 영상물)를 상대방에게 일방적으로 보냄으로써 상대방에게 심각한 정서적 피해(불쾌감, 수치심, 두려움)를 유발하는 행위라고 볼 수 있다(정진수 · 정완 · 김은경, 2000).

> **(상담사 E)** "남학생이 같은 반 여학생에게 야한 사진을 몇 번 보냈는데 여학생이 그런 상황을 힘들어하는 사례가 있었어요. 사진을 받은 여학생의 사진이나 아는 사람의 사진은 아니고 그냥 인터넷에 돌아다니는 사진을 몇 장 보냈는데, 여학생은 그걸로 많이 힘들어했어요."

(상담사 G) "남학생이 같은 반 남학생을 찍은 사진인데, 그 사진이 좀 야했던 것 같아요. 그걸 같은 반 여학생들에게 보냈는데, 상담 받은 애도 받은 거죠. 그리고 나중에 알고 보니 사진의 주인공이 신고를 한 것 같아요. 사진 찍힌 학생은 약자였고, 사진 찍은 애가 찍힌 학생을 괴롭힌 가해 학생인거죠."

다음은 오프라인상에서 발생한 성폭력 피해가 사이버상으로 옮겨온 유형으로서, 성폭력 피해 당시 의도적으로 촬영된 사진과 동영상 등을 유포하거나 협박하여 또 다른 성폭행으로 이어졌던 사례이다.

(상담사 C) "19세 여자인데요. 또래 남학생에게 성폭행 당하고 다시 그 성폭행 사진으로 협박당했다고 했어요. 사진을 빌미로 성폭행을 여러 번 당했다고 하길래 경찰에 신고를 권했죠."

⑧ 카톡감옥

스마트폰 카카오톡 또는 이와 유사한 어플의 이용에 있어서 단체 대화방에서 퇴장한 대상을 지속적으로 재차 불러내어 원치 않는 정보를 공유하거나 비방을 하는 행위 및 대화방에서 퇴장하면 불이익을 받거나 괴롭힘의 대상이 될 것이라는 분위기를 조성하여 대화방에서 나가지 못하도록 하는 행위를 말한다.

(상담사 B) "친구들끼리 한 친구를 따돌리는데, 돌아가면서 24시간 괴롭히는 시스템이에요. 새벽에 잠을 못 자게 돌아가면서 메시지를 보내고 얘가 메시지를 읽지 않으면 안 읽는다고 욕설을 하고, 전화를 해서 받지 않아도 다시 욕을 하고......"

(상담사 E) "반 친구들이 카카오톡으로 단체 채팅을 하면서 한 친구에 대한 욕을 하는 식으로 괴롭혀요. 문제는 그 피해학생도 그 단체 채팅방에 속해 있다는 것입니다. 이 친구가 그 상황이 싫어서 채팅방에서 나가면 다시 초대하고, 나가기만 하면 계속 초대하는 거예요. 카카오톡은 초대받으면 거절할 수 있는 기능이 없어요. 계속 들어갔다 나왔다 하다가 체념하고 괴로워하는 거죠. 이런 괴롭힘에는 남학생, 여학생 구분이 없어요. 특별히 가정환경이나 성적이 안 좋은 학생이 가해나

피해를 당하는 것도 아니에요. 오프라인상에서 이루어지는 괴롭힘이랑 그런 점에서 다르고 특징이 없으니까 대안의 마련도 힘들어요."

⑨ 사이버 차단

사이버상 또는 스마트폰 대화방에서 특정 대상을 친구 목록에서 제외시키거나 친구 신청을 거부하는 행위이다.

(상담사 B) "메시지를 보냈는데, 아무도 안 읽어주고 답장도 안 주는 방식으로 피해 학생을 괴롭히는 거죠. 학생들 표현으로 '씹힌다'고 하죠. 그냥 자기가 보낸 메시지는 무조건 같은 반 친구들로부터 단체로 '씹히는 거'죠."

(상담사 B) "네 명의 친구가 오프라인에 함께 있는데 세 명이서 단체 대화방을 만들고 얘기해요. 오프라인 공간으로 말하면 넷이서 놀이터에서 놀고 있다가 대화는 한 명을 빼고, 셋이서만 카카오톡으로 하는 거예요."

다음의 사례는 지능형 사이버 차단의 유형으로 피해자를 가해자화하여 사이버상에서 불이익을 입히는 것으로써, 카카오톡의 신고 기능을 역이용하여 가해자들이 피해자를 신고하여 카카오톡을 이용할 수 없게 하는 방법이다.

(상담사 E) "카카오톡은 신고 기능이 있어서 오히려 가해학생들이 피해학생을 신고하는 방법으로 괴롭혀요. 그러면 피해학생에게 카카오톡에서 메시지가 오는 거예요. '욕설. 비방 신고를 당해서 00일간 카카오톡 사용을 하실 수 없습니다.' 이런 식의 메시지요. 그런 기능을 학생들이 역이용하고 있는 거예요. 가해학생을 피해학생이 신고하기도 하지만, 계정만 다시 만들면 다시 쓸 수 있다고 해요. 그렇지만 피해학생은 여러 명의 가해학생이 쉴 새 없이 신고를 하니까 혼자 해결할 방법이 없는 거예요."

⑩ 플레이밍

플레이밍은 사이버 언어폭력의 한 수법으로 사용되고 있다. 인터넷에서 상대에게 욕설과 비속어를 사용하는 행위나 비방, 허위사실유포, 인신공격, 게시판도배, 성희롱 등의 다양한 행위를 포함하는 개념이다(주경희 · 최지은 · 이성규, 2013).

보통 플레이밍은 논쟁으로부터 시작되는데 이는 인터넷 포럼, 채팅방, 유즈넷(온라인상의 토론공간)뿐만 아니라 이메일, 게임(Xbox Live, PlayStation Network) 등에서도 발생할 수 있다. 청소년의 경우 성인과는 달리 정치나 종교를 주제로 논쟁하는 경우가 거의 없다고 볼 수 있다. 대신에 사소한 이슈들, 예를 들면 누군가의 외모나 패션, 태도 등을 주제로 하여 논쟁하는 경우가 대부분이다.

(상담사 A) "어떤 여학생이 선배 언니한테 '언니 너무 예뻐요.'라고 했는데 그걸 다른 여자 선배가 듣고는 그 여자애를 단체 채팅방에 초대해서 '야, 너 나대지 마. 저게 뭐가 예쁘냐.'라고 하면서 막 욕을 했대요. 그냥 '어떤 점이 예뻐서 그렇게 말한 거다.'라고 얘기를 해도 잘난척 한다는 식으로 막 뭐라고 하고, 그러다가 다른 사람들을 채팅방에 초대해서 같이 뭐라고 하고.. 그렇게 판을 넓혀가는 식으로 한대요. 전화로 안 하고 카톡으로 하니까 오해도 많이 하는 것 같다는 식으로 얘기하더라구요."

⑪ 사이버명령(Cyber-Order)

사이버상 또는 스마트폰 등의 기능을 활용하여 시간과 거리에 구애받지 않고 특정 대상에게 원하지 않는 행동을 강요하거나 심부름 등을 시키는 행위이다.

(상담사 D) "카카오톡으로 수업시간에 데이터를 보내라고 시킨다거나 카카오톡으로 수업시간에 '쉬는 시간에 이런이런 빵을 사와'라고 시키는 사례가 있어요."

(상담사 H) "핸드폰 게임 같은거 있죠. 애니팡 같은거. 하트 같은 거 보내라고 시키는 경우도 있어요. 그리고 심부름(온/오프라인)도 많이 시키고 일진 애들이 약한 애들에게 많이들 하는 것 같아요."

⑫ 안티카페

어떤 특정한 사람을 싫어하는 사람들이 모여서 그 특정 대상에 대한 비방, 욕설, 사진변조 등을 하는 사이버상의 공간이다.

(상담사 D) "안티카페의 사례도 많아요. 자기네들이 봤을 때 쟤는 뭔가 우리랑 다르거나. 이런 애들한테요. 공개적으로는 하지 않아요(피해자 모르게 해요). 요즘 애들은 교사가 모르게 흔적을 안 남겨요. 교사가 알법한 방법은 노출시키지 않아요. 활동(안티카페)을 하지 않아도 다른 학생들은 그런 카페가 있는지 알지만, 피해자 학생은 몰라요. 오히려 타 학생을 통해서 카페의 존재를 알게 되죠."

⑬ 사이버 왕따 놀이

사이버상 또는 스마트폰 등의 기능을 활용하여 카카오톡, SNS 등에서 한 친구를 왕따로 지목한 뒤 집단으로 괴롭히는 행위이다. 청소년 사이에 하나의 놀이로 자리 잡고 있으며, 왕따는 일정 기간이 되면 다음 차례의 대상으로 바뀐다.

(상담사 C) "12세 여자아이고, 얘는 자신이 왕따인 것 같다고 하더니. 오프라인 상에서도 같이 다닐 때 자기들끼리만 대화하고, 자기만 왕따하더니, 카스에 글을 올리면, 댓글을 쓰는데, 바로 지운대요. 댓글을 쓰면 바로 알림이 울린대요.... 글을 쓰자마자. 자기가 글을 보러 오면 애들이 싹 지워서 댓글을 지워 놓는대요. 그래서 얘는 허탕을 치는 거죠. 그런데 이런 피해를 당하는 게 차례대로 돌아가면서 당하는 거예요. '다음에 제 차례인데 어쩌죠?'하는 상담도 있어요."

4. 정리하기

스마트폰 보급률이 급증하면서 최근 우리나라 청소년들의 학교폭력 양상도 빠른 속도 바뀌어가고 있다. 기존에는 학교 공간 내에서 이루어지던 물리적인 신체적 공격행동이 와이파이 셔틀과 카카오톡과 같은 SNS상에서 집단 따돌림 등의 사이버불링 수법으로 바뀌어가고 있는 것이다. 무엇보다도 최근 우리나라에서는 위에서 살펴본 13가지 사이버불링 유형이 새로운 수법으로 급증하고 있는데, 각 유형이 중첩해서 나타나기도 하고 오프라인상의 전통적인 학교폭력과 함께 나타나기도 하는 바, 이에 대한 실태분석과 대응 예방 전략 제시가 절실히 필요하다고 하겠다.

기본적으로 사이버불링(Cyber bullying)이란 타인을 해할 목적을 가지고 반복적으로 특정 정보나 통신기술 매체 등을 악의적으로 사용하는 것을 말한다(Belsey, 2007). 이런 개념이 다소 추상적이고 광범위할 수 있어 좀 더 구체적인 개념정의가 필요한데, Willard(2007)는 사이버불링의 개념을 "피해자의 거부의사에도 불구하고 협박 메시지를 이메일이나 문자로 보내거나 다양한 디지털 매체를 활용해 누군가를 정신적, 심리적으로 괴롭히는 행위"라고 보았다. 오늘날 개인 인터넷 블로그, 특정 웹사이트, 카카오톡 등의 SNS, 스마트폰 등이 사이버불링에 악용될 수 있는 전자매체라고 볼 수 있어 사이버불링의 형태는 매우 다양하다고 볼 수 있다.

오늘날 학교 공간 내부나 주변에서 쉽게 발견할 수 있었던 신체적 폭력은 감소하고, 오늘날 사이버 공간 내에서 24시간 피해자를 통제하고, 공격하는 간접적인 사이버불링이 증가하고 있는 상황이다. 따라서 현재 사이버불링 유형화 연구는 매우 중요한 정책적 의의를 갖고 있다고 볼 수 있다. 사이버불링 피해로 심각한 사회문제가 발생하기 전에 우리나라에서 발생하고 있는 사이버불링 수법을 보다 구체적으로 유형화하여, 각 세부 행태별 대처전략을 수립해 나가야 할 것이다.

주로 학교 공간에서 청소년들이 지속적으로 갖고 있던 사회적 상호작용(social interaction) 위에서 이루어졌던 괴롭힘(bullying) 행동이 시간과 공간을 뛰어넘은 사이버 공간의 출현으로 전자매체를 매개로 학교 밖 공간에서도 24시간 계속해서 악랄한 방법으로 자행되고 있다(Williams & Guerra, 2007). 무엇보다도 빠른 속도로 새로운 사이버불링 수법이 나타나고 있는 데 반해, 청소년들의 범죄 수법이나 학교폭력 환경을 소년사법 체계가 충분히 이해하지 못하고 있다는 데 문제의 심각성이 있다.

이에 본 장에서는 사이버불링 피해 청소년들을 상담하는 상담사들과 인터뷰를 하고 사례를 유형별로 구분하여 우리나라에서 발생하고 있는 사이버불링의 사례들을 13가지 유형으로 구분해 보았다. 사이버 스토킹이나 사이버 명예훼손, 그리고 사이버 명령 또는 사이버 갈취와 같은 유형의 사이버불링은 기존의 학교폭력에서 행해지던 유형이 스마트폰과 같은 새로운 수단이 나타나면서 증가하고 있는 신종 사이버불링 유형에 해당한다고 볼 수 있다. 카톡감옥이나 사이버 차단 등의 유형 역시 SNS를 활용한 신종 사이버불링 수법이라고 볼 수 있다. 이 중에서 특히 카톡감옥은 카카오톡이라는 매체를 통해서 교묘하게 괴롭히는 형태를 띠는 특별한 형태이며, 사이버 차단 또한 이러한 매체의 일부 특정 기능을 청소년들이 학교폭력에 악용하는 사례라고 볼 수 있다.

지금까지 사이버불링 유형을 국내외 선행연구와 우리나라 학교폭력 상담사례들을 기반으로 논의하였는데, 향후 사이버불링 수법이나 유형이 더욱 빠르게 다양해질 것이며, 청소년들의 인터넷 문화에 따라 새로운 방향으로 변화될 가능성이 매우 크기 때문에 이에 대한 연구와 관심을 후속 연구로 계속 이어나갈 필요가 크다.

최근 발생하고 있는 사이버불링 유형은 우리나라의 스마트폰 보급과 무선인터넷 발전 뒤에 숨은 어두운 역기능이라고 볼 수 있다. 그리고 부모가 자녀들이 사용하는 컴퓨터의 유해사이트 접속이나, 청소년 자녀의 핸드폰 이용요금을 제한할 수 있는 장치는 많이 일반화되었으나, 아직까지 자녀의 핸드폰 사용에 있어서는 실질적으로 부모들이 자녀가 교우들과 어떤 대화들을 하고, 어떻게 학생들과 관계 맺음을 하고 있는지 확인할 방법이 마땅치 않아 더욱 어려운 상황이다. 이에 신종 사이버불링 수법 및 유형화에 대한 관심을 높여 새로운 사이버불링 수법에 대해 지속적으로 관심을 갖고, 그에 대한 사전 · 사후 예방 및 자녀 훈육 활동을 효율적으로 진행해 나가는 전략을 수립할 필요가 있다. 앞으로 온라인 공간에서도 사이버불링 사례분석과 유형화를 통해 효과적인 학교폭력 예방프로그램의 개발과 처벌 방안이 계속 이루어지길 기대한다.

참고문헌

경찰청 사이버테러 대응센터 (2013). http://www.netan.go.kr에서 2013.10.27 인출.

김봉섭, 이원상, 임상수 (2013). 사이버불링에 대한 이해와 대응방안. 정보문화 이슈리포트 13(1).

김은경 (2012). **청소년의 사이버불링에 영향을 미치는 관련 변인 연구**. 명지대학교 박사학위논문.

이인태 (2012). 초등학생의 사이버불링 실태와 원인에 대한 조사연구: 경기도 초등학교 고학년 학생을 중심으로. **청소년문화포럼**, 32(0), 91-118.

정진수 · 정완 · 김은경 (2000). 신종 성폭력 연구: 사이버 성폭력의 실태 및 대책을 중심으로. **한국형사정책연구원**.

조계화 (2014). 세상에 대하여 우리가 더 잘 알아야 할 교양: 사이버폭력, 어떻게 대처할까요. 디베이트 월드 이슈 시리즈 세더잘. 내인생의 책.

주경희, 최지은, 이성규 (2013). 인터넷 댓글문화에서 플레이밍 행동에 영향을 미치는 요인에 관한 연구. **문화산업연구**, 13(2), 47-57.

Akbulut, Y., Sahin, Y. L., & Eristi, B. (2010). Development of a scale to investigate cybervictimization among online social utility members. Contemporary Educational Technology, 1 (1), 46-59.

Aricak, T., Siyahhan, S., Uzunhasanoglu, A., Saribeyoglu, S., Ciplak, S., Yilmaz, N., & Memmedov, C. (2008). Cyberbullying among Turkish adolescents. *CyberPsychology & Behavior*, 11(3), 253-261.

Belsey, B. (2007, Fall). "Cyberbullying: A real and growing threat." ATA Magazine, 88(1), pp. 14-21. Available online at: http://www.teachers.ab.ca/Quick+Links/Publications/Magazine/Volume+88/Number+1/Articles/Cyberbullying.htm

Cetin, B., Yaman, E., & Peker, A. (2011) Cyber victim and bullying scale: A study of validity and reliability. *Computers & Education*, 57, 2261-2271.

Coloroso, B. (2011). Bully, Bullied, Bystander and beyond. *The Education Digest*, 77(4), 36-39.

Dilmac, B. (2009). "Psychological Needs as a Predictor of Cyber bullying: a Preliminary Report on College Students". Educational Sciences: Theory and Practice, Volume 9, No. 3, pp. 1307-1325.

Henson, B. (2012). Bullying beyond the schoolyard: Preventing and responding to cyberbullying.

Hinduja, S., & Patchin, J. W. (2009). Bullying Beyond the Schoolyard: Preventing and Responding to Cyberbullying. Thousand Oaks, CA: Sage Publications.

Kowalski, R. M., & Limber, S. P. (2007). Electronic bullying among middle school students. *Journal of adolescent health*, 41(6), S22-S30.

Lacey, B. (2007). Social aggression: A study of Internet harassment. Unpublished dissertation, *Hofstra University*.

Li, Q. (2005). Cyberbullying in schools: Nature and extent of Canadian adolescents' experience. Paper presented at the annual conference of AERA. Montreal, QC.

Mason, K. (2008). Cyberbullying: A preliminary assessment for school personnel. *Psychology in the Schools*, 45, 323-348.

Nansel, T. R., Overpeck, M., & Pilla, R. S. (2001). Bullying behaviors among US youth: Prevalence and association with psychosocial adjustment. *Journal of the American Medical Association*, 285, 2094-2100.

Palansinski, M (2013). Turning Assault into a "Harmless Prank"-Teenage Perspectives on Happy Slapping. *Journal of Interpersonal Violence* 28(9) 1909-1923.

Patchin, J. W., & Hinduja, S. (2006). Bullies move beyond the schoolyard a preliminary look at cyberbullying. *Youth violence and juvenile justice*, 4(2), 148-169.

______. (2010). Cyberbullying and Self Esteem*. *Journal of School Health*, 80(12), 614-621.

______. (2012). State cyberbullying laws. *Cyberbullying Research Center*, Retrieved February, 15, 2012.

Raskauskas, J., & Stoltz, A. D. (2007). Involvement in traditional and electronic bullying among adolescents. *Developmental Psychology*, 43, 564-575.

Shariff, S., & Gouin, R. (2005). CYBER-DILEMMAS: Gendered Hierarchies, Free Expression and Cyber-Safety in Schools. Paper presented at Oxford Internet

Institute, Oxford University, U. K. International Conference on Cyber-Safety. Retrieved August 10, 2006, from www.oii.ox.ac.uk/cybersafety.

Willard, N. (2007). *Cyberbullying and cyberthreats*. Washington: Center for Safe and Responsible Use of the Internet.

Williams, K. R., & Guerra, N. G. (2007). Prevalence and predictors of Internet bullying. Journal of Adolescent Health, 41, s14 .s21.

Ybarra, M. L., & Mitchell, K. J. (2004). Youth engaging in online harassment: Associations with caregiver - child relationships, Internet use, and personal characteristics. *Journal of adolescence*, 27(3), 319-336.

Chapter 04

오인수

사이버불링의 영향

본 장에서는 사이버불링이 미치는 영향을 심리적, 행동적, 관계적, 신체적 변화의 측면에서 살펴보고자 한다. 사이버불링은 시·공간을 초월하여 발생하고 빠른 전파속도를 지니고 있으며 익명성에 기반한 경우도 있기 때문에 전통적 불링(traditional bullying)이 미치는 부정적 영향을 뛰어넘는 다양한 폐해를 야기한다. 심리적 측면의 경우, 사이버불링을 당하는 피해 학생은 높은 우울과 불안 및 스트레스를 경험하며 자존감에 상처를 받을 뿐만 아니라 다양한 부정적 감정을 경험한다. 행동적 측면의 경우, 사이버불링을 당한 경험은 폭력이나 비행행동을 촉발시킬 수 있으며 자살 시도와 같은 극단적인 행동을 이끌 수도 있다. 뿐만 아니라 사이버불링은 관계적 영역에서도 부정적 영향을 미쳐 교우관계에 부정적 영향을 미치고 소속감을 떨어뜨리는 결과를 낳을 수 있다. 그리고 사이버불링은 수면장애, 두통, 복통, 식욕부진과 같은 다양한 신체화 증상을 일으키기도 한다. 본 장에서는 이처럼 사이버불링이 미치는 부정적 영향을 다양한 측면에서 고찰하였고, 이러한 영향을 악화시키거나 경감시킬 수 있는 위험요인과 보호요인을 탐색하였다. 이러한 요인으로 성별, 사이버불링의 유형, 자기통제력 및 정서조절을 제시하였다. 본 장의 내용을 통해 사이버불링은 전통적 불링 이상으로 피해학생의 심리와 행동, 관계 및 신체에 심각한 부정적 영향을 미칠 수 있음을 확인할 수 있다.

1. 사이버불링의 원인과 결과

본 장은 사이버불링이 미치는 영향, 다시 말해 사이버불링의 결과를 다루고 있다. 이를 위해 사이버불링의 피해학생을 다룬 연구들을 고찰하였는데, 이러한 연구들은 사이버불링의 피해와 심리적, 행동적, 관계적, 신체적 특징의 관계를 제시하고 있다. 이러한 연구들의 결과를 해석할 때 한 가지 주의할 점이 있다. 그것은 사이버 "불링이" 미치는 영향과 사이버 "불링에" 미치는 영향에 관한 연구들이 혼재하고 있다는 점이다. 예를 들어, 사이버불링을 경험한 학생들은 우울이 높은 것으로 확인되었다(조윤오, 2013). 그런데 이러한 우울이 사이버불링에 의한 것인지, 아니면 우울한 학생이 사이버불링을 더 많이 경험한 것인지를 확인하는 것은 쉽지 않다. 따라서 이들의 관계가 인과적인지 상호적인지에 관한 보다 정밀한 실험설계에 기초한 연구를 통해 확증되어야 한다. 사이버불링이 미치는 심각성에 대한 관심이 증가되면서 이와 관련된 연구들이 많이 진행되고 있지만, 이상에서 언급한 바와 같이 그러한 증상이 사이버불링의 결과에 의한 것인지 아니면 원인으로 작용하는 것인지 확증하는 것은 쉽지 않다. 따라서 이하에서 설명하는 여러 사이버불링과 관련된 심리적 특징의 경우 이러한 관계성을 염두에 두고 이해하는 것이 필요할 것이다.

2. 사이버불링과 전통적 불링의 영향

선행연구들은 일관되게 전통적 불링(traditional bullying)이 미치는 부정적 영향을 제시하였다. 오프라인에서 발생하는 전통적 불링의 피해자들은 신체적인 손상뿐만 아니라, 우울, 불안, 분노 폭발 등 심리적인 측면에도 강한 후유증을 경험하는 것으로 보고되고 있다(이규미 외, 2014). 반면 사이버불링이 미치는 영향에 관한 연구는 상대적으로 적은 편이다. 그러나 연구자들은 사이버불링의 폐해가 전통적 불링보다 더 심하다고 지적한다(조윤오, 2013; Campbell, 2005; Campbell et al., 2012 Englander, 2013; Gradinger et al., 2009; Hinduja & Patchin, 2007;

Kiriakidis & Kavoura, 2010). 그 이유로 사이버불링이 지니는 독특한 특징이 이러한 부정적 영향을 증가시킨다고 본다. 이러한 이유들을 정리하면 다음과 같다.

첫째, 사이버불링의 경우 상대방의 반응을 직접 실시간으로 확인할 수 없기 때문에 사이버불링의 가해자는 더욱 심하게 반복적으로 상대를 괴롭힐 가능성이 높다. 가해행동은 피해자의 적극적 반응에 따라 억제될 수 있는데(Pornari & Wood, 2010), 사이버불링의 경우 가해행동을 억제하는 요인이 적기 때문에 가해행동의 빈도와 정도가 증가되고 이로 인해 보다 큰 심리적 폐해를 일으킬 수 있다.

둘째, 사이버불링은 전통적 불링에 비해 전파속도가 매우 빠르고 광범위하게 이루어지기 때문에 심리적 충격이 더 클 수 있다. 교실에서 헛소문을 퍼뜨리는 경우와 SNS를 이용하여 헛소문을 퍼뜨리는 경우를 비교해 본다면, 그 전파속도는 비교할 수 없을 만큼 매우 큰 차이가 있다. 이처럼 빠른 파급효과 때문에 사이버불링의 피해자는 전통적 불링의 피해자에 비해 더 큰 불안을 느낄 수 있다.

셋째, 일반적으로 불링의 심리적 폐해는 괴롭힘 행동이 일회성에 그치지 않고 반복적으로 일어나기 때문에 발생하는데, 사이버불링의 경우 가해학생이 일회적으로 문자를 보낸다 해도 문자를 확인할 때마다 심리적 충격을 받을 수 있으며 전통적 불링과 달리 사이버불링은 시간에 구애받지 않고 언제, 어디서든지 일어나기 때문에 더 자주 발생하게 되어 보다 큰 부정적 영향을 일으킬 수 있다.

넷째, 가해자의 익명성 때문에 오히려 분노와 불안의 복잡한 감정을 경험하게 된다. 가해자가 익명일 경우 피해자는 자신의 환경에 대해 보다 의심을 품게 되어 심리적 충격이 더 커질 수 있다(Raskauskas & Stoltz, 2007). 누가 자신을 괴롭히는지 모르는 상황에서 지속적으로 협박하는 메시지나 모함하는 사진 등으로 인해 피해자는 더 큰 혼란과 불안을 느낄 수 있다.

실제로 사이버불링과 전통적 불링의 영향을 비교한 연구들도 있는데, 이러한 연구들은 이 두 가지 형태의 괴롭힘이 서로 연관되어 있음을 확인하였다. Gradinger와 동료(2009)는 14-19세 청소년(49% 남자 청소년) 761명을 대상으로 전통적 불링과 사이버불링을 경험한 학생들의 적응문제를 확인하는 과정에서 사이버불링 피해자와 전통적 불링 피해자가 동시에 결합되어 있는 것을 발견하였다. 이러한 피해

집단은 선제적 공격성, 신체증상, 우울증상이 매우 높은 것을 확인하였다. 또한 Englander(2013)는 사이버불링과 전통적 불링은 같지 않지만, 서로 영향을 주고 있다는 것을 언급하였으며 학교 안에서 발생하는 전통적 불링은 점점 줄어드는 반면, 괴롭힘 피해자의 90% 이상이 사이버불링 또는 전통적 불링을 같이 경험하거나 사이버불링만을 경험하는 것으로 보고하였다. 조윤오(2013)는 전통적 불링과 사이버불링을 경험한 학생을 4집단(전통적+사이버불링 피해, 전통적 불링 피해, 사이버불링 피해, 피해없음 집단)으로 구분하여 우울감의 평균점수를 비교한 결과 전통적 불링과 사이버불링을 동시에 경험한 집단(평균 22.69, 표준편차 9.50), 사이버불링을 경험한 집단(평균 20.74, 표준편차 9.50), 전통적 불링을 경험한 집단(평균 19.61, 표준편차 9.13)순으로 우울의 정도가 다르다는 것을 확인하였다.

이러한 일련의 연구들은 사이버불링과 전통적 불링의 두 가지 형태의 괴롭힘이 매우 유기적으로 연결되어 있음을 시사한다. 이수경과 오인수(2012)는 사이버괴롭힘이 전통적 불링을 가장 잘 예측하고, 반대로 전통적 괴롭힘이 사이버불링을 가장 잘 예측한다는 것을 확인하였다. Ybarra와 Mitchell(2004) 역시 전통적 불링의 피해자가 사이버불링의 가해자가 된다는 것을 확인하였다. 오인수(2014)는 공격성이 사이버불링으로 나타나는 관계에서 전통적 불링이 매개한다는 것을 확인하였다. 즉, 공격성이 높은 학생의 경우 전통적 불링을 하게 되고 이러한 괴롭힘의 연장선에서 사이버불링을 하게 된다는 것이다. 다시 말해, 아래의 [그림 4-1]과 같이 두 가지 형태의 불링이 서로 연관되어 있다는 점이 확인된 것이다.

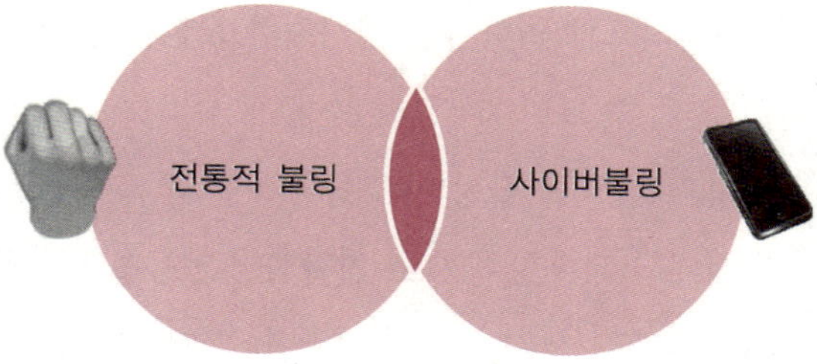

[그림 4-1] 전통적 불링과 사이버불링의 관계

Schneider와 동료(2012)의 연구에서도 사이버불링을 경험한 학생의 약 60%가 전통적 불링을 당하는 것이 확인되었고 전통적 불링을 당하는 학생의 약 36%가 사이버불링을 당하는 것이 확인되었다. 특히 전통적 불링과 사이버불링을 동시에 경험하는 학생은 그렇지 않은 학생에 비해 우울 증상이 4.3배 높았고, 자살 시도도 5.3배 높다는 것을 확인하였다. 결국 전통적 불링과 사이버불링의 상관이 매우 높고 이 둘을 동시에 경험하는 학생들이 심리적으로 가장 취약하다고 볼 수 있다(Gradinger, Strohmeier, & Speil, 2009; Perren, Dooley, Shaw, & Cross, 2010).

Bauman과 동료(2013)는 아래의 [그림 4-2]와 같이 사이버불링의 가해와 피해의 상관은 매우 높으며 상대적으로 전통적 불링의 가해와 피해의 상관은 중간정도임을 확인하였다. 이러한 결과는 전통적 불링과 비교하여 사이버불링의 경우 가해와 피해를 동시에 경험하는 가·피해자의 비율이 높다는 것을 의미한다.

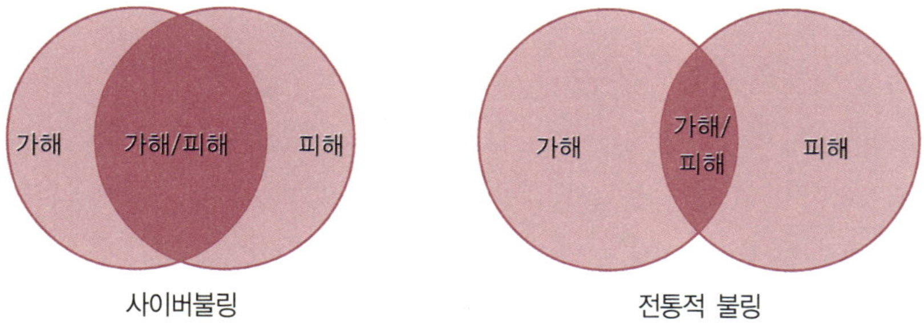

[그림 4-2] 사이버불링과 전통적 불링에서 가해와 피해의 상관 비교

가해와 피해를 동시에 경험하는 가·피해자는 도발적 피해자(provocative victim)일 가능성이 높은데, 이는 피해를 받은 후 보복하는 경우에 해당된다. 전통적 불링이 힘의 불균형에 의해 발생하고 피해자는 힘이 약하기 때문에 보복하는 대응을 하기 쉽지 않다. 그러나 사이버불링의 경우에는 힘의 불균형 현상이 약하기 때문에 피해를 당한 학생이 익명성을 이용하여 가해자에게 보복할 가능성이 높다. 다음의 〈표 4-1〉은 이러한 경향성을 정리하여 제시한 것이다.

〈표 4-1〉 전통적 불링과 사이버불링의 경험 비율 비교

연구자	불링의 유형	가해자(%)	가·피해자(%)	피해자(%)
오인수(2011)	전통적 불링	190(18.9)	550(54.7)	265(26.4)
	사이버불링	55(26.2)	126(60)	29(13.8)
이수경, 오인수(2012)	전통적 불링	80(23.2)	137(39.7)	128(37.1)
	사이버불링	34(25.6)	68(51.1)	31(23.3)
Beckman et al. (2012)	전통적 불링	309(55.3)	74(13.2)	176(31.5)
	사이버불링	57(37.2)	22(14.4)	74(48.4)

전통적 불링의 경우 이러한 가 · 피해자들은 가해 혹은 피해만 경험하는 학생에 비해 보다 부정적인 심리변화를 경험하는 것으로 알려져 있다(Haynie et al., 2001; Holt & Espelage, 2006; Stein et al., 2007; Toblin et al, 2005). 그리고 이러한 가 · 피해자들의 취약성은 사이버불링의 경우에도 마찬가지이다. Chang(2013)과 동료는 사이버불링의 피해학생과 가 · 피해학생이 낮은 자아존중감과 높은 우울을 경험한다는 것을 밝히면서 다른 집단에 비해 가 · 피해학생 집단이 가장 자아존중감이 낮고, 우울이 높은 점을 지적하였다.

최근에는 이러한 가해와 피해 및 가 · 피해 구분을 전통적 불링과 사이버불링과 결합하여 각기 다른 불링의 유형에서 학생들의 가 · 피해 경험에 따른 심리적 특징의 차이를 분석하기도 한다(Beckman et al., 2012; Campbell et al., 2012). 결국 괴롭힘의 유형 및 경험의 종류를 조합하면 아래의 [그림 4-3]과 같이 모두 9가지의 경우가 발생하며, 최근에는 이처럼 각각의 유형별 경험에 차이가 있는지를 파악하는 연구가 시도되고 있다.

	가해	가-피해	피해
전통적 불링	전통적 가해	전통적 가-피해	전통적 피해
전통적 사이버 혼합	혼합형 가해	혼합형 가-피해	혼합형 피해
사이버불링	사이버 가해	사이버 가-피해	사이버 피해

[그림 4-3] 괴롭힘 유형과 경험에 따른 9가지 집단 구분

3. 사이버불링의 영향

사이버불링이 미치는 영향은 기본적으로 전통적 불링이 미치는 영향과 유사하다(Beckman, Hagquist, & Hellström, 2012). 사이버불링이 미치는 영향에 관한 연구는 주로 심리적 영역에 초점이 맞춰져왔다. 그러나 그 밖에도 행동적, 관계적, 신체적 영역에 미치는 영향도 확인되었다. 아래의 〈표 4-2〉는 사이버불링이 미치는 영향에 관한 국내외 선행연구를 정리한 것이다.

〈표 4-2〉 사이버불링이 미치는 영향

영역	영향	관련 연구
심리적 영역	우울	조윤오(2013), Bauman et al. (2013), Campbell et al.(2012), Chang et al.(2013), Schneider et al. (2012), Perren et al.(2010), Wang, Nansel, & Iannotti (2010)
	불안	Campbell et al.(2012), Dempsey et al.(2009), Hinduja, Patehin(2007), Nixon(2014), Sontag et al.(2011), Van den Eijnden et al.(2014), Wigderson & Lynch(2013)
	자살사고	Bonanno, Hymel(2013), Hinduja & Patchin (2010), Klomek et al(2008), Nixon(2014)
	스트레스	김종길(2013), 정여주, 김동일(2012), 홍영수, 김동기(2011), Campbell et al.(2012), Nixon(2014)
	자기통제력	김은경(2012), 김현동, 송병호(2013), Williams, Cheung & Choi(2000)
	자존감	김은경(2012), Chang et al.(2013), Rigby(2008), Roman & Rorie(2007), Zahid(2012)
	감정변화	Campbell et al.(2012), Hinduja & Patchin (2007), Ortega et al.(2012), Sourander et al.(2010)
	학교애착	Schneider et al. (2012)
	심리적고통	Schneider et al. (2012)
행동적 영역	폭력행동	김현동, 송병호(2013), Hinduja & Patchin (2007)
	비행	조윤오(2013), Goebert et al. (2011)
	자살시도	Bauman et al.(2013), Schneider et al. (2012)
관계적 영역	교우관계	Campbell et al.(2012), Devine & Lloyd(2012), Sourander et al.(2010)
	소속감	Williams, Cheung & Choi(2000)
신체적 영역	신체화증상	Beckman et al.(2012), Carter(2011), Kowalski & Limber(2013), Sourander et al.(2010)

1) 심리적 영역

(1) 우울

사이버불링이 심리적 영역에 미치는 영향 중에서 가장 많이 연구된 심리적 특징은 우울이다. 선행연구들은 사이버불링을 당한 학생의 경우 높은 우울을 보인다는 것을 일관되게 확인되었다. Beck의 우울 인지이론에 따르면, 우울한 사람은 자기 자신과 세계 및 미래에 대해 부정적인 관점을 지닌다(Beck, 1967). 피해 학생의 경우 자기 자신에 대한 부정적 관점을 극대화시킬 수 있고 자기 비하를 나타내는 성향이 높기 때문에(Graham & Juvonen, 1998), 자신과 세상 및 미래에 대해 암울한 관점을 지닐 가능성이 높고 이러한 성향이 지속되어 우울감으로 나타날 수 있다. 우울은 내면화 문제의 위험과 더불어 불안, 외로움, 자살행동 및 신체 증상에 영향을 주기 때문에 학생들의 정신건강에 매우 중요한 심리적 특성이다(Nixon, 2014). 권문자(2014)에 의하면 사이버불링을 당한 여학생의 경우 우울의 정도가 남학생에 비해 높은 것으로 나타나, 성별에 따른 차이가 있었다.

이러한 우울은 사이버불링과 관련된 다양한 변인 사이에서 매개 역할을 하는 것으로도 확인되었다. 조윤오(2013)의 연구에서는 우울감이 사이버불링과 비행의 관계에서 완전매개의 역할을 하는 것으로 확인되었다. 즉, 사이버불링의 피해 학생이 비행을 하는 경우는 오직 그러한 피해가 우울감으로 나타나는 경우에 한정된다는 것이다. 이러한 연구 결과는 사이버불링의 피해로 발생하는 우울감에 대한 적절한 개입이 이뤄지지 않을 경우 또 다른 형태의 비행행동과 같은 문제행동으로 악화될 수 있음을 시사한다. Bauman과 동료(2013)의 연구에서도 사이버불링과 자살시도의 관계에서 우울이 완전매개하는 것이 확인되었는데, 이러한 매개효과는 오직 여학생의 경우에서만 발견되었다. 오직 여학생의 경우에만 우울이 매개하는 것은 여학생이 남학생에 비해 우울감의 정도가 높은 것과 관련이 있어 보인다.

(2) 불안

불안에 대한 사이버불링의 영향력도 확인되고 있다. Nixon(2014)은 사이버불링의 피해자는 다른 사람에 대한 신뢰를 하지 않을 수 있고, 사회적인 불안이 증가할 수 있다고 보고하였다. 또한 Wigderson과 Lynch(2013)는 기존의 선행연구들을 바탕으로 사이버불링에 가담하는 학생들은 불안이 높고, 특히 학년별 수준에서 고등학생의 경우 사이버불링의 피해자나 가해자 모두 불안수준이 높은 것을 확인하였다. 최근 수행된 종단 연구를 통해 Van den Eijnden 등(2014)은 불안 정도가 사이버불링의 피해경험 증가를 예측한다는 것을 확인하였다. Hinduja와 Patchin(2007)은 사이버불링의 경우 피해자의 불안과 같은 부정적 감정이 일종의 매개변수로 작용하여 폭력이나 약물남용과 같은 비행행동까지 유발할 수 있다고 보고하고 있다.

(3) 자살사고

최근 새롭게 사이버불링과 자살과의 관련성이 강조되고 있으며, 사이버불링과 자살 경향성의 관계는 매우 높은 것으로 보고되고 있다. Klomek 등(2008)은 미국 고등학교 학생들의 사이버불링 피해자와 자살사고의 관계를 살펴본 연구에서 사이버불링 피해가 자살사고와 관련이 있다는 것을 확인하였다. Bonanno와 Hymel(2013)의 캐나다 학생들을 대상으로 한 연구에서도 사이버불링의 피해 경험은 우울증상과 자살사고에 영향을 미치는 것으로 나타났다. 또한 사이버불링과 학생들의 경향성 사이에 자살이 내재화되는 경우, 특히 사이버불링의 피해자는 사이버불링의 가해자보다 자살사고의 경향성이 2배 높은 것으로 나타났다(Nixon, 2014).

(4) 스트레스

사이버불링이 영향을 미치는 심리적인 변인 중에서 스트레스에 대한 영역도 점점 확인되고 있다. 전통적 불링과 비교하여 사이버불링은 익명성을 이용하여 괴롭힘 행동이 발생하기 때문에 기존의 전통적 불링보다 더 많은 스트레스가 나타나는 것으로 보고되고 있다(Nixon, 2014). 국내 연구는 주로 사이버불링으로 인한 스트레스보다는 스트레스가 사이버불링을 발생시킨다는 관점에서 수행되었다. 김종길(2013)은 청소년의 폭력피해 경험과 학업 스트레스 및 사이버불링의 관계를 분석한 연구에서 신체적 폭력 피해경험이 많고, 학업스트레스가 많을수록 사이버불링 가해에 유의미한 영향을 미치는 것으로 보고하고 있다. 홍영수, 김동기(2011)의 연구에서는 스트레스가 사이버불링에 영향을 주며, 성별에 따른 차이가 있는 것으로 나타났다. 남학생의 경우 스트레스가 직접적으로 사이버불링에 영향을 미치지만, 여학생의 경우 스트레스가 사이버불링에 직접적인 영향을 미치지 못한다고 보고하고 있다.

(5) 자존감

사이버불링과 자존감의 관계에 대한 연구도 활발히 진행되고 있다. 그동안 주로 인터넷 중독의 주요 원인으로 다뤄져 왔던 자존감에 대한 연구는 자존감이 낮은 청소년들이 현실에서 이루지 못한 것을 인터넷공간에서 실현함으로써 또 다른 사이버 비행을 저지를 수 있는 가능성을 예견해 왔다. 김은경(2012)은 사이버불링 가해경험과 피해경험 두 가지 모두 동시에 경험하고 있는 학생의 경우 자존감이 낮은 것을 밝혀냈으며, 사이버불링 시작단계에서는 피해자의 자존감이 낮아지는 것으로 알려지고 있다(Roman & Rorie, 2007). 또한 사이버불링의 피해학생은 불필요한 죄책감으로 고통스러워하며, 그로 인한 자존감 상실은 가족과도 멀어지게 하여 점차 혼자 있기를 좋아하게 된다고 보고된다(Zahid, 2012). Rigby(2008)역시 사이버불링을 당한 대부분의 아동은 낮은 자존감을 보이고, 자주 화를 내거나 슬픔을 보인다고 보고하였다.

(6) 감정변화

사이버불링의 피해자는 다양한 감정의 변화를 경험하는데 Ortega와 동료(2012)는 여러 감정 중에서 당황(embarrassed), 분노(anger), 속상함(upset), 긴장(stressed), 걱정(worried), 두려움(afraid), 외로움(alone), 무력감(defenseless) 등의 감정에 주목하였다. 이러한 감정변화 중에서 가장 눈에 띄는 변화는 분노였다. 분노 정서는 자율성을 침해당하거나 개인의 권리가 위협당할 때 생겨나는 정서이다. 이들의 연구에서는 사이버불링을 휴대전화에 의한 불링과 인터넷에 의한 불링으로 구분하였는데, 전반적으로 휴대전화에 의한 불링의 경우에 감정변화가 더 많았다. 휴대전화로 괴롭히는 경우 인터넷으로 괴롭히는 경우에 비해 보다 직접적인 성향이 강하기 때문에 감정의 변화도 더 큰 것으로 해석할 수 있다. 특히 이들의 연구에서는 휴대전화를 이용한 괴롭힘은 전통적 불링에서 직접적 불링과 유사한 감정변화를 일으킨 반면, 인터넷을 사용한 괴롭힘은 전통적 불링에서 간접적 불링과 유사한 감정변화를 일으킨다는 것이 확인되었다.

2) 행동적 영역

(1) 폭력행동

사이버불링이 미치는 행동적 영역의 변화 중 가장 쉽게 볼 수 있는 것은 폭력행동이다. 김현동과 동료(2013)는 사이버불링 경험이 학교폭력 가해행동에 미치는 영향에 대한 연구를 통해, 사이버불링과 학교폭력 가해행동은 높은 연관성이 있음을 밝혔다. 이 연구에서는 사이버상의 학대경험을 무선 데이터, 게임 아이템, 의사소통 어플리케이션, 인터넷 카페·블로그로 구분하여 학교폭력 가해행동에 미치는 영향을 살펴보았다. 분석결과 무선 데이터, 게임 아이템, 인터넷 카페·블로그는 학교폭력 가해행동에 정적인 영향을 미치는 것으로 나타났으나 의사소통 어플리케이션은 학교폭력 가해행동에 영향을 미치지 않는 것으로 나타났다. 또한 사이버불링의 피해가 오프라인의 잠재적 결과에 미치는 영향에 대해 연구한 Hinduja와 Patchin(2007)은 사이버불링의 가해자나 피해자에게 직접적으로 신체에 악영향을 미치지는 않지만 학교폭력과 비행에 영향을 미칠 수 있다고 주장하였다.

(2) 비행

한 개인이 타인으로부터 학대나 부당한 대우를 지속적으로 받게 되면 심리적 불안, 긴장, 우울감 등의 부정적 감정이 생겨나게 되고, 그 불안과 좌절감을 없애기 위해 비행행위와 같은 부적응 행동을 보일 가능성이 크다(조윤오, 2013). 즉, 사이버불링 피해자가 경험한 감정의 변화가 비행행위를 유발할 수 있다는 것이다. 조윤오(2013)는 사이버불링 피해경험이 피해자의 비행행동에 미치는 영향과 사이버불링을 통해 경험한 우울감이 비행행위를 유발하는 매개변수로 작용하는지에 대해 검토하였다. 연구 결과, 사이버불링을 경험한 집단이 경험하지 않은 집단보다 더 우울감을 느끼고, 우울감을 매개로 비행행동이 증가하는 것으로 나타났다. 또한 Goebert와 동료(2011)의 연구에서는 사이버불링의 피해자가 청소년의 약물남용 문제와도 깊은 관련이 있는 것으로 밝혀졌다. 이들의 연구에서는 사이버불링의 피해자들은 마약과 폭음을 할 가능성이 그렇지 않은 학생들보다 2.5배 높은 것을 확인하였다.

(3) 자살시도

사이버불링이 미치는 영향 중에서 가장 치명적인 것은 자살시도이다. 최근 보도를 통해 이처럼 사이버불링을 당한 청소년이 자살을 선택한 국내외 사건이 소개되었다.

SNS를 통한 사이버불링으로 괴로워하던 미국의 12살 소녀가 결국 목숨을 끊은 사건
(JTBC 2013년 10월 16일)

서울의 한 여고생이 카카오톡 대화방에서 집단 따돌림을 당해 자살한 사건
(MBN 2012년 8월 17일)

청소년 자살은 청소년 사망의 첫 번째 원인으로 한국건강증진재단이 2013년 발표한 통계자료에 의하면 우리나라 청소년의 자살 증가율은 OECD 국가 중 5위, 자살 증가 속도율은 OECD 국가중 2위로 매우 심각한 수준이다. 전통적 불링과 자살의 관계를 분석한 37개의 연구를 요약한 Kim과 Leventhal(2008)은 불링의 가해 및 피해 경험과 자살시도와의 높은 연관성을 제시하였다. 반면 사이버불링과 자살시도와의 관계를 다룬 연구는 상대적으로 적은 편이다(Hinduja & Patchin, 2010). Schneider와 동료(2012)는 사이버불링과 전통적 불링을 동시에 경험한 고등학생의 경우 경험하지 않은 학생에 비해 자살시도 경험이 5.3배 높은 것을 확인하였다. 특히 Bauman과 동료(2013)는 사이버불링으로 인한 자살시도는 우울과 동시에 이해되어야 함을 강조하였다. 이들은 연구에서 아래의 [그림 4-4]와 같이 사이버불링

자체가 자살시도로 연결되기보다는 불링으로 인해 우울을 경험하게 되고 이러한 우울이 악화되어 자살로 연결되는 매개모형을 제시하고 입증하였다.

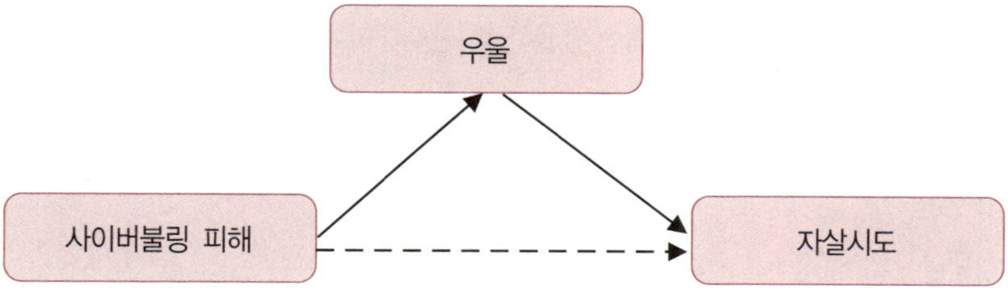

[그림 4-4] 사이버불링과 자살시도의 관계에서 우울의 매개(Bauman et al., 2013)

Bauman과 동료(2013)는 사이버불링이 청소년의 자살시도에 미치는 영향에 대한 연구에서 우울과 자살시도, 피해경험 간의 관계에 대해 밝혔다. 그 결과 여학생들의 사이버 피해 경험과 자살시도 사이에 유의한 관계가 나타났으며, 우울이 매개변수로 작용하는 것으로 나타났다. 또한 Schneider와 동료(2012)의 연구에서는 사이버불링과 학교폭력을 둘 다 경험한 경우가 각 한 가지씩만 경험한 학생보다 심리적 고통을 더 많이 경험하는 것으로 나타났으며, 우울증상과 자살 시도부분이 가장 높았다.

3) 관계적 영역

(1) 교우관계

사이버불링의 피해자는 또래 학생들과 원만한 관계를 맺는 것에 어려움을 느낀다. Sourander와 동료(2010)의 연구에 의하면, 사이버불링의 피해자는 전통적인 불링의 피해자들과 마찬가지로 또래관계에 어려움을 겪는다고 밝혔다. 또한 Campbell과 동료(2012)는 사이버불링의 피해자들은 전통적인 불링의 피해자들보다 사회적 관계에 어려움을 느낄 가능성이 훨씬 더 높다는 것을 확인하였다. 특히 Devine과 Lloyd의 연구(2012)에서는 온라인상으로 괴롭힘을 당한 학생은 그렇지 않은 학생보다 교우관계뿐만 아니라 부모와의 관계도 좋지 않다고 밝혔다.

SNS(Social Networking Service)의 발달로 사람들 사이의 관계망을 구축해 주는 온라인 서비스가 발달하게 되었고, SNS는 청소년들에게도 또래 간의 관계를 형성하는 데 중요한 역할을 하게 되었다. 따라서 또래 간의 관계 형성이 중요한 과업인 청소년 시기에 SNS상에서 괴롭힘을 당하는 사이버불링의 피해자는 원만한 교우관계를 형성하는 데 어려움을 겪을 가능성이 높다.

(2) 소속감

스마트폰과 SNS가 대중화되면서 언제든지 온라인으로 접속할 수 있다는 특성 때문에 사이버불링의 피해자들은 24시간 학교폭력에 시달리게 된다. 가장 큰 문제는 피해의 심각성에 비해 가해학생들이 범죄로 느끼는 죄의식이 현저히 낮다는데 있다. 가해학생들은 불링을 일종의 '오락'으로 생각을 하며 가해 학생들끼리의 유대감이 형성되어 그것이 우정을 견고하게 만든다고 생각하기도 한다. 그러나 반대로 피해를 당하는 학생들은 집단으로부터 소외감을 느끼거나, 소속감이 반감되기도 한다. Williams와 동료(2000)는 사이버상에서의 괴롭힘의 영향에 대한 연구를 통해, 사이버상에서 그룹에 소속된 학생들에 비해 그룹에 소속되지 못한 학생들은 낮은 소속감을 느끼며, 사이버상의 따돌림 현상이 청소년의 소속감을 감소시킨다고 밝혔다.

4) 신체적 영역

사이버불링의 영향에 대한 연구는 대부분 피해자의 심리적, 행동적 영역의 영향에 대해 다루고 있으며, 신체적 영역에 미치는 영향을 다룬 연구는 아직 많이 이루어지지 않았다. 그러나 제한적으로 수행된 사이버불링이 피해자의 신체에 미치는 영향에 대한 연구들은 사이버불링과 청소년의 신체적 문제의 관련성에 대해 밝히고 있다.

Carter(2011)의 연구에 따르면, 사이버불링의 경우 피해자들의 정신적 고통과 신체화 증상의 연관성이 매우 높다고 밝혔다. 미국 청소년들의 사이버불링 행동에 대해 연구한 Kowalski와 Limber(2013)는 사이버불링의 피해 혹은 가해를 경험한 학생들은 그렇지 않은 학생들 보다 신체 건강상의 문제(수면 장애, 두통, 식욕 부진, 피부 질환)를 보다 많이 겪는다고 밝혔다. 또한 Beckman과 동료(2012)의 연구에서도 사이버불링과 청소년들의 신체 건강상의 문제(수면 장애, 복통, 두통, 식욕 부진)가 유의한 상관관계가 있는 것으로 나타났다. 특히 Sourander와 동료(2010)의 사이버불링과 정신 의학, 신체적 질환의 관계에 대한 연구에서는, 사이버불링의 피해자와 가·피해자는 사이버불링을 당하지 않은 학생들에 비해 신체적인 문제(수면 장애, 두통, 복통)를 경험할 가능성이 더 높은 것으로 나타났다.

4. 사이버불링의 폐해에 대한 위험요인과 보호요인

1) 성별

성별에 따라 사이버불링이 미치는 영향에 차이가 있는지는 보다 많은 연구가 필요하다고 볼 수 있다(Tokunaga, 2010). 그러나 몇몇 연구들은 성별이 위험요인으로 작용할 수 있음을 시사하는 결과를 보여주고 있다. 예를 들어, 여학생의 경우 사이버불링의 피해를 입는 경우 남학생이 피해를 입는 경우보다 더 가혹하게 인식하는 것으로 확인되었다(Campbell et al., 2012). Ortega와 동료(2012)의 연구 역시 여학생들은 남학생에 비해 사이버불링을 당했을 때 감정적인 동요가 많은 반면, 남학생들은 사이버불링에 크게 개의치 않는 것으로 확인되었다.

2) 불링의 유형

특정 유형의 사이버불링이 다른 유형의 사이버불링에 비해 보다 큰 영향을 미치는 것으로 확인되었다. Smith와 동료(2008)는 사진이나 영상을 통한 사이버불링의 영향이 전화나 문자메시지를 사용한 사이버불링에 비해 더 큰 영향을 미친다는 것을 확인하였다. 사진이나 동영상은 호기심을 자극하고 전파하려는 흥미가 높아져서 빠르게 확산되기 때문에 보다 큰 영향을 미치는 것으로 보인다. 사이버불링의 유형에 따른 심리생리학적 반응의 차이를 비교한 연구에서 사이버불링의 유형에 따라 심박률과 피부전도성 및 안면근전도의 변화에 차이가 있음을 확인하기도 하였다(송인덕, 오인수, 2013). 심박률의 경우 사이버 따돌림(배제형)에서 가장 큰 변화를 보였고, 각성수준을 반영하는 피부전도성의 경우 사이버 비방에서 가장 큰 변화를 보였다. 한편 감정변화를 의미하는 안면근전도의 경우 추미근 활성화 정도에서 사이버 비방형과 갈취형의 경우 가장 큰 변화를 보였다.

3) 자기통제력

자기통제력 역시 사이버불링을 경험한 학생들에게 영향을 끼치는 것으로 밝혀졌다. 김현동, 송병호(2013)는 자기통제력으로 인해 폭력이 발생하기도 하며 전통적 불링과 사이버불링 사이에서 자기통제력이 매개함을 확인하였다. 또한 사이버불링의 유형중 의사소통 어플리케이션이나 인터넷 카페·블로그의 이용횟수가 많은 청소년일수록 자기통제력이 낮은 것을 밝혀내기도 하였다. 특히 남학생의 경우 자기통제력이 낮을수록 가해행동을 더 많이 하는 것으로 보고되었는데(김은경, 2012), 이성식(2010)의 연구에서는 자기통제력이 낮은 청소년이 사이버불링의 피해자가 된다는 상반적인 연구결과를 제시하였다. 또한 여자 청소년의 경우 사이버 폭력으로 인한 영향보다는 낮은 자기통제력의 개인 성향이 더 중요한 요인인 것으로 보고되기도 하였다. 따라서 자기통제력이 사이버 폭력으로 인한 영향보다는 낮은 자기통제력이 사이버불링의 위험요인으로 작용할 가능성이 있다. 따라서 추후 연구를 통해 자기통제력이 사이버불링의 피해와 가해 경험을 어떤 방향으로 예측하는지 파악하는 것이 필요할 것이다.

4) 정서조절

사이버불링으로 인한 정서적 문제를 극복하기 위한 방법 중 하나로 정서조절 전략을 들 수 있다. 정서조절에 대한 연구는 연구자들별로 다양하게 제시되고 있으나, 정여주와 김동일(2012)은 청소년의 사이버불링 피해 경험에 인지적 정서조절이 미치는 영향에 대해 살펴보았다. 인지적 정서조절이란 부정적이거나 기분 나뿐 일을 경험했을 때, 자기비난, 타인비난, 받아들임, 계획에 초점 맞춤, 긍정적 재조명, 계속 떠올림, 긍정적 재조명, 긍정적 재평가, 명확하게 바라봄, 재앙으로 여김을 사용하는 것을 의미한다(정여주, 김동일, 2012). 연구 결과, 사이버불링 피해 경험 후 스트레스에 통계적으로 유의한 영향을 미치는 변인으로 계속 떠올림과 긍정적 재평가가 선정되었다. 이러한 결과는 인지적 정서조절 전략으로 자신이 겪은 문제를 반복적으로 떠올리는 것은 사이버불링 피해로 인한 스트레스를 높여 부정적인 영향을 미친다는 점을 시사한다. 반대로 사이버불링 피해 경험으로 인해 자신이 강한 사람이 될 수 있다고 생각하는 등 겪은 일에 대해 긍정적인 재평가를 하는 것은 사이버불링으로 인한 스트레스를 줄여줄 수 있으며, 긍정적으로 극복할 수 있도록 돕는 기능을 한다는 것을 알 수 있다. 이러한 연구 결과는 긍정적으로 자신의 경험을 바라보는 것은 자기조절을 잘하도록 만들어 자아탄력성을 높여주며, 스트레스 대처 능력을 높여준다는 선행 연구들을 지지하는 연구 결과라고 볼 수 있다(Cohn et al., 2009; Fredrickson et al., 2000).

참고문헌

김은경 (2012). 청소년의 사이버불링에 영향을 미치는 관련 변인 연구. 명지대학교 박사 학위청구논문.

김종길 (2013). 청소년의 폭력 피해경험과 학업스트레스가 사이버불링에 미치는 영향. 한국범죄심리연구, 9(1), 47-68.

김현동, 송병호 (2012). 사이버불링이 학교폭력 가해행동에 미치는 영향에 관한 연구. 한국범죄심리연구, 9(3). 87-111.

송인덕, 오인수 (2013). 사이버불링 유형에 따른 심리생리학적 효과. 정보문화 3.0 시대의 이슈와 제언(pp.228-264). 한국정보화진흥원.

오인수 (2011). 초등학생 온라인 괴롭힘의 실태 및 오프라인 괴롭힘과의 비교분석. 아시아교육연구, 12(3), 77-100.

오인수 (2014). 성별에 따른 유형별 공격성과 전통적 괴롭힘 및 사이버 괴롭힘 가해의 관계. 상담학연구. 15(5), 1647-1661.

이규미, 지승희, 오인수, 송미경, 장재홍, 정제영, 조용선, 이정윤, 유형근, 이은경, 고경희, 오혜영, 이유미, 김승혜, 최희영 (2014), 학교폭력 예방의 이론과 실제. 서울: 학지사.

이성식 (2010). 청소년의 휴대전화를 이용한 사이버 집단괴롭힘 현상의 원인 모색. 청소년학연구, 17(11). 159-181.

이수경, 오인수 (2012). 사이버 괴롭힘과 오프라인 괴롭힘에 영향을 미치는 요인 비교 분석. 아시아교육연구, 13(2), 137-161.

정여주, 김동일 (2012). 청소년의 사이버폭력 피해 경험과 정서조절. 상담학 연구. 13(2), 645-663.

조윤오 (2013). 사이버불링 피해가 청소년 비행에 미치는 영향: 우울감의 매개효과. 청소년학연구, 20(10). 117-142.

홍영수, 김동기 (2011). 청소년의 스트레스, 자아존중감 및 자기통제감과 사이버비행의 구조적 관계: 남녀 차이를 중심으로. 청소년학연구, 18(1). 127-148.

Bauman, S., Toomey, R., & Walker, J. L. (2013). Associations among bullying, cyberbullying, and suicide in high school students. *Journal of Adolescence, 36*(2),

341-350.

Beckman L., Hagquist C., & Hellström L. (2012). Does the association with psychosomatic health problems differ between cyberbullyng and traditional bullying? *Emotional and Behavioural Difficulties.* 17(3-4), 421-434.

Bonanno R., & Hymel S. (2013). Cyber bullying and internalizing difficulties: above and beyond the impact of traditional forms of bullying. *Journal of Youth Adolescence. 42*(5), 685-697.

Campbell, M. (2005) Cyberbullying: An old problem in a new guise? *Australian Journal of Guidance and Counselling 15*, 68-76.

Campbell, M., Spears, B., Slee, P., Butler, D., & Kift, S. (2012). Victim's perceptions of traditional and cyberbullying and the psychosocial correlates of their victimization. *Emotion & Behavioral Difficulities, 17*, 389-401.

Carter, J. M. (2011). *Examining the relationship among physical and psychological health, parent and peer attachment, and cyberbullyng inadolescents in urban and suburban environments.* PhD dissertation, Wayne State University.

Chang, F., Lee, C., Chiu, C., Hsi, W., Huang, T., & Pan, Y. (2013). Relationships among cyberbullying, school bullying, and mental health in Taiwanese Adolescents. Journal of School Health, 83(6), 454-462.

Cohn, M. A, Fredrickson, B. L., Brown, S. L., Mikels, J. A., & Conway, A. M. (2009). Happiness Unpacked: Positive Emotions Increase Life Satisfactions by Building Resilience. *Emotion, 9*, 361-368.

Dempsey, A. G., M. L. Sulkowski, R. Nichols, & E. A. Storch. (2009). Differences betwwen peer victimization in cyber and physical settings and associated psychosocial adjustment in early adolescence. *Psychology in the Schools 46*, 965-972.

Devine P., & Lloyd K. (2012). Internet use psychological well-being among 10-year-old and 11-year-old children. *Child Care in Practice, 18*(1), 5-22.

Englander (2013). *Bullying and Cyberbullying: What every educator needs to know.* Cambridge: Harard Education press.

Fredrickson, B. L., Mancuso, R. A., Barnigan, C., & Tugade, M. M. (2000). The undoing effect of positive emotions. *Motivation and Emotion, 24*, 237-258.

Goebert D., Else I., Matsu C., Chung-Do J., & Chang J. Y. (2011). The impact of cyberbullying on substance use and mental health in a multiethnic sample. *Matern Child Health Journal, 15*(8), 1282-1286.

Gradinger, P., D. Strohmeier, & C. Spiel. (2009). Traditional bullyng and cyberbullyng. *Zeitschrift für Psychologie Journal of Psychology, 217,* 205-13.

Haynie, D. L., Eitel, P., Crump, A. D., Saylor, K., Yu, K., & Simons-Morton, B. (2001). Bullies, victims, and bully/victims: Distinct groups of at risk youth. *Journal of Early Adolescence, 21*(1), 29-49.

Hinduja, S. & Patchin, J. W. (2010). Bullying, cyberbullying, and suicide. *Archives of Suicide Research, 14*, 206-221.

Hinduja, S., & J. Patchin. (2007). Offline consequences of online victimization. *Journal of School Violence, 6*, 89-112.

Holt, M., & Espelage, D. (2006). Perceived social support among bullies, victims, and bully-victims. *Journal of Youth & Adolescence, 36*, 984-994.

Kim, Y. S., & Leventhal, B. (2008). Bullying and suicide: a review. *International Journal of Adolescent Medicine & Health, 20*, 133-154.

Kiriakides, S., & Kavoura, A. (2010). Cyberbullying: A review of the literature on harassment through the internet and other electronic means. *Famliy & Communith Health, 33,* 82.

Klomek A. B; Marrocco F., Kleinman M., Schonfeld I. S., & Gould M. S. (2008). Peer victimization, depression and suicidiality in adolescents. *Suicide Life threat Behavior, 38*(2), 166-180.

Kowalski R. M. & Limber S. P. (2013). Psychological, physical, and academin correlates of cyberbullying and traditional bullying. *Journal of Adolescent Health. 53*, 13-20.

Nixon, C. L. (2014). Current perspectives: the impact of cyberbullting on adolescent health, *Medicine and Therapeutics 2014,* (5), 143-158.

Ortega, R., Elipe, P., Mora-Merchan, J., Genta, M., Brighi, A., Guarini, A., Smith, P. K., Thompson, F., & Tippett, N. (2012). The emotional impact of bullying and cyberbullying on victims: a European cross-national study. *Aggressive Behavior, 38*(5), 342-356.

Perren., J. Dooley, T. Shaw & Cross. (2010). Bullying in school and cyberspace : Associations with depressive symptoms in Swiss and Australian adolescents. *Child and Adolescent Psychiatry and Mental Health 4(1),* 1-10.

Pornari, C., & Wood, J. (2010). Feer and cyber aggression in secondary school student: The role of moral disengagement, hostile attribution bias, and outcome expectancies. *Aggressive Behavior 36,* 81-94.

Raskauskas, J. & Stoltz, A. D. (2007). Involvement in traditional and electronic bullying among adolescents. Developmental psychology 43: 564-575.

Rigby, K. (2008). *Children and bullying: How parentsand educatorscan reduce bullying at school.* MA: Blackwell.

Roman, P. & Rorie, D. (2007). How is cyberbullying affecting your kids? www. childrenshospital.org/dream/dream_fall0.

Schneider, S. K., O'donnell, L., Stueve, A., & Coulter, W. S. (2012). Cyberbullying, school bullying, and psychological distress: A regional census of high school students. *Research and Pracice, 102*(1), 171-177.

Smith, P. K., Mahdavi, J., Carvalho, M., Fisher, S., Russell, S., & Tipett, N. (2008). Cyberbulling: its nature and impact in secondary school pupils. *Journal of Child Psychology & Psychiatry, 49*(4), 376-385.

Sontag, L. M., Clemans, K. H., Graber, J. A., & Lyndon, S. T. (2011). Traditional and cyber aggressors and victims: A comparison of psychosocial characteristics. *Journal of Youth and Adolesence 40:* 392-404.

Sontag, L. M., Clemans, K. H., Graber, J. A., & Lyndon, S. T. (2011). Traditional and cyber aggressors and victims: A comparison of psychosocial characteristics. *Journal of Youth and Adolesence 40:* 292-404.

Sourander, A., Brustein Klomek, A., Ikonen, M., Lindroos, J., Luntamo, T., Koskelainen, M., Ristkari, T., & Helenius, H. (2010). Psychosocial risk factors associated with cyberbullying among adolescents: A population-based study. *Archives of General Psychiatry* 67, 720-728.

Stein, J. A., Dukes, R. L., & Warren, J. I. (2007). Adolescent male bullies, victims, and bully-victims: A comparison of psychosocial and behavioral characteristics. *Journal of Pediatric Psychology, 32*(3), 273-282.

Toblin, R. l., Schwartz, D., Gorman, A. H., & Abou-ezzeddine, T. (2005). Social-cognitive and behavioral attributes of aggressive victims of bullying. *Applied Developmental Psychology, 26*, 329-346.

Tokunaga, R. S. (2010). Following you home from school: A critical review and synthesis of research on cyberbullying victimization. *Computers in Human Behavior* 26, 277-287.

Van den Eijnden R, Vermulst A, van Rooij AJ, Scholte R, & van de Mheen D. (2014). The bidirectional relationships between online victimization and psychosocial problems in adolescents: a comparison with real-lifevictimization. *Journal of Youth Adolesc, 3*(5), 790-802.

Wang, J., Nansel, T., & Lannotti. R. (2010). Cyber and traditional bullying: Differential association with depression. *Journal of Adolescent Health 48,* 415-17.

Wigderson S. & Lynch M. (2013). Cyber and traditional peer victimization: unique relationships with adolescent well-being. *Psychological Violence. 3*(4), 297-309.

Williams, K. D, Cheung, C. T., & Choi W. (2000). Cyberostracism: Effects of being ignored over the internet. *Journal of personality and social psychology, 79*(5), 748-762.

Ybarra, M., & Mitchell, K. (2004) Online aggressor/targets, aggressors and targets: A comparison of associated youth characteristics. *Journal of Child psychology and Psychiatry, 45, 1308-1316.*

Zahid, M. (2012). Cyberbullying causes more depression. www.sooperaticles.com/education-articles.

Part 2

사이버불링 실태

사이버불링은 우리 사회뿐 아니라 IT가 발달한 미국, 영국, 캐나다 등 선진국가가 직면하고 있는 중요한 사회적 문제이다. 2부에서는 우리나라뿐 아니라 미국, 영국, 캐나다 등 선진국가의 사이버불링 실태를 들여다보고자 한다. 5장은 한국정보화진흥원의 조사자료를 토대로 우리나라의 사이버불링 실태를 살펴보고 있다. 6장은 미국의 사이버불링 실태 및 사이버불링으로부터 청소년을 보호하기 위한 법 제도 및 정책을 다룬다. 7장에서는 영국의 사이버불링 실태를 소개하고 있다. 8장은 캐나다의 사이버불링 문제 및 이에 대한 해결책을 다룬다.

김봉섭

Chapter 05 우리나라의 사이버불링 실태

사이버불링은 지난 10여 년 동안 온라인 커뮤니케이션 상황에서 나타난 새로운 형태의 반사회적 행동의 하나로 인식되고 있다(Sticca, Ruggieri, Alsaker & Perren, 2013). 특히, 정보통신기술의 확산과 대중화가 사이버불링의 발생에 큰 역할을 하였다고 볼 수 있다. 청소년들 사이에 인터넷과 스마트폰 이용이 확산되면서 자신의 폭력성을 발현하는 수단으로 정보통신기술이 악용되고 있는 것이다.

사이버불링은 전통적인 불링과 관련해서 장소적 의미와 함께 도구적인 의미가 부가된 새로운 형태의 불링이다. 즉, 불링이 사이버공간에서 변형되어 새롭게 발생한다는 의미에서의 사이버불링이라는 의미와 함께 '사이버'에 내포된 정보통신기술을 불링의 수단으로 사용한다는 의미에서 사이버불링인 것이다. 따라서, 사이버불링은 사이버공간이라는 장소적 의미와 정보통신기술을 매개로 이루어진다는 도구적 의미를 모두 포함하고 있다고 할 수 있다. 이를 두고 Beran과 Li(2007)는 "불링이 디지털로 가 버렸다"(Bullying has gone digital)고까지 하였다.

하지만 사이버불링은 전통적인 불링이 단순히 공간의 이전(移轉), 도구의 진화에 그치지 않는다. 이미 사이버불링은 디지털 시대에 우리 청소년들이 직면한 가장 심각한 문제 중에 하나가 되었다. 미국의 경우에는 2006년 미주리에서 13세 소녀 Megan Meier가 인터넷 메신저를 통한 시달림을 견디다 못해 자살한 사건이 있었으며, 2010년에는 러트거스 대학의 신입생이었던 Tylor Clementi가 자신의 동성애 취향이 룸메이트가 설치한 웹캠을 통해 인터넷에 공개된 것을 비관하여 자살한 사건이 벌어졌다. 우리나라에서는 2011년 대구에서 휴대전화를 통한 집단적인 괴롭힘 때문에 중학생이 자살한 사건이 있었으며, 2012년에도 스마트폰 기반의 인스턴트 메신저 단체 대화방에서 친구들로부터 욕설과 폭언을 당한 여고생이 투신자살하는 사건이 발생하여 사람들을 놀라게 했던 일이 있었다. 이와 같이, 디지털 환경에서 나고 자란 요즘 청소년들의 경우 인터넷이나 스마트폰과 같은 디지털 기기를 자유자재로 쓰면서 사이버불링에 노출될 기회도 더 높아지고 있다. 또한, 인터넷과 스마트폰이 대중화되면서 청소년들간의 사이버불링은 새로운 양상으로 진화하고 있다. 정보통신기기를 매개로 사이버불링은 더욱 은밀하고, 지속적이며 직·간접적인 폭력으로 발전하고 있는 것이다.

이에 따라, 사이버불링의 실태를 제대로 진단하고 파악하는 일은 무엇보다 중요하다. 청소년들이 얼마나 사이버불링을 행하고 있고, 피해를 경험하고 있는지를 알아야 올바른 대처 방법과 예방법 등을 도출할 수 있기 때문이다. 이를 위해 본 장에서는 우리나라에서 조사된 자료를 중심으로 사이버불링 실태를 확인하고자 한다.

1. 우리나라 사이버불링 현황

1) 사이버불링 실태

청소년폭력예방재단이 2014년에 발표한 자료에 따르면, 우리나라 청소년의 14.2%가 최근 1년간 사이버불링의 피해를 경험한 것으로 나타났다. 2009년 2.2%에 비해 거의 7배나 높아진 수치이다. 이 기간 동안 청소년의 인터넷 이용뿐만 아니라 휴대전화 및 스마트폰 이용이 급속하게 증가하면서 사이버불링에 노출될 위험이 더 높아졌기 때문이다.

사이버불링 피해 유형과 관련해서는 '욕설이나 모욕적인 말을 들었다'는 응답이 43.7%(N=66)로 가장 높게 나타났으며, 다음으로 '악성 댓글 또는 비슷한 피해를 당했다'는 응답이 18.6%(N=28)를 차지하였다.

〈표 5-1〉 사이버불링 피해 유형

항목	빈도(명)	비율(%)
욕설이나 모욕적인 말을 들었다	66	43.7
위협이나 협박을 당했다	24	15.9
악성 댓글 또는 비슷한 피해를 당했다	28	18.6
성적 메시지나 사진(동영상, 음향 등) 등을 받았다	2	1.3
나의 신상정보가 유포되었다	7	4.6
집단 단체 채팅방을 통한 피해를 당했다	24	15.9
합 계	151	100

(출처: 푸른나무 청예단, 2014.)

한편, 한국정보화진흥원이 2013년에 초등학교 5학년부터 고등학교 3학년까지 총 11,956명을 대상으로 사이버불링 실태를 조사한 결과에 따르면, 전체 응답자의 18.3%가 사이버불링 하위 유형 중 하나 이상의 가해 경험이 있는 것으로 나타났으며, 10.7%가 피해 경험이 있는 것으로 조사되었다. 사이버불링 하위 유형별 실태를 보면, 사이버배제(8.7%), 사이버비방(8.4%) 등의 순으로 사이버불링 가해 경험이 있는 것으로 나타났다. 매우 적은 경험정도이긴 하나 사이버갈취(0.9%), 사이버성폭력(0.9%), 사이버스토킹(1.8%) 등 심각한 유형의 사이버불링 가해 경험도 있는 것으로 조사되었다. 특히, 전통적인 사이버불링 현상 외에도 이번 조사에서는 사이버감금, 사이버불링 놀이와 같이 새로운 형태의 사이버불링 현상도 발생하고 있어 청소년들의 사이버불링에 대한 관심과 주의가 필요하다.

〈표 5-2〉 사이버불링 유형별 가해 경험 현황

(단위: 비율, %)

사이버 스토킹	사이버 비방	이미지 불링	아이디 도용	사이버 갈취	사이버 성폭력	사이버 감금	사이버 배제	플레밍	사이버 명령	안티 카페	사이버 불링 놀이
1.8	8.4	1	1.4	0.9	0.9	2.2	8.7	1.3	0.7	0.7	1.3

(출처: 한국정보화진흥원, 2013.)

다음으로, 사이버불링 유형별 피해 경험 정도를 살펴본 결과에 따르면 사이버 비방이 가장 높은 4.9%였으며, 사이버스토킹(2%), 사이버배제(2%) 등의 순으로 나타났다. 사이버불링 가해 경험에 비해 사이버불링 피해 경험이 상대적으로 적은 것은 대체로 다수의 학생이 소수의 학생을 대상으로 사이버불링이 이루어지고 있음을 보여주기 때문인 것으로 풀이된다.

〈표 5-3〉 사이버불링 유형별 피해 경험 현황

(단위: 비율, %)

사이버 스토킹	사이버 비방	이미지 불링	아이디 도용	사이버 갈취	사이버 성폭력	사이버 감금	사이버 배제	플레밍	사이버 명령	안티 카페	사이버 불링 놀이
2.0	4.9	1.2	1.2	0.8	1.3	1.8	2.0	1.2	0.5	0.7	1.3

(출처: 한국정보화진흥원, 2013.)

반면, 교육부에서 2012년부터 연 2차례에 걸쳐 실시하고 있는 전국 초·중·고등학교 학생 대상 학교폭력 실태조사 결과에는 사이버불링 실태가 매우 미미한 것으로 나타나고 있다. 2012년 2차 조사에서 학교폭력 가해 경험이 있는 응답자의 비율은 4.1%였으며, 이중 사이버불링이 차지하는 비중은 7.1%였다. 이를 사이버불링만으로 환산하면, 전체 응답자의 0.29%만이 사이버불링을 경험한 것으로 나타났다. 다만, 학교폭력에서 차지하는 사이버불링의 비중이 매년 조금씩 증가하고 있다는 점은 사이버불링의 위험성과 폐해를 예방하기 위한 대책마련이 시급함을 보여준다.

〈표 5-4〉 학교폭력에서 사이버불링이 차지하는 비중

(단위: 비율, %)

구분	12-2차	13-1차	13-2차	14-1차
학교폭력	4.1	1.1	1.0	0.6
사이버불링	7.3	9.1	9.7	9.3

이렇게 매번 조사마다 사이버불링의 실태가 차이가 나는 이유는 크게 두 가지 이유 때문이다. 첫 번째는 사이버불링의 정의 또는 범위의 문제이다. 우선 각 조사마다 응답자들에게 사이버불링을 어떻게 질문하는가에 따라 그 결과가 상이하다. 한국정보화진흥원의 조사에서는 사이버불링의 가·피해 경험을 사이버불링의 하위 유형(사이버스토킹, 사이버 비방, 이미지 불링, 아이디 도용, 사이버 갈취, 사이버 성폭력, 사이버 감옥, 사이버 따돌림, 플레이밍, 사이버명령, 안티 카페, 사이버 왕따 놀이)별로 경험 유무를 질문하였다. 청소년폭력예방재단의 경우에는 여러 가지 학교폭력 유형과 함께 사이버불링(인터넷, 휴대폰, SNS 등에서 욕설, 강제 동영상 촬영 등)을 제시하고 가해 경험이 있는 응답자들이 답하도록 하여 조사하였다. 반면, 교육부의 경우에는 학교폭력과 관련한 여러 문항중 "컴퓨터, 휴대전화(스마트폰)을 이용해 다른 학생을 계속 괴롭혔다(괴롭힘을 당했다)"라는 단일 문항으로 사이버불링 실태를 파악하고 있다. 이처럼 조사기관마다 사이버불링을 어떻게 규정하고 어디까지 사이버불링인지에 대한 통일성이 없어 조사 결과가 상이하게 나타나고 있는 것이다. 이와 관련하여 Vandebosch 등(2008)과 Tokunaga(2010) 등은 사이버불링에 대한 개념적 명확성이 떨어져 보편적인 사이버불링의 정의가 내려지지 않고 있다고 주장한다. 또한 사이버불링과 관련된 용어도 e-mail lynchings, cyber harrassment, Internet harrassment, electronic bullying 등 다양하다. 우리나라의 경우에도 사이버불링은 사이버폭력뿐만 아니라, 사이버괴롭힘, 사이버 왕따 등 다양하게 불리고 있다. 이러한 개념적 혼돈과 범위의 혼란은 사이버불링을 조사할 때마다 조사 대상을 누구로 하였느냐?, 어떤 지역의 청소년들이 주로 응답하였는가?, 사이버불링을 어떻게 정의하였는가?, 사이버불링과 관련된 이들의 범주-가해자, 피해자, 방관자 등을 나누는 조사도구의 범주- 등과 중첩되면서 조사 때마

다 서로 다른 차이를 보이는 것이다.

사이버불링 실태조사마다 차이가 나는 두 번째 이유는 응답자의 사이버불링 가·피해 기간에 대한 차이 때문이다. 먼저, 한국정보화진흥원과 청소년폭력예방재단의 경우는 지난 1년 동안의 사이버불링 가·피해 경험 유무를 조사하였고 교육부는 최근 6개월 동안의 사이버불링 가·피해 경험 여부를 조사하였다. 스마트폰에서의 사이버불링 실태를 조사한 이창호(2013)의 경우에는 최근 3개월간의 경험 유무를 조사하는 등 매 조사마다 서로 상이한 기간을 적용하고 있다. 해외의 경우는 최근 1개월(Hinduja & Patchin, 2009), 3개월(Mishna et al., 2012), 4개월(Kris Varjas, Jasmaine Talley, Joel Meyers, Leandra Parris, & Hayley Cutts, 2010) 등 다양하다. 그 결과, 미국의 경우에도 사이버불링의 피해경험은 응답자의 9%에서부터 72%에 이르기까지 폭넓게 나타나고 있다(Ybara et al, 2012). 이에 따라, John Hoover는 표본 추출과 응답의 신뢰성을 고려해 볼 때, 전체적으로 미국의 경우 2008년 현재 13% 내외의 빈도로 사이버불링을 경험하고 있는 것으로 보는 것이 타당하다는 의견을 제시하였고 널리 받아들여지고 있다(임상수, 2011). 하지만 대부분의 청소년들이 사이버불링으로 인한 피해 사실을 주변에 알리지 않는 속성을 감안한다면, 상당수의 청소년들이 사이버불링의 피해를 받은 것으로 짐작할 수 있어 보다 정확하게 청소년의 사이버불링 가·피해 상황을 살펴보는 노력이 필요하다고 할 수 있다.

2) 사이버불링에서의 성차

전통적인 학교폭력의 상황에서는 남성이 여성보다 더 높은 학교폭력 가·피해 경험을 가지고 있는 것으로 나타났다(Boulton, Lloyd, Down, Marx, 2012). 이는 남성이 여성보다 더 폭력적인 성향을 갖고 있기 때문이다. 하지만 사이버불링의 경우에는 여학생이 주로 피해를 입는 것으로 나타났다. 가령, Adams(2010)의 연구에 따르면 미국에 거주하는 여학생은 남학생보다 사이버불링을 더 많이 경험하는 것으로 나타나(여자 25.8% vs 남자 16%) 주로 여학생이 사이버불링에 더 취약한 것으로 확인되었다. Tokunaga(2010)의 경우에도 여학생이 상대적으로 사이버불링에 의해 더 많은 피해를 입는 것으로 나타났다. 이러한 원인으로 외국의 연구진들은 물리적 힘이 필요치 않은 사이버공간에서는 여학생의 경우도 쉽게 사이버불링을 행할 수 있기 때문이라고 주장하고 있다.

반면, 우리나라의 경우 거의 모든 조사에서 남성이 여성에 비해 더 많은 사이버불링 가·피해를 경험하는 것으로 나타났다. 한국정보화진흥원(2013)에서 조사한 결과에 따르면 사이버불링 가해 경험은 7:3 정도의 비율로 남학생이 여학생에 비해 많은 것으로 나타났다. 사이버공간에서도 남자들의 폭력성이 발현되고 있음을 보여주는 것이다. 하지만 여학생도 사이버배제(여학생 61%, 남학생 39%)와 같은 소극적 형태의 사이버불링에서는 남학생에 비해 가해 경험 정도가 높은 것으로 조사되었다.

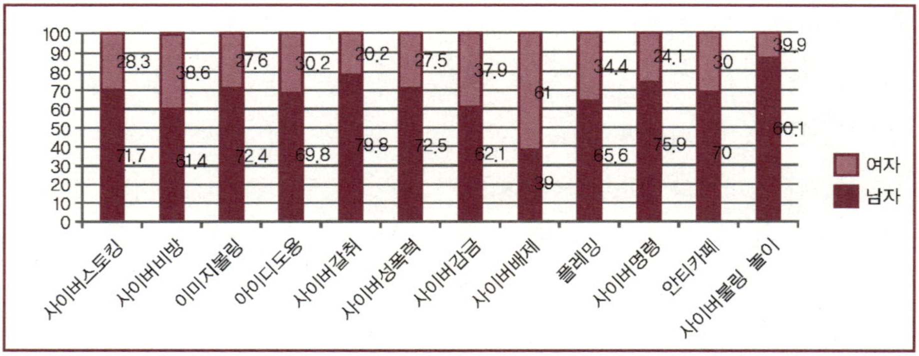

(출처: 한국정보화진흥원, 2013.)

[그림 5-1] 성별 사이버불링 가해 경험 차이

사이버불링 피해 경험은 남학생이 여학생에 비해 다소 높게 나타났지만, 사이버성폭력(여 55.2%, 남 44.8%), 사이버배제(여 60.8%, 남 39.2%) 등에서는 오히려 여학생의 피해 경험 비율이 높았으며 가해 경험에 비해 성별 격차가 많이 줄어든 것으로 조사되었다. 이러한 결과는 현실공간에서 남학생이 여학생을 괴롭히는 것이 사회적으로는 용인되지 않지만, 사이버 공간에서는 사회적 시선이 부재하여 여학생에 대한 사이버불링이 증가하기 때문인 것으로 추론할 수 있다.

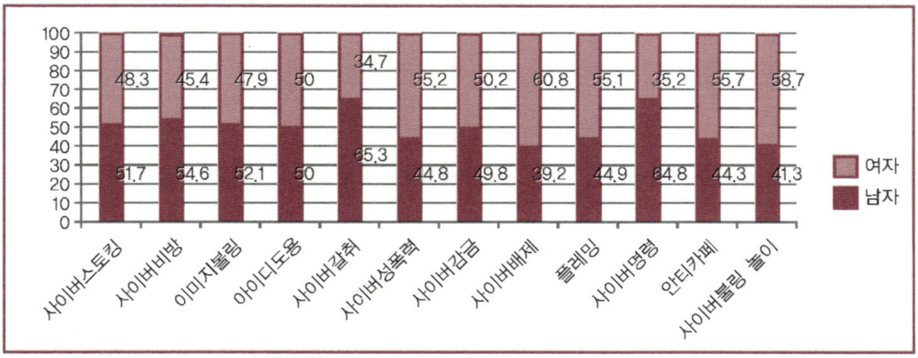

(출처: 한국정보화진흥원, 2013.)

[그림 5-2] 성별 사이버불링 피해 경험 차이

예외적으로 강북아이윌센터(2014)에서 서울시내 초·중·고등학교 재학생을 대상으로 설문조사한 결과에 따르면, 사이버불링 가해 경험이 있는 청소년은 남학생이 2.4%, 여학생이 4.8%로 여학생이 2배 이상 높았으며, 사이버불링 피해 경험 비율은 남학생이 3.3%, 여학생이 4.8%로 나타나 여학생이 사이버불링 가·피해를 더 많이 경험하는 것으로 나타났다. 반면, 이성대 등(2013)은 사이버불링 가해·피해자의 성별 차이가 없는 것으로 보고했다.

한편, 제주대학교 정용은 교수팀(2014)의 조사에서는 남학생(n=330, 14.2%)이 여학생(n=113, 5.1%)보다 사이버불링을 더 많이 경험하는 것으로 나타났다. 연구팀은 이러한 원인으로 인터넷중독과 같은 문제적 인터넷 이용(problematic internet use)과 관련해서 남학생(16.1%)이 여학생(8.1%)보다 높게 나타났기 때문이라고 주장한다. 이는 문제적 인터넷 이용이 사이버불링과 깊은 관계가 있기 때문이다. 또한, 인터넷 이용시간도 상당한 관련이 있다는 결과에 따라 우리나라의 경우 남학생이 여학생들보다 더 많은 시간을 인터넷 이용에 소비하고 있어 남학생이 사이버불링에 더 많은 가해나 피해를 경험할 개연성이 충분하기 때문이다. 또한 강북아이윌센터(2014)의 설문조사 결과에 따르면, 사이버불링 피해 경험이 있는 경우 스마트폰 고위험 사용자군(9.1%), 잠재적 위험 사용자군(5.0%), 일반 사용자군(3.01%)순으로 나타났으며, 사이버불링 가해 경험은 고위험 사용자군(14.7%)이 잠재적 위험 사용자군(7.6%), 일반 사용자군(2.5%)보다 높게 나타났다. 이와 같이 인터넷 중독뿐만 아니라 스마트폰 중독이 사이버불링에 영향을 미치고 있어 미디어의 불건전한 이용과 사이버불링이 깊은 관련이 있는 것으로 확인되었으며 특히, 남학생들이 미디어의 불건전한 이용에 많은 연관이 있어 남학생들의 사이버불링 가·피해 경험이 높은 원인으로 지목된다.

3) 사이버불링에서의 연령 차이

지금까지 확인한 사이버불링 관련 연구들을 보면 연령에 따른 사이버불링 가·피해 경험의 차이는 초등학교에서 시작하여 중학교때 가장 높은 비율을 보이고, 다시 고등학교로 올라갈수록 줄어드는 종형(curveliner)의 형태를 띠고 있다. Williams와 Guerra(2007)가 미국의 5학년, 8학년, 11학년 학생을 대상으로 조사한 결과에 따르면, 5학년 때 가장 낮은 사이버불링 피해(4.5%)를 경험한 것으로 나타났고, 8학년에서 가장 높았으며(12.9%), 11학년에서는 다시 떨어지는(9.9%) 패턴을 보였다. 결국 사이버불링 피해가 가장 많은 학년은 7학년(중학교 1학년)과 8학년(중학교 2학년)인 것으로 나타났다.

한편, 2010년 10월 미국의 유명 대학교 신입생이었던 Tylor Clementi가 스스로 목숨을 끊은 사건은 사이버불링이 결코 청소년만의 문제가 아니라 성인이라 인식되는 대학생들에게도 심각한 위해를 가할 수 있는 사안임을 알려준 사건이었다. 사이버불링은 고등학교를 졸업하고 대학에 진학하면서 점차 감소한다고 알려졌지만, 최근 자료에 의하면 대학생들에게서 사이버불링과 관련한 경험이 10%~35%까지 퍼져 있는 것으로 나타났다. 어떤 경우에는 오히려 청소년들보다 더 높은 경험 비율을 보이는 경우도 있는 것으로 밝혀졌다(Lawler & Molluzzo, 2011). 심지어, Kraft와 Wang(2010)에 따르면 고등학교에서의 사이버불링 피해가 대학에서의 사이버불링으로 이어지는 위험요인임을 밝혔다.

반면, 우리나라의 경우는 주로 10대 청소년의 사이버불링 현상에 많은 관심이 집중되어 있다. 이는 우리나라의 「학교폭력 예방 및 대책에 관한 법률」에서 사이버불링을 학교문제 또는 청소년 문제로 한정하고 있기 때문이라고 생각한다.

이에 따라 우리나라의 연령별 사이버불링 실태를 보면, 지난 2013년 한국정보화진흥원에서 조사한 결과, 사이버불링 가해 경험은 중학생> 초등학생> 고등학생순으로 나타났다.

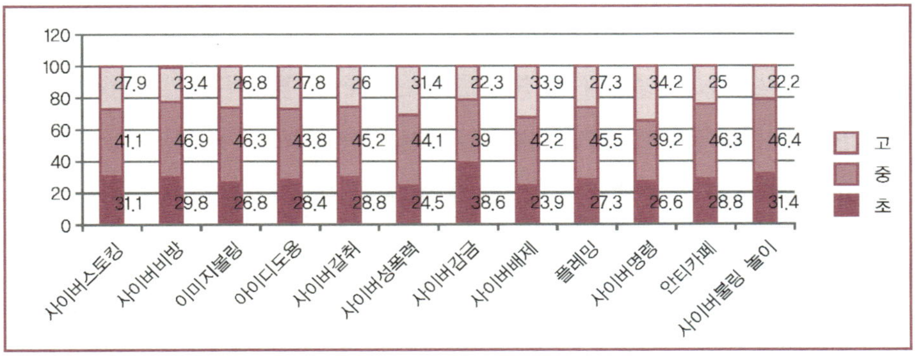

(출처: 한국정보화진흥원, 2013.)

[그림 5-3] **교급별 사이버불링 가해 경험 차이**

사이버불링 피해 경험은 가해 경험과 동일하게 중학생> 초등학생> 고등학생순이었으나, 중학생과 초등학생 사이의 피해 경험 정도는 가해 경험 정도에 비해 격차가 상당히 줄어든 것으로 조사되었다. 특히, 안티카페와 사이버감금 등과 같은 일부 사이버불링에서는 오히려 초등학생이 중학생에 비해 사이버불링 피해경험이 많은 것으로 확인되었다.

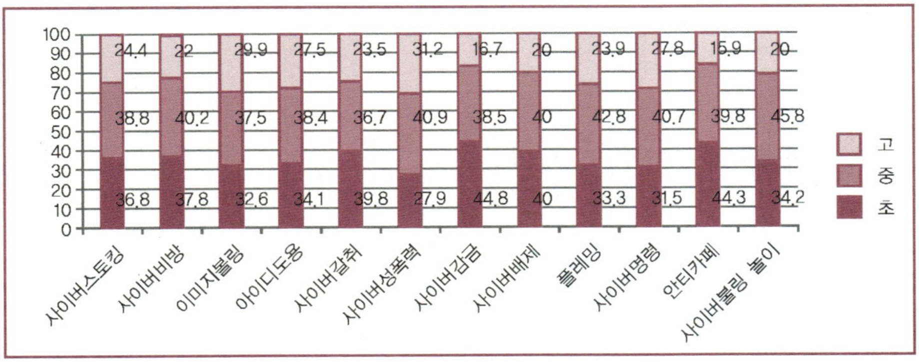

(출처: 한국정보화진흥원, 2013.)

[그림 5-4] **교급별 사이버불링 피해 경험 차이**

또한, 강북아이윌센터(2014)의 설문조사에서도 사이버불링 피해 경험은 중학생 4.4%, 초등학생 3.2%, 고등학생 2.4% 순으로 나타났으며, 사이버불링 가해 경험도 중학생 5.4%, 초등학생 2.8%, 고등학생 2.1% 순으로 나타났다. 이러한 결과에 따르면 동서양 모두 사이버불링에 있어서는 중학생이 문제집단이라 할 수 있다. 이는 지금까지 사이버불링을 바라봤던 시각에 대한 새로운 접근을 요구한다. 즉, 긴장이론에 따라 사이버불링 원인으로 스트레스를 분출하기 위해 사이버불링을 행한다면 오히려 입시 스트레스가 많은 고등학생이 더 높아야 함에도 중학생이 사이버불링 가·피해 경험이 더 높기 때문이다.

이에 따라, 왜 중학생이 사이버불링에 있어서 가장 문제집단이 되고 있는가에 대해서는 이 시기의 청소년에 대한 이해가 우선되어야 한다. 먼저, 청소년은 가족 이외의 사회적 관계를 확장하는 기간이며 그들의 질이 다양한 행위의 결과와 연결되고(Mesch, 2009), 동료들과의 사회적 상호작용은 학습과 지속적인 관계를 위해 필요한 사회·감정적 기술을 위한 포럼을 제공한다(Notar at al, 2013). 특히, 중학생은 사춘기가 정점이 되는 시기로, 부모로부터 정신적·육체적 독립을 요구하는 시기이기에 또래에서 지위를 확인하고자 한다. 이를 위해 타인과 다른 사회적 지위를 획득하기 위해 폭력에 의존한다는 것이다. 결국, 폭력은 상대보다 더 나은 지위를 획득하기 위한 수단이며, 한 번 획득한 지위는 특별한 경우가 아니면 지속된다고 할 때, 중학생의 경우 특별한 사회적 지위를 표상하는 대상이 부재함에 따라 상대보다 우월한 사회적 지위를 획득하기 위한 수단으로 사이버불링과 같은 폭력에 의존한다고 볼 수 있다.

4) 사이버불링에서의 지역 차이

2013년 한국정보화진흥원에서 조사한 결과, 지역에 따른 사이버불링 가해 경험은 사이버불링 하위 유형 모두에서 중소도시〉대도시〉읍면지역순으로 높은 것으로 밝혀졌다. 특히, 사이버갈취, 사이버 스토킹과 같은 심각한 유형의 사이버불링의 경우 중소도시 지역 거주학생의 경험 비율이 거의 50%에 육박하여 매우 우려되는 상황임을 보여주고 있다.

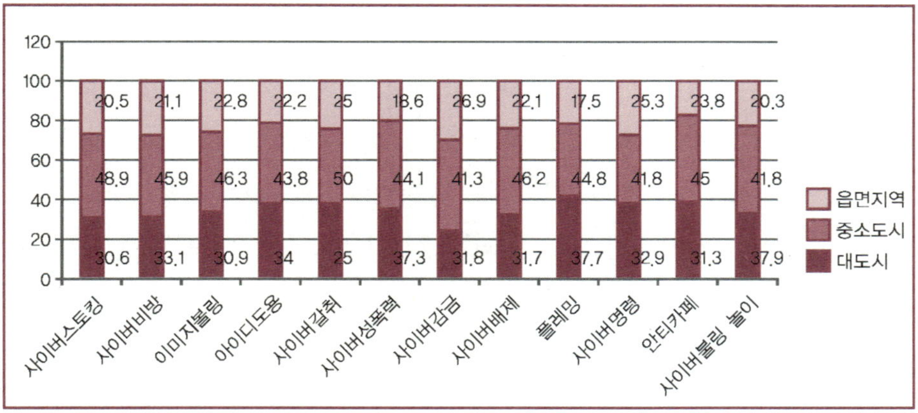

(출처: 한국정보화진흥원, 2013.)

[그림 5-5] **지역별 사이버불링 가해 경험 차이**

또한 지역에 따른 사이버불링 피해 경험은 대체로 중소도시> 대도시> 읍면지역 순이었으나, 사이버갈취, 플레밍, 사이버명령 등과 같은 심각한 수준의 사이버불링에서는 오히려 대도시가 중소도시에 비해 피해 경험이 많은 것으로 나타났다. 아무래도, 대도시의 익명적인 특성으로 인해 대도시 거주 청소년들이 심각한 수준의 사이버불링에 쉽게 노출될 가능성이 늘어나기 때문인 것으로 판단된다. 또한 대도시에서 심한 학업스트레스와 같은 스트레스 요인을 분출하기 때문에 보다 심각한 수준의 사이버불링이 일어나고 있다고도 할 수 있다.

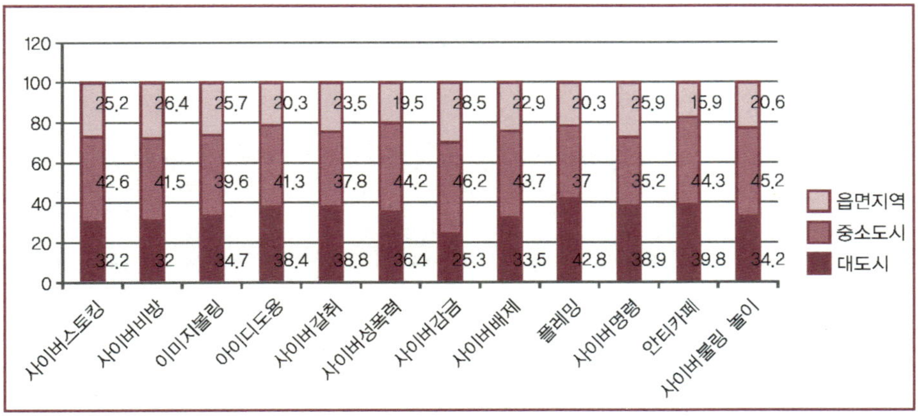

(출처: 한국정보화진흥원, 2013.)

[그림 5-6] **지역별 사이버불링 피해 경험 차이**

5) 사이버불링 발생 공간

사이버불링은 정보통신기술을 이용한 수단으로서의 강조와 함께 사이버공간이라는 공간적 의미를 동시에 내포하고 있다. 그중 공간적인 의미에서 사이버불링은 크게 세 가지 유형이 존재한다. 먼저, 첫 번째는 현실공간에서의 학교폭력이 사이버공간에서의 사이버불링으로 전이되는 유형이다(Reality→Cyber 모델, RC모델). 즉, 현실에서의 학교폭력이 사이버불링으로 진행되는 경우로 거의 대부분의 사이버불링이 이 유형에 해당한다. 사이버공간의 익명적인 특성으로 인해 학교폭력의 보복으로 사이버불링을 행한다고 인식될 수 있지만, 실제로는 학교폭력의 가해자가 사이버불링의 가해자인 경우가 대부분이다.

두 번째는, 사이버공간에서의 불링이 현실공간에서의 불링으로 전이되는 양상이다(Cyber→Reality 모델, CR모델). 대표적인 유형이 현피(Player Kill)로 사이버공간에서 발생한 갈등을 현실에서 해소하는 행위를 의미한다. 온라인을 통한 가상적인 관계가 특정한 사건으로 인해 갈등이 지속되고, 결국에는 현실공간에서 만나 폭력을 행사하는 경우로 사이버불링에서는 극히 드문 경우라 할 수 있다.

마지막 세 번째 유형은 사이버공간에서 사이버공간으로 사이버불링이 옮겨가는 유형이다(Cyber→Cyber 모델, CC모델)이다. 이는 인터넷이나 스마트폰 등 정보통신기기를 바꾸어가며 지속적으로 타인을 사이버불링하는 경우이다. 스마트폰을 통해 이미지 불링을 하고, 이를 인터넷을 통해 피해자를 제외한 타인들에게 공개하는 경우가 이에 해당할 수 있다. 이처럼 사이버불링의 경우는 전통적인 학교폭력과 달리 다양한 양상으로 변화, 발전하고 있으며, 또한 새로운 정보통신서비스의 등장으로 전혀 생각지 못한 방식으로 변화될 수 있어 그 양상을 추적하기가 상당히 어렵다.

이와 함께 사이버공간도 다양한 서비스에 따른 형태가 존재할 수 있어 사이버불링이 발생하는 서비스 유형도 매우 다양하다. 청소년폭력예방재단이 조사한 사이버불링 피해공간과 관련해서는 '의사소통 메신저'가 41.6%(N=47)로 가장 높게 나타났으며, 다음으로 SNS 34.5%(N=39), 게임 홈페이지 10.6%(N=12) 등의 순으로 나타났다. 의사소통 메신저의 경우 대부분 휴대전화나 스마트폰 같은 이동형 통신

매체에서 제공되는 서비스임을 감안하면, 사이버불링의 피해는 주로 컴퓨터나 인터넷보다는 휴대전화나 스마트폰을 통해 경험하고 있음을 추론할 수 있다.

〈표 5-5〉 사이버불링 피해 공간

항목	빈도(명)	비율(%)
SNS(페이스북, 트위터, 카카오스토리, 밴드 등)	39	34.5
의사소통 메신저(카카오톡, 문자 등)	47	41.6
인터넷 카페 및 블로그	4	3.5
미니 홈피	6	5.4
게임 홈페이지	12	10.6
기타	5	4.4
합계	113	100

(출처: 푸른나무 청예단, 2014.)

스마트폰에서의 사이버불링 실태를 조사한 결과에서도 유사한 양상을 보이고 있다(이창호, 2013). 스마트폰을 통한 사이버불링 실태를 살펴본 결과, 채팅 서비스를 통한 사이버불링을 당한 적이 있다고 응답한 비율이 3.8%로 가장 높게 나타났다. 이밖에 스마트폰을 통한 사이버불링은 SNS 3.1%, 문자 2.8%, 사진 1.6%, 이메일 1.3% 등의 순이었다.

2. 사이버불링 전망

인류가 시작된 이래로 인간이 지닌 공격성이나 폭력은 여전히 논란이 되고 있는 주제이다. 실제로 폭력은 인간의 기본 조건이라고 한다(Lorenz K., 1966). 인류가 발명한 가장 조직화되고 최악인 전쟁에서부터 사소한 언어적 괴롭힘에 이르기까지 우리는 부지불식간에 폭력적인 상황을 접하게 되는 환경에 살고 있다. 최근에는 인터넷과 스마트폰과 같은 정보통신기술을 이용하여 폭력성을 발현하는 사이버불링이 사회적인 이슈가 되고 있다. 특히, 미국의 Megan Meier, 캐나다의 Amamda Todd, 한국의 한 여고생의 사례처럼 사이버불링으로 인해 스스로 자신의 목숨을 끊는 일까지 발생하여 사이버불링에 대한 사회적 관심과 우려가 증폭되고 있다.

사이버불링은 디지털 시대에 우리 청소년들이 직면한 가장 심각한 문제 중에 하나라고 한다. 이는 청소년들이 정보통신기기에 대한 일상에서의 활용이 증가할 뿐만 아니라 의존도가 점점 더 심화되고 있기 때문이다. 특히, 소통의 수단으로 정보통신기기가 면대면을 대체하면서 나타나는 여러 가지 부정적 상황은 사이버불링이 향후 더 심각해질 것임을 보여준다. 그 몇 가지 근거를 제시하고자 한다.

1) 정서맥락단서 독해 부족

청소년들은 어린 시절부터 커뮤니케이션 기술을 면대면으로 배우는 것이 아니라 스크린과 같이 매개된 도구를 통해 커뮤니케이션을 배워왔다. 최근에 주위를 둘러보면 한두 살짜리 어린 아이들조차 스마트폰으로 뽀로로를 열심히 시청하는 모습을 자주 볼 수 있다. 할아버지, 할머니와 함께 자란 영아들의 경우에는 하루 종일 켜놓은 TV를 보면서 자라게 된다. 그 결과, 아이들은 스크린을 통해 표현되는 과장된 표정이나 몸짓에만 익숙해지고 면대면 상황에서 나타나는 미묘한 얼굴 표정이나 시선들을 읽을 수 있는 기회가 줄어들게 된다. 그래서 미국 소아과의사협회에서는 만 2세 이전까지는 아이들이 스크린 매체를 접하지 못하도록 부모들에게 권고하고 있다.

이처럼 타인의 감정이나 기분이 외부로 표현되는 정서맥락 단서를 읽지 못하는 아이들의 경우 사회적으로 여러 가지 문제를 일으킬 수 있다. 가장 흔하게는 전혀 분위기나 상황을 이해 못하는 눈치없는 아이들이 되어버리는 것이다. 폭력 상황과 관련해서는 폭력의 피해에 따른 타인의 고통이나 아픔을 이해하지 못하게 될 수 있다. 또한 상대방의 기분이나 감정을 이해하지 못해 폭력을 일으킬 수도 있다. 특히, 타인의 눈앞에 실재하지 않는 사이버공간의 상황에서는 타인의 감정이나 기분을 이해하는 공감능력이 매우 중요한데, 이러한 능력이 부족함으로써 사이버불링의 상황을 더욱 심각한 지경으로 몰고 갈 수 있을 것이다.

2) 놀이 공동체 붕괴

요즘 우리 아이들에게서 놀이 공동체가 무너지고 있다. 한 언론을 통해 보도된 초등학교 2학년 여학생의 하루 시간표는 충격적이었다(경향신문 2014년 3월 4일자 참조). 하루 일과 중 휴식기간이 불과 30분 정도라는 것이다. 그것도 학교 수업이 끝나고 집에 왔다가 영어학원가는 셔틀버스를 기다리며 놀이터에 들르는 시간이다. 하지만 놀이터에 가도 어차피 뛰어놀지는 못한다. 같이 놀 애도 없어 혼자 시간을 보낸다.

문제는 요즘 아이들이 놀 시간이 부족해서 애처롭거나 불쌍하다는 것이 아니다. 어린 시절에 배워야 할 갈등관리 기술을 배우는 기회가 완전히 없어지기 때문에 안타깝다는 것이다. 물론, 학교나 학원에서도 갈등이 생기고 화해하는 과정이 생겨날 수 있다. 하지만 요즘 아이들의 갈등은 학교나 학원 선생님의 일방적인 중재에 의해 해결된다. 자신의 감정을 추스르고 화해의 감정이 마음에서 우러나기도 전에 권력에 의한 일방적인 화해인 것이다. 당연히 갈등을 관리할 수 있는 능력을 배워보지도 못하게 되는 것이다.

청소년들이 놀이를 멀리하게 된 데에는 놀이에 대한 부정적인 시각 때문이다. 노는 것은 비생산적이고 시간낭비라는 것이다. 심지어는 잘못이라는 생각까지 하게 되어 노는 데 죄책감을 느끼곤 한다. 하지만 놀이는 미래에 필요한 연습을 하는 것이다. 예를 들어, 동물이 하는 싸움 놀이는 나중에 실제로 싸움을 하거나 사냥할 때를 대비한 연습이다. 동물은 놀이를 통해 주변 환경과 친구 및 적과의 관계에 대한 규칙을 배운다. 그리고 아이들은 놀이를 통해 친근한 놀림과 비열과 모욕의 경계를 오가면서 두 가지의 차이를 배우고 경계가 겹칠 때는 자연스럽게 수습하는 법을 배운다. 놀이에서 배우는 상호작용은 사회적 집단에 필수적인 '주고받기'를 연습하는 리허설이라고 할 수 있다. 특히, 아이들에게 또래와의 사회적 상호작용은 학습과 지속적인 관계형성을 위해 필요한 사회 감정적 기술 개발을 위한 포럼을 제공한다. 또래와의 상호작용을 통해 아이들은 협력의 방법, 다른 시각을 보유, 우정을 위한 점진적 욕구의 만족 방법을 배운다. 실제로 청소년들은 가까운 친구가 있음으로 해서 자신감이 높아지고, 더 이타적이며 덜 공격적이 되는 것으로 밝혀졌다. 또한 그들은 증가한 학교와 관련된 학습 정향을 보여주는 것으로 나타났다(Merch, 2009). 하지만 요즘의 우리 청소년들은 놀이를 통해 배울 수 있는 다양한 경험을 원천적으로 차단당하고 있다. 성공으로 가는 데 놀이는 걸림돌이 된다는 생각이 팽배한 것이 우리가 살고 있는 현실이다. 청소년들에게는 놀이기술보다는 공부기술이 더 중요하게 인식되고 있기 때문이다.

요즘 학교에서 갈등이나 폭력이 더 심해지고 확산되는 이유도 바로 이러한 갈등관리 기술이 부족하기 때문이라고 생각한다. 친구들과 사이에 갈등이 생겨나면 즉각적인 폭력에 의해 해결하려 한다는 것이다. 예전 청소년들처럼 서로 화해하고 관계를 개선하려는 기술이 부족하기 때문이다. 특히, 물리적인 힘에 의존하지 않고 쉽고 편리하게 갈등을 표출할 수 있는 사이버불링에 우리 청소년들이 더 많이 의존하게 되는 것은 어쩌면 당연한 현상이라 할 수 있을 것이다.

3) 통신언어의 제약

사이버공간에서의 다툼은 단순히 키보드 전쟁으로만 그치지 않는다. 사이버공간에서의 갈등이 현실로 비화되어 큰 싸움이나 폭력으로 번지는 경우가 발생하고 있다. 더 큰 문제는 사이버공간에서 문자에 의한 소통은 많은 한계점을 갖고 있어 오해나 불신을 일으키는 경우가 매우 많다는 점이다. 문자는 모든 매체와 비교해서 가장 적은 정보량을 갖고 있기 때문이다. 예를 들어, 면대면 대화인 경우에는 말뿐만 아니라 표정이나 몸짓 등 다양한 비언어 수단을 통해 의미를 확인한다. 조금 더 나아가 음성의 고저(高低)에 따라 상대방의 감정과 의도를 파악할 수 있다. 하지만 문자는 문자만으로 상대방의 감정과 의도를 파악해야 한다. 전후 맥락을 이해하지 못한다면 전혀 다르게 해석될 수 있다.

가령 “이 놈!”이라는 말도 면대면 상황에서 반갑게 웃으면서 하는 말과 찡그리면서 하는 말이 다르고, 음성의 고저에 따라 다르게 해석된다. 하지만 문자로는 문장의 전후 맥락과 상대방의 현재 상태를 이해하지 않고서는 단순히 욕설로만 읽힐 것이다. 이렇게 사소한 단어하나도 다르게 읽히는데, 긴 문장이나 대화식의 채팅

상황에서는 상대방이 전하는 메시지에 오해할 수 있는 상황이 비일비재할 것이다. 게다가, 갈등을 관리할 수 있는 능력조차 없으니 사소한 메시지의 교환도 쉽게 폭력적인 언어의 교환으로 확전될 수 있는 것이다. 따라서, 면대면 대화보다는 스마트폰을 통한 문자 대화에 익숙한 청소년들은 상대방의 의도와 전혀 상관없이 오해로 인해 갈등이 발생할 개연성이 매우 높으며, 이는 사이버불링으로 연결될 가능성이 현저하다고 할 수 있다.

4) 성공에 대한 스트레스

미국 에모리대 영문학 교수인 Mark Bauerlein(2008)은 미국 청소년을 상징하는 두 가지 키워드를 제시했다. 하나는 성공(success)이고 다른 하나는 불안(anxiety)이다. 미국 청소년들은 명문 대학에 진학하기 위해 스팩쌓기에 내몰리고 있으며, 이는 성공에 대한 욕망 때문이라는 것이다. 이 와중에 행여 다른 이들에게 뒤처질까봐 항상 노심초사하는 불안감에 싸여 있다고 Bauerlein 교수는 말한다.

미국보다 교육열은 높지만 교육환경이 열악한 우리 청소년들도 미국 청소년들과 비교해서 더하면 더했지 덜하지는 않을 것이다. 초등학교 치맛바람은 이미 옛말이 된 지 오래이다. 한창 엄마 품에서 어리광을 부릴 유아 때부터 학원으로 내몰리고 있는 실정이다. 다들 '일등이 되어야 한다.'는 사고방식에 물들어 있다고 해도 과언이 아니다. 삶의 유일한 목표가 일등이 되는 것이며, 일등이 되어야 돈을 더 많이 벌 수 있다는 사고방식이 극에 달했다.

하지만 삶을 살아보면 모두가 일등이 되는 것은 아니다. 누구든지 일등이 될 수는 있지만 모두가 다 일등이 되는 것은 아니기 때문이다. 일등이 있으면 이등이 있고 또 꼴등이 있는 법이다. 이런데도 우리 청소년들은 오직 하나의 정자가 난자와 수정이 되기 위해 벌이는 생명을 건 레이스처럼 일등이 되기 위한 경쟁으로 내몰리고 있다. 문제는 모두가 다 열심히 하는 상황에서는 일등이 될 수 있는 기회는 상대적으로 떨어진다.

이러는 사이 청소년들의 가슴 속에는 조금씩 불안감이 쌓여간다. 행여 생명을 건 레이스에서 뒤처지면 어쩌나 하는 불안감말이다. 서서히 학년이 올라갈수록 불안감은 더욱 커져간다. 일등이 될 수 있는 확률이 더욱 떨어지기 때문이다. 지금 일등이라고 불안감이 없어지지는 않을 것이다. 호시탐탐 자기 자리를 노리는 친구들로 인해 자리를 지키기 위한 불안감 또한 적지 않을 것이다.

이처럼 우리 청소년들은 가슴 속에 언제 터질지 모르는 불안의 시한폭탄을 하나씩 담고 있다고 해도 과언이 아니다. 청소년기에 갈등이 점점 더 심화되고 또 폭발적이 되는 것은 성공에 대한 욕망과 이에 따른 불안감이 내재해 있기 때문이라고 생각한다. 특히, 한국정보화진흥원(2013)이 조사한 바에 따르면 대도시 학생들이 중소도시나 읍면지역 학생들에 비해 심각한 유형의 사이버불링 피해를 더 많이 경험하는 것으로 나타났다. 이는 대도시 학생들이 더 많이 성공을 위한 레이스에 시달리고 그만큼 불안감이 높아 흉폭해지기 때문이라고 생각한다. 게다가 사이버공간은 익명적인 공간으로 자신의 스트레스를 사회적 시선이나 규범에 상관없이 표출할 수 있는 곳이다. 익명의 가면을 쓰고 타인을 괴롭히기에 적절한 공간이다.

이처럼 사이버불링은 현재보다 미래가 더 우려되는 상황이다. 게다가 사이버불링의 폐해나 심각성에 대해서는 여러 사례를 통해 많은 사람들이 알고 있지만, "사이버불링이 무엇인지?, 왜 문제인지?, 어떻게 대처해야 하는지?" 등에 대해서는 정확히 알고 있지 못하다. 우리 사회는 온라인에서의 청소년 문화와 성인문화가 서로 단절되어 있어 사이버불링 현상을 제대로 파악하기가 매우 어렵기 때문이다. 신체적인 피해도 없고, 청소년기에 있을 법한 일로 하나의 통과의례처럼 생각하여 깊이 있게 고민하지 않기 때문이기도 하다. 이에 따라 사이버불링이라는 위기에 빠진 청소년들을 구하기 위해서는 청소년들 사이에 심리적, 정서적 피해와 함께 사회적 죽음(social death)으로 인식되며, 심지어는 육체적 죽음으로까지 몰고 가는 사이버불링에 대한 올바른 지식과 정보를 알기 위한 노력이 필요하다.

참고문헌

김봉섭 · 이원상 · 임상수 (2013). 사이버불링에 대한 이해와 대응 방안. 한국정보화진흥원.

경향신문 (2013년 3월 4일자). [놀이가 밥이다] '오전엔 학교, 오후엔 학원' 바쁜 9살에게 놀이터는 학원차 기다리며 30분 노는 곳.

이창호 (2013). 스마트폰 확산에 따른 청소년보호방안 연구. 한국청소년정책연구원.

임상수 (2011). 사이버불링에 대한 윤리교육의 대응. 윤리연구 제81호, 291~316.

푸른나무 청예단 (2014). 전국학교폭력 실태조사연구.

강북 아이윌센터 (2014). 2014년 서울시 청소년 사이버불링, 스마트폰 중독 조사 연구.

한국인터넷진흥원 (2013). 2013년 인터넷이용실태조사.

한국정보화진흥원 (2013). 정보문화 3.0 시대의 이슈와 제언.

Adams C. (2010). Cyberbullying: How to make it stop. *Instructor. 120(2)*, 44-49.

Bauerlein M. (2008). *The dumbest generation : How the digital age stupefies young americans and jeopardizes our future.* Jeremy P. Tarcher: London.

Beran T., & Li Q. (2007). The relationship between Cyberbullying and school bullying. *Journal of Student Wellbeing, Vol. 1(2)*, 15-33.

Boulton M., Lloyd J., Down J., & Marx H. (2012). Predicting Undergraduates' Self-Reported Engagement in Traditional and Cyberbullying from Attitudes. *Cyberpsychology, Behavior, and Social Networking, 15(3)*, 141-147.

Brown S., & Vaughan C. (2009). *Play.* The Penguin Group: NewYork. 윤미나 역(2010). 플레이, 즐거움의 발견. 흐름출판.

Hinduja S., & Patchin, J. (2009). *Bullying beyond the schoolyard.* Corwin Press. 조아미 · 박선영 · 한영희 · 이진숙 · 김범구 · 전영선 · 이정민 · 이원희 공역(2012). 사이버폭력. 정민사 : 서울.

Kraft E. M., & Wang J. (2010). An exploratory study of the cyberbullying and cyberstalking experiences and factors related to victimization of students at a public liberal arts college. *International Journal of Technoethics, 1*, 74-91.

Lawler J. P., & Molluzzo J. C. (2011). A Survey of First-Year College Student

Perceptions of Privacy in Social Networking. *Journal of Computing Sciences in Colleges, 26(3)*, 36-41.

Li Q. (2010). Cyberbullying in High Schools: A Study of Students' Behaviors and Beliefs about This New Phenomenon. *Journal of Aggression, Maltreatment & Trauma, Vol. 19(4)*, 373-392.

Lorenz K. (1966). On aggression. Methuen & Co. Ltd : United Kingdom.

Mesch G. (2009). Parental Mediation, Online Activities and Cyberbullying. *Cyberpsychology and Behavior, 12(4)*, 387-393.

Mishna F., Khoury-Kassabri M., Gadalla T., & Daciuk J. (2012), Risk factors for involvement in cyber bullying: Victims, bullies and bully-victims. *Children and Youth Services Review, 34*, 63-70.

Notar C., Padgett S. & Roden J. (2013). Cyberbullying: A Review of the Literature. *Universal Journal of Educational Research, 1(1)*, 1-9.

Smith P. K., Mahdavi J., Carvalho M., Fisher S., Russell S., & Tippett N. (2008). Cyberbullying: Its nature and impact in secondary school pupils. *Journal of Child Psychology and Psychiatry, 49*, 376-385

Sticca F., Ruggieri S., Alsaker F., & Perren S. (2013). Longitudinal Risk Factors for Cyberbullying in Adolescence. *Journal of Community & Applied Social Psychology, Vol. 23(1)*, 52-67.

Tokunaga R. (2010). Following you home from school: A critical review and synthesis of research on cyberbullying victimization. *Computer in human Behavior, 26*, 277-287.

Vandebosch H., & Van Cleemput K. (2008). Cyber bullying: A qualitative research into the perceptions of youngsters. *Cyber Psychology & Behavior, 11(4)*, 499-503.

Varjas K., Talley J., Meyers J., Parris L., & Cutts H. (2010). High school student's perseptions of motivations for cyberbullying: An exploratory study. *West J Emerg Med, 11(3)*, 269-273.

Williams K. R., & Guerra N. G. (2007). Prevalence and predictors of internet bullying. *Journal of Adolescent Health, 41*, 14-21.

Wong-Lo M., Bullock L., & Gable R. (2011). Cyber bullying: practices to face digital aggression. *Emotional and Behavioural Difficulties, 16(3)*, 317-325.

Ybarra M., boyd D., Korchmaros, J., & Oppenheim, J. (2012). Defining and measuring cyberbullying within the larger context of bullying victimization. *J Adolesc Health, 51(1)*, 53-58.

Young-Eun Jung, Bennett Leventhal, Young Shin Kim, Tae Won Park, Sheen-Hoo Lee, Myeongmi Lee, Seon Hee Park, Jong-Chul Yang, Young-Chul Chung, Sang-Keun Chung, and Jong-Il Park (2014). Cyberbullying, Problematic Internet Use, and Psychopathologic Symptoms among Korean Youth. *Younsei Med J, 55(3)*, 826-830.

김경희

Chapter 06

미국의 사이버불링 실태[1)]

이 장에서는 미국 청소년들 사이에서 일어나고 있는 사이버불링의 실태를 살펴보고, 사이버불링의 문제를 해결하기 위해 미국에서는 어떠한 법·제도적 방안과 사회적 대책이 마련되고 있는지를 알아보고자 한다. 사이버불링의 사회문제가 심각하게 된 원인은 청소년들 사이에 일반화된 휴대폰 사용에서 찾아볼 수 있다. 특히 글이나 사진, 이모티콘 등 자유로운 의사표현이 쉬워진 휴대폰의 확산은 사이버불링 실태를 더욱 악화시키고 있다. 그래서 본 장에서는 미국 청소년들의 사이버불링 실태를 알아보기 전에 휴대폰 이용실태부터 살펴보고자 한다.

1) 이 글은 청소년정책연구원 2013년 고유과제 〈스마트폰 확산에 따른 청소년보호방안 연구〉에 실린 미국 사례 내용을 수정, 보완한 것임.

1. 미국 청소년들의 휴대폰 이용실태

퓨 리서치 센터가 2011년 4월 19일에서 7월 14일까지 12~17세의 청소년과 부모(가디언 포함)에 대한 조사를 실시해 발표한 보고서(Pew Research Center, 2012)를 보면, 미국 청소년들이 스마트폰을 얼마나 많이 사용하고 있는지 쉽게 알 수 있다.

이 조사에 따르면, 대다수의 10대 청소년들은 매일 다른 사람들과 문자메시지를 교환하는 것으로 나타났으며, 교환하는 문자메시지의 반은 친구들과 주고받고 있었다. 좀 더 구체적으로 살펴보면, 전체 조사대상자의 63%에 해당하는 청소년들이 매일 문자메시지를 교환했고, 단지 응답자의 1%만이 한 주에 한 번 미만으로 문자메시지를 주고받는 것으로 나타났다. 다른 사람들과 전혀 문자메시지를 주고받지 않는 응답자도 조사대상자의 26%에 해당했는데, 여기에는 휴대폰이 없는 응답자들이 포함되어 있었다.

친구들과 문자메시지를 주고받는 것에 대해 조사한 결과를 보면, 응답자의 28%에 해당하는 청소년들은 친구들과 전혀 문자메시지를 주고받지 않았지만, 응답자의 49%에 해당하는 청소년들은 문자메시지를 매일 친구들과 주고받고 있다고 답했다. 미국 청소년 2명 중 한 명은 휴대폰을 통해 매일 친구들과 문자를 교환하고 있음을 알 수 있다.

전체적으로, 매일 친구들과 문자메시지를 주고받는 청소년들의 숫자는 지난 2년에 걸쳐 비슷한 수준을 유지하고 있다. 2009년에는 전체 10대들(휴대폰을 갖고 있지 않는 청소년까지 포함)의 54%가, 또 2011년에는 조사대상자의 49%의 청소년이 매일 친구들과 문자메시지를 교환하고 있었다.

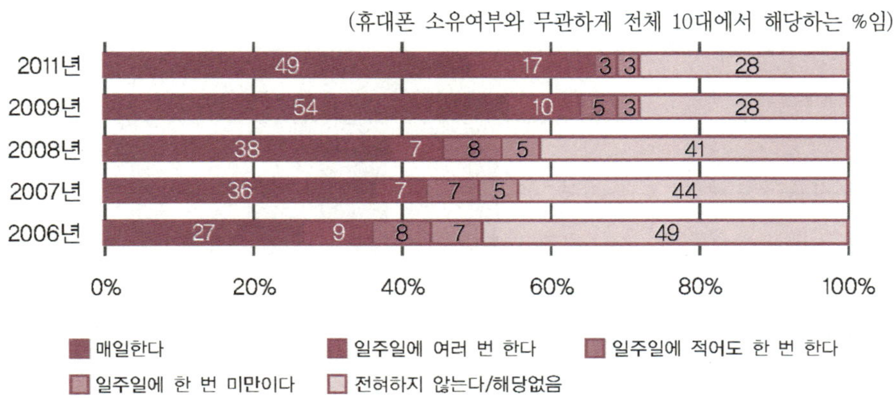

조사기간: 2011.4.19-7.14. 조사대상: 청소년 대상 조사 799명.
(출처: Pew Research Center(2012). 『Teens, Smartphones & Texting』. Pew Research Center.)

[그림 6-1] 매일 친구와 문자를 주고받는 미국 10대 청소년의 수

또 미국 청소년들은 2009년과 마찬가지로 2011년의 조사에서도 하루당 사용하는 문자의 양이 매우 많았다. 평균적으로 문자를 사용한 날에 보낸 문자의 양에서 중간 구간에 해당하는 문자의 수를 분석한 결과를 보면, 12~17세가 2009년 50건의 문자를, 2011년에는 60건의 문자를 보낸 것으로 나타났다. 이는 문자량이 늘고 있음을 알 수 있다. 가장 많이 증가한 연령대는 14~17세이다. 2009년 조사에서는 하루에 60건의 문자를 보내는 경우가 중간 구간에 해당했는데, 2011년에는 100건의 문자를 보낸 것으로 나타났다.

또한 14~17세의 10대 남학생들의 경우 중간지점에 해당하는 학생들이 2009년 조사에서는 보통 하루에 30건의 문자를 보냈었는데, 2011년 조사에서는 50건의 문자를 보내는 것으로 분석됐다. 특히 같은 연령대인 14~17세 여학생의 경우는 중간 구간에 해당하는 여학생이 100건의 문자를 보내고 있는 것으로 조사되어, 10대 여학생들이 문자메시지를 과다하게 사용하고 있었다.

(휴대폰을 소유한 10대 청소년 대상)

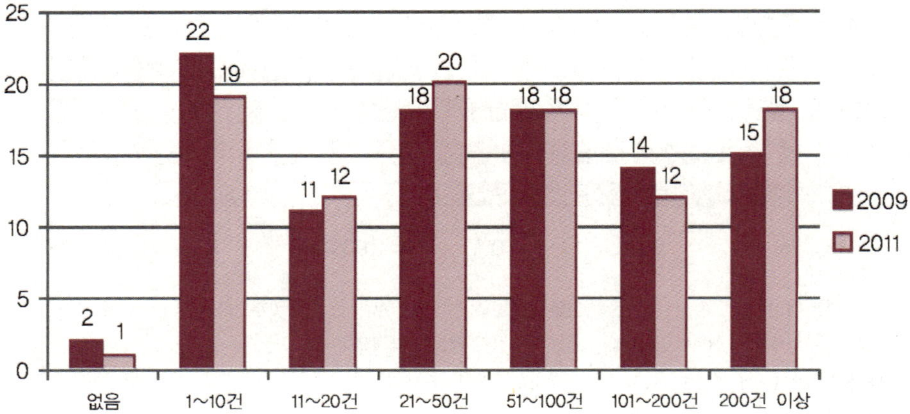

조사기간: 2011.4.19-7.14. 조사대상: 청소년 대상 조사 799명.
(출처: Pew Research Center(2012). 『Teens, Smartphones & Texting』. Pew Research Center.)

[그림 6-2] 미국 10대 청소년이 평균적인 날에 주고받는 문자메시지의 양

(휴대폰을 소유한 10대 청소년 대상)

	평균	중간값
총 청소년 문자메시지 이용자	167	60
성별		
여자	168	50
남자	165	90
나이		
12-13	122	30
14-17	181	100
성별/나이		
여학생 12-13	116	35
남학생 12-13	131	20
여학생 12-13	187	100
남학생 12-13	176	50
인종/민족성		
백인/히스패닉계가 아님	149	50
흑인/히스패닉계가 아님	186	80
히스패닉계	202	100
가계소득		
$30,000이하	212	100
$30,000-$49,999	162	60
$50,000-$74,999	128	50
$75,000 이상	171	50
부모교육수준		
고등학교 졸업 이하	188	100

고등학교 졸업	190	100
대학교 중퇴	171	50
대학교 이상	135	50

조사기간: 2011.4.26-5.22. 조사대상: 청소년/부모 대상 조사 799명.

(출처: Pew Research Center(2012). 『Teens, Smartphones & Texting』. Pew Research Center.)

[그림 6-3] 미국 10대 청소년의 그룹별 하루당 문자메시지의 양

이와 같은 조사결과는 미국 10대 청소년들이 휴대폰을 과대하게 많이 사용하고 있음을 보여준다. 문제는 이러한 휴대폰 과다 사용이 가져오는 부정적인 현상들이다. 실제로 퓨 리서치 센터(Pew Research Center, 2010)의 조사결과에 따르면, 미국 청소년 (12~17세)들은 휴대폰을 사용하면서 경험한 부정적인 현상으로, 스팸 또는 원하지 않는 문자를 받는 것(54%), 운전하면서 통화하기(52%), 운전하면서 문자하기(34%), 따돌림/괴롭힘(26%), 음란물을 받는 것(15%), 음란물을 보내는 것(4%)을 들었다. 청소년들이 휴대폰을 과다 사용하면서 이와 같은 부정적인 현상들이 발생했는데, 사이버불링도 휴대폰 과다 사용이 나은 부정적인 경험이라는 것을 확인할 수 있다.

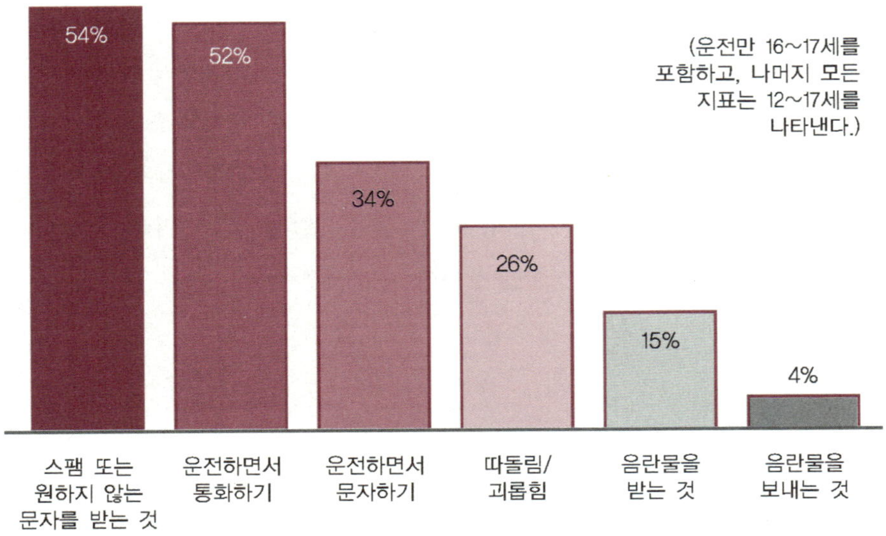

조사기간: 2009.6.26-9.24. 조사대상: 휴대폰이 있는 12-17세 청소년 625명.

(출처: Pew Research Center(2010). 『Teens and Mobile Phones』. Pew Research Center.)

[그림 6-4] 미국 10대 청소년들이 경험한 휴대폰 사용의 부정적인 현상

2. 청소년의 사이버불링 실태

사이버불링 리서치 센터(Cyberbullying Research Center)의 조사결과에 따르면, 미국 청소년들의 사이버불링 현상이 심각하다는 것을 알 수 있다.[2] 다음에 소개하는 조사결과는 사이버불링 리서치센터가 2002년 사이버불링 문제를 연구하기 시작한 이후, 조사대상자의 생애에서 사이버불링을 경험한 적이 있는 청소년들의 비율을 보여주는 것이다. 두 개의 이전 연구(2004년과 2006년)들은 온라인에서 편의적인 표본을 사용했기 때문에 해석하는데 주의해야 하며, 최근 6개의 연구들은 학교에서 전체 모집단 중 무작위 표본 추출을 거쳐 조사됐으므로 신뢰도와 타당도를 갖고 있다는 점을 염두에 두고, 조사 결과를 해석해보자.

먼저 2004년에서 2011년 사이에 사이버불링의 피해자의 비율을 살펴보자. 온라인 편의 표본으로 이루어진 2004년 6월에는 조사대상자의 40.6%, 2005년 1월에는 조사대상자의 36.7%가 사이버불링을 경험했던 것으로 밝혀졌다. 또 무작위 표본 추출을 통해 조사가 진행된 2007년 5월에는 응답자의 18.8%가 사이버불링을 경험했으며, 2009년 6월에 실시된 두 번의 조사에서는 응답자의 21.5%와 24.2%가 사이버불링을 당한 것으로 나타났다. 2009년 11월 조사에서는 응답자의 28.7%가, 2010년 2월 조사에서는 응답자의 20.8%가 사이버불링을 경험했다고 답했다. 또 2011년 12월 조사에서는 응답자의 29.2%가 사이버불링을 경험했던 것으로 밝혀졌다. 최근 6번의 조사 결과를 종합해보면, 평균적으로 학생들의 24%가 그들이 살아온 시기 중 어떤 지점에서 사이버불링을 경험했음을 알 수 있다. 미국 청소년 10명 중 2명~3명이 사이버불링을 경험한 셈이다.

2) CYBERBULLYING RESEARCH FROM 2004-2011. Available online http://cyberbullying.us/research/. 2013년 8월 15일 인출. 이후 기술은 이 조사 결과를 소개한 것이다.

Sameer Hinduja and Justin W. Patchin (2012)

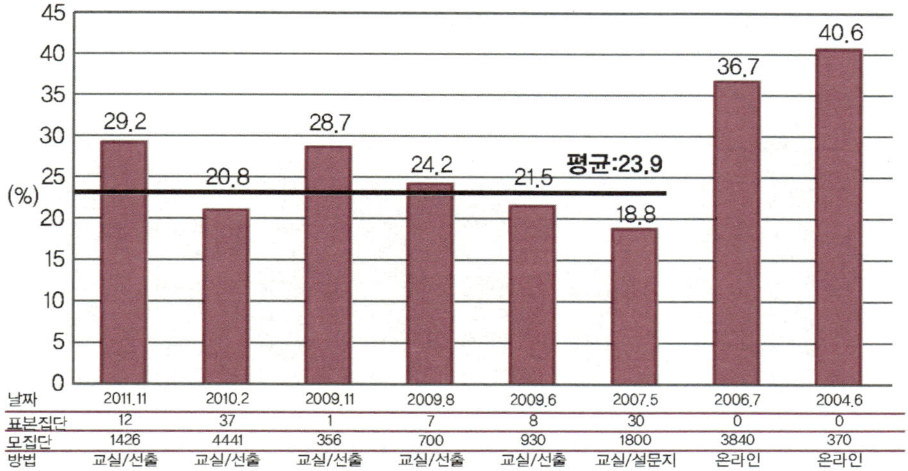

(출처: Cyberbullying Research Center. Available online http://cyberbullying.us/2011_charts/cyberbullying_victimization_meta_chart.jpg 2013년 8월 15일 인출.)

[그림 6-5] 사이버불링 피해자 비율(2004-2011)

또한 청소년들을 불쾌하게 하는(offending) 사이버불링의 비율도 높아서, 2004년 6월에는 조사대상자의 20.1%, 2005년 1월에는 조사대상자의 14.4%가 사이버불링으로 불쾌감을 경험한 적이 있는 것으로 조사됐다. 이어 2007년 5월에는 조사대상자의 19.1%가, 2009년 6월에 행한 두 번의 조사에서는 각각 응답자의 18.6%와 14.2%가 사이버불링으로 불쾌함을 경험했다고 답했다. 또 2009년 11월 조사에서는 응답자의 11.5%, 2010년 2월 조사에서는 응답자의 19.4%, 2011년 12월 조사에서는 응답자의 18.7%가 사이버불링으로 불쾌함을 경험한 것으로 나타났다. 무작위 표본 추출로 조사가 이루어진 최근 6번의 연구 결과를 종합해보면, 평균적으로 학생들의 16.9%가 그들 생애의 어떤 지점에서 사이버불링으로 불쾌감을 경험했음을 알 수 있다. 이는 청소년 10명 중 1명 또는 2명이 사이버불링으로 불쾌감을 경험했다는 것을 보여주는 결과여서, 미국 청소년들의 사이버불링 실태가 얼마나 심각한지를 확인시켜 준다.

Sameer Hinduja and Justin W. Patchin (2012)

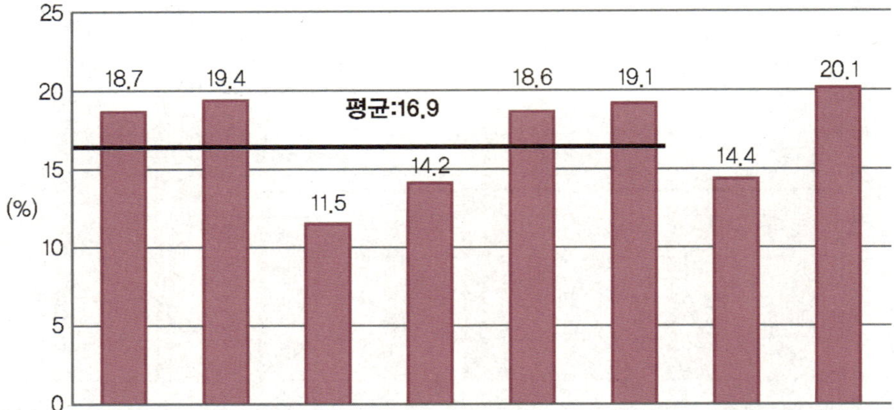

날짜	2011.11	2010.2	2009.11	2009.8	2009.6	2007.5	2006.7	2004.6
표본집단	12	37	1	7	8	30	0	0
모집단	1426	4441	356	700	930	1800	3840	370
방법	교실/선출	교실/선출	교실/선출	교실/선출	교실/선출	교실/설문지	온라인	온라인

(출처: Cyberbullying Research Center, Available online http://cyberbullying.us/2011_charts/cyberbullying_offending_meta_chart.jpg 2013년 8월 15일 인출.)

[그림 6-6] 불쾌한 사이버불링을 경험한 비율(2004-2011)

한편, 2010년 사이버불링센터에서 실시한 조사 결과(Hinduja & Patchin, 2010)에 따르면, 청소년들이 가장 많이 사용하는 기기는 휴대폰이었다. 지난 한 주 동안 조사대상자의 83%가 휴대폰을 사용했고, 77.3%는 문자 메시지를 보냈으며, 50.1%는 페이스북을 했다고 답했다. 또 40.7%는 인스턴트 메신저를 사용했으며, 38.6%는 온라인 게임을 했고, 37.7%는 마이스페이스를 한 것으로 나타났다. 스마트폰이라면 이 모든 것이 가능하므로, 스마트폰을 가진 학생이라면 하루에도 상당히 많은 시간 동안 스마트폰을 사용했을 것으로 추정해볼 수 있다. 또 지금은 스마트폰을 가지고 있지 않지만 향후 스마트폰을 가진 청소년들이 늘어날 것을 감안한다면, 앞으로 스마트폰 이용시간은 크게 늘어날 것이며 그만큼 스마트폰을 통한 사이버불링도 많아질 것으로 예상된다.

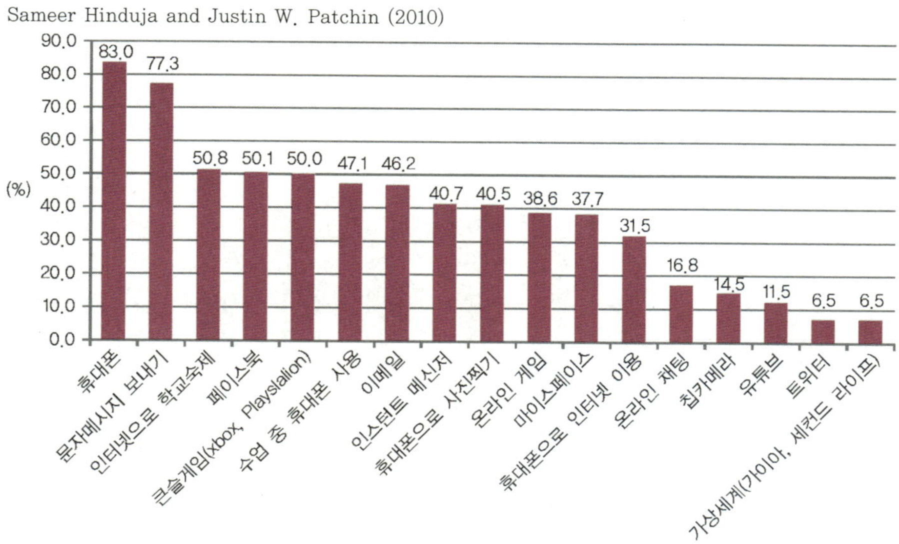

(출처: http://cyberbullying.us/2010_charts/teen_tech_use_2010.jpg 2013년 8월 15일 인출.)

[그림 6-7] 청소년들의 테크놀로지 이용 (매주 활동: 10~18세 청소년 대상)

사이버불링 리서치 센터(Cyberbullying Research Center)는 이 조사(Hinduja & Patchin, 2010)에서 '누군가가 온라인 또는 휴대폰, 기타 디지털 기기를 사용해서 반복적으로 희롱하거나, 학대하거나, 다른 사람들의 재밋거리로 만드는 것'을 사이버불링으로 간주했다. 이런 정의에 따라 행한 조사 결과(Sameer Hinduja and Justin W. Patchin, 2010)를 살펴보면, 조사대상자의 약 20%는 생애의 어떤 시점에서 사이버불링을 경험했던 적이 있음을 알 수 있다. 조사시점으로부터 이전 30일 안에 경험한 사이버불링의 유형을 물었을 때, '상스럽거나 마음을 상하게 하는 발언들'(14.3%)과 '온라인상에서 루머의 확산'(12.9%)을 가장 많이 꼽았다. 또 조사대상자의 17%는 하나 이상의 유형을 두 번 이상 경험한 것으로 나타났다.

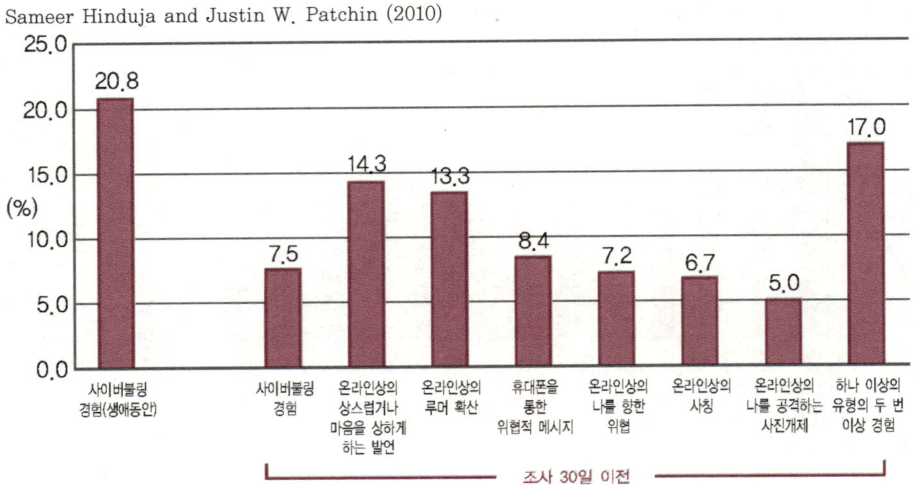

(출처: http://cyberbullying.us/2010_charts/cyberbullying_victim_2010.jpg 2013년 8월 15일 인출.)

[그림 6-8] 사이버불링 피해자

이와 같은 사이버불링은 스마트폰이 확산됨에 따라 더 심각해지고 있는 실정이다. 스마트폰을 통한 소셜네트워크서비스의 이용이 많아져 손쉽게 메시지를 쓸 수 있고 여러 사람들과 함께 메시지를 공유할 수 있기 때문이다. 미국 국가범죄예방센터(National Crime Prevention Center) 사이트에서 소개하고 있는 청소년을 위한 사이버불링에 관한 FAQ[3)]의 내용을 살펴보면, 사이버불링이라고 불리는 온라인 따돌림은 문자와 이미지를 주고받을 수 있는 휴대폰, 인터넷, 기타 기기를 사용하는 10대들 사이에서 일어나며, 누군가에게 상처를 주거나 당황하게 만들 의도에서 발생하게 된다고 설명하고 있다. 또 사이버불링이 모든 미국 10대 청소년의 거의 반 이상에게 영향을 주는 문제가 되고 있다며 그 심각성을 환기시키고 있다.

이 사이트에 따르면, 사이버불링을 만들어내는 10대들은 다른 사람들을 속이기 위해 자신이 다른 사람인 것처럼 꾸미며, 피해자에 대한 거짓말과 루머를 확산시킨다고 한다. 또 이들은 사람들에게 개인정보를 누설하는 것처럼 속이며, 문자메시지를 보내거나 전달하고, 희생자의 사진을 동의 없이 게재하는 경향이 있다고 한다. 사이버불링으로 피해자를 괴롭히는 10대들의 81%는 사이버불링이 재미있다

3) Cyberbullying FAQ For Teens. Available online http://www.ncpc.org/topics/cyberbullying/cyberbullying-faq-for-teens. 2013년 8월 15일 인출. 이후 기술은 이 조사 결과를 소개한 것이다.

고 생각하고 있으며, 사이버불링이 가져오는 결과에 대해서는 생각하지 않고 있다고 미국 국가범죄예방센터는 지적하고 있다. 그러나 실제로는 사이버불링이 중대한 일이며, 10대들 사이에서 다양한 반응을 불러일으키고 있다는 점을 미국 국가범죄예방센터는 상기시키고 있다. 즉, 사이버불링을 경험한 청소년들은 화가 치밀기도 하고 상처받기도 하며, 당황스러워하고 무서워하기도 해서, 사이버불링을 만들어낸 사람에게 복수를 시도하기도 하고, 친구들을 피하기도 한다고 소개하고 있다.

이처럼 사이버불링은 미국 청소년 사이에서 자주 발생하는 사회적 문제가 되고 있으며, 재미로 시작된 사이버불링의 피해자들은 심리적으로 큰 고통을 당하고 있음을 알 수 있다. 따라서 사이버불링에 대한 대책이 시급한 실정이라고 하겠다.

3. 사이버불링으로부터 청소년 보호를 위한 법 제도 및 정책

미국 사회는 40개 주 이상이 반불링법(Anti-Bllying Law)을 이미 가지고 있는 가운데, 현실 공간에서의 불링 행위를 금지한 기존 법률만으로 사이버불링을 규제할 수 있는가 여부를 둘러싸고 뜨거운 논쟁을 벌이고 있는 상황이다(임상수, 2011). 2012년 기준으로 현실에서의 불링행위를 금지한 반불링법과 별도로, 사이버불링을 법제화하고 있는 미국의 주는 아칸소, 캘리포니아, 코네티컷, 하와이, 칸자스, 루이지아나, 매사추세츠, 미주리, 네바다, 뉴햄프셔, 뉴욕, 워싱턴 등 총 15개 주이며, 조지아, 일리노이, 캔터키, 마인, 네부라스카 주에서는 입법안이 제출된 상태이다(최유진・홍승희, 2012).

미국 연방 입법부에서도 사이버불링으로부터 청소년 보호를 위한 법률을 제정한 바 있다. 린다 산체즈(Linda Sanchez) 하원의원이 2009년 4월에 제안한 메간 마이어 사이버불링 방지법(Megan Meier Cyberbullying Prevention Act)[4]이 그것이다. 사이버불링이 초래할 수 있는 심리적 피해를 막기 위한 노력의 일환으로 제안된 이 법은 전자적 수단을 사용하여 적대적인 행동을 심하게 반복적으로 행하여, 특정인

4) Cyberbullying - A Global Concern. Fosi Report, Family Online Safety Institute Available online http://www.fosi.org/images/stories/resources/cyberbullying.pdf 2013년 8월 15일 인출.

에게 강압(coerce), 위협(intimidate), 희롱(harass), 상당한 정신적 고통(substantial emotional distress)을 준 사람들에게 징역과 벌금을 선고하도록 하고 있다.

이 법에서는 2~17세 미국 어린이의 다섯 중 4명은 그들 또는 그들의 부모가 집에서 인터넷에 접속하는 가정에서 살고 있으며, 인터넷 콘텐츠를 제작하고 소셜 네트워킹 사이트를 사용하는 청소년은 사이버불링의 대상이 될 가능성이 더 높다는 점을 설명하고 있다. 또 전자통신은 가해자가 익명으로 광범위하게 대중들에게 무언가를 전파할 수 있도록 해주기 때문에 청소년들을 심각한 위험에 빠뜨리고 있다는 점을 강조하고 있다. 이와 함께 사이버불링은 정신적 우울증 등 심리적 피해를 가져올 수 있으며, 학교에서의 학업 수행, 안전, 행복에 부정적인 영향을 줄 수 있고, 어떤 경우에는 살인과 자살 등 극단적인 폭력 행위로 이어질 수 있다는 점을 경고하고 있다. 인터넷 정신건강 문제에 대한 조사에 따르면, 정신건강 전문가들의 60%는 최근 5년 동안 인터넷에서 문제를 경험한 환자를 적어도 한 명 이상 치료해본 적이 있는 것으로 나타났으며, 치료대상자의 54%는 18세 이하의 청소년들이었다는 점도 밝히고 있다.

그러나 미국 내에서는 청소년에게 징역과 벌금을 부과하도록 한 메간 마이어 사이버불링 방지법이 다소 지나치다는 비판도 제기되었다. 청소년의 행동을 불법화하는 것을 일반적으로 원하지 않기 때문이다. 그럼에도 불구하고 미국의 입법 의원들은 곤혹스럽게 하는 사진들이나 루머의 확산 등을 포스팅하는 불법행위에 대해 주의할 필요가 있다고 보고 있다.[5] 그래서 슐츠(Debbie Wasserman Schultz) 하원의원은 2009년 6월 웹에 대한 청소년 인식 교육의 의무화 법(Adolescent Web Awareness Requires Education Act, AWARE Act) 도입을 미국 하원에 제출했다.

어웨어법(The AWARE Act)은 사이버불링을 막기 위해 형사상의 처벌보다는 그런 행동을 막기 위해 청소년에게 웹에 대한 교육 프로그램을 의무적으로 시행하도록 하는 내용이다. 이 법은 사이버불링의 문제를 규정하고 있는 인터넷 법(SAFE Internet Act)에 대해 학교와 가정에서 교육해야 한다는 점을 강조하고 있다. 즉,

5) Cyberbullying - A Global Concern. Fosi Report, Family Online Safety Institute Available online http://www.fosi.org/images/stories/resources/cyberbullying.pdf 2013년 8월 15일 인출.

이 법은 어린이나 10대에 대한 형사상의 처벌을 부과하는 일 없이 사이버불링을 막아보려는 시도라고 할 수 있다.

4. 사이버불링으로부터 청소년을 보호하기 위한 학교 및 가정의 대책

미국 학교에서 사이버불링에 대한 관심이 지대하다는 것은 학교에서 학생들의 권리와 책임을 기술한 핸드북에서도 찾아볼 수 있다. 워싱턴 주에 있는 노스쇼어 교육구 관리 센터(Northshore School District Administrative Center)에서 학생들의 권리와 책임에 대해 기술하고 있는 내용[6]을 살펴보면, 사이버불링에 대한 확실한 정의를 담고 있다.

그에 따르면, 사이버불링은 인종, 종교, 혈통, 모국, 젠더, 성적 정향성, 정신적·신체적 장애와 같은 실제로 인식되는 특성을 인터넷, 휴대폰, PDA, 기타 모바일 기기를 통해 제스처, 글, 말, 그래픽 등으로 전달할 때 일어난다고 밝히고 있다. 이 핸드북에서는 학교 자산 또는 학교에서 지원한 기능이나 기계를 사용해서 일어난 행동일지라도, 그러한 행동은 괴롭힘으로 간주한다고 명확하게 밝히고 있다.

또 사이버불링은 테크놀리지 기계를 사용해서 곤혹스럽게 하거나 부적절하거나 경멸하는 이메일 메시지, 문자메시지, 디지털 사진(이미지)을 보내는 것 또는 학생의 교육적 기회를 방해할 수 있는 적대적이거나 위협적인 상황을 만들어내는 웹사이트 포스팅(블로그 포함)을 하는 것 등으로, 누군가를 괴롭히거나 집적거리거나, 협박, 위협, 공포를 주는 행위를 의미한다고 정의하고 있다. 이와 함께 1) 누군가에게 육체적, 정서적, 정신적 피해를 주는 것, 2) 누군가에게 육체적, 정서적, 정신적 피해의 두려움을 갖게 하는 것, 3) 누군가에게 자산의 손실 또는 피해의 두려움을 갖게 하는 것, 4) 학교의 운영을 방해하는 것과 같은 영향을 미치는 행위도 사이버불링에 해당한다고 적시하고 있다.

---

6) Northshore School District Administrative Center(2012). Rights & Responsibilities Handbook Concerning Student Conduct. Available online http://www.nsd.org/education/page/download.php?fileinfo=UlIyMDEzLTIwMTQxLnBkZjo6Oi93d3cvc2Nob29scy9zYy9yZW1vdGUvaW1hZ2VzL2RvY21nci84NDQzX2ZpbGVfMTE0OTMwX21vZF8xMzc3ODc2OTA3LnBkZg==&sectiondetailid=46165. 2013년 8월 21일 인출.

사이버불링이 무엇인지를 학생들에게 명확하게 인식시키고 그런 행위를 일으키는 것이 학생의 직분에 적합하지 않다는 점을 확실하게 설명하고 있는 것이다. 학생들에 대한 이런 교육이 실질적인 효과를 발휘할 수 있을지는 알 수 없지만, 학생들에게 문제의식을 갖게 하고 사이버불링이 잘못된 행위임을 인식시켜주는 일은 중요한 교육적 행위임에 틀림없다.

그렇다면 사이버불링으로부터 자녀를 보호하기 위해 가정에서 세울 수 있는 대책으로는 무엇이 있을까? 국가범죄예방센터(National Crime Prevention Center)에서는 가정에서 실천할 수 있는 방안에 대해 기술해놓고 있다.[7)]

그에 따르면, 부모들은 자녀들과 사이버불링에 대해 이야기하고 다음의 규칙을 가르쳐줌으로써 사이버불링으로부터 보호할 수 있다고 설명하고 있다. 그 규칙은 '개인 정보를 인스턴트 메시지 프로필, 채팅룸, 블로그 또는 개인 웹사이트 등에 개인 정보를 게재하지 않는다', '친구를 포함해 누구에게도 패스워드를 알려주지 않는다', '누군가가 위협적인 메시지를 보낸다면 반응하지 마라. 그것을 저장하거나 프린트해서 어른에게 보여줘라', '자신이 알지 못하는 사람으로부터 온 이메일은 열어보지 마라', '친구들이 보기를 원하지 않은 어떤 것들도 이메일을 보내거나 온라인에 게재하지 마라', '화가 났을 때는 메시지를 보내지 마라. "보내기"를 클릭하기 전에, 만약 이 메시지를 내가 받았을 때 어떻게 느낄까를 자신에게 물어봐라', '온라인으로 괴롭힘을 당하는 아이를 도와주고, 그 아이를 괴롭히는 메시지를 어른에게 보여줘라', '항상 예의바르게 온라인을 사용해라' 등이다.

또 대부분의 사이버불링이 집에서 일어나기 때문에, 부모들이 사이버불링에 대해 알고 있어야 하고 사이버불링으로부터 자녀를 보호하는 데 참여해야 한다는 점을 강조하고 있다. 부모들이 자녀에게 부적절한 웹사이트를 피하게 도와줌으로써 부모들은 사이버불링으로부터 자녀를 보호할 수 있다고 설명하고 있다.

부모가 할 수 있는 구체적인 방식으로, '컴퓨터를 집에서 분주한 곳에 위치시켜라', '자녀들의 이메일과 채팅 아이디를 설정해주어라. 자녀들이 온라인 프로필

---

7) National Crime Prevention Center. What Parents Can Do About Cyberbullying. Available online http://www.ncpc.org/topics/cyberbullying/stop-cyberbullying_2013년 8월 15일 인출.

에 개인정보를 게재하지 않도록 하고 자녀들의 아이디와 패스워드를 알고 있어라', '규칙적으로 자녀들과 함께 인스턴트 메신저에 접속해서 "버디 리스트"를 살펴봐라. 버디리스트에 있는 친구가 누구이고 어떻게 그 친구를 알게 되었는지를 물어봐라', '자녀들과 사이버불링에 대해 토론하고 그들이 경험한 적이 있는지, 누군가에게 그런 일이 일어난 적이 있는지에 대해 물어봐라', '자녀들이 사이버불링을 당하고 있다면, 자녀들을 비난하지 말라. 또 사이버불링을 막기 위해 자녀들에게 컴퓨터를 사용하지 못하도록 금지하지 마라. 그것이 아이들이 어른에게 사이버불링에 대해 말하지 않는 주요한 원인이다' 등이다.

어떻게 보면 효과가 없어 보이는 작은 방안들이라고 생각되지만, 실제로 많은 부모들이 사이버불링에 관심을 갖고 이러한 방안들을 실천한다면, 우리 사회의 청소년들을 사이버불링으로부터 보호할 수 있는 가장 확실한 대책이 될 것으로 보인다. 이런 방안들이 효과를 발휘하지 못하는 것은 이런 방안을 실천하는 부모들이 많지 않기 때문일 것이다.

지금까지 살펴본 내용을 종합해보면, 미국 청소년 10명 중 2명에서 3명이 사이버불링을 경험한 적이 있고, 청소년 10명 중 1명 또는 2명이 불쾌한 사이버불링을 경험한 것으로 나타나, 미국 청소년들의 사이버불링 실태가 매우 심각하다는 것을 알 수 있었다. 또 사이버불링센터에서 실시한 조사 결과(Hinduja & Patchin, 2010)에 따르면, 미국 청소년들이 가장 많이 사용하는 기기는 휴대폰이어서, 앞으로 스마트폰이 확산되면 사이버불링은 점점 더 심각한 사회문제가 될 것으로 예상되고 있다.

이와 같이 사이버불링으로부터 청소년을 보호하기 위해, 미국에서는 현실에서의 불링행위를 금지한 반불링법과 별도로, 사이버불링을 법제화하고 있는 주가 늘어나고 있는 추세이다. 이미 아칸소, 캘리포니아, 코네티컷, 하와이, 캔자스, 루이지아나, 매사추세츠, 미주리, 네바다, 뉴햄프셔, 뉴욕, 워싱턴 등에서 사이버불링을 법제화하고 있다(최유진·홍승희, 2012).

또 미국 연방 입법부에서도 메간 마이어 사이버불링 방지법(Megan Meier Cyberbullying Prevention Act)을 제정을 시도했는데, 이 법에서는 전자적 수단을 사용하여 적대적인 행동을 심하게 반복적으로 행하여, 특정인에게 강압, 위협, 희롱, 상당한 정신적 고통을 준 사람들에게 징역과 벌금을 선고하도록 하고 있다.

이와 함께, 사이버불링을 막기 위해 형사상의 처벌보다는 청소년에게 웹에 대한 교육 프로그램을 의무적으로 시행하도록 하는 '웹에 대한 청소년 인식 교육의 의무화 법'(Adolescent Web Awareness Requires Education Act, AWARE Act)도 제정하고 있다. 이 법은 사이버불링의 문제를 규정하고 있는 인터넷 법(SAFE Internet Act)에 대해 학교와 가정에서 교육해야 한다는 점을 강조하고 있다.

학교에서는 학생들의 권리와 책임에 대해 기술한 핸드북을 통해, 사이버불링이 무엇인지를 학생들에게 명확하게 인식시키고 그런 행위를 일으키는 것이 학생의 직분에 적합하지 않다는 점을 확실하게 설명하고 있다. 또 국가범죄예방센터(National Crime Prevention Center) 등에서는 가정에서 부모들이 사이버불링으로부터 자녀들을 보호할 수 있는 실천방안들을 제시하고 있다. 사이버불링의 대부분이 집에서 일어나는 점을 고려할 때, 이런 방안들을 부모들이 얼마나 잘 실천할지 여부가 실제로 사이버불링으로부터 자녀를 보호할 수 있는 관건이 될 것으로 보인다.

참고문헌

임상수 (2011) 사이버불링에 대한 윤리교육의 대응. 윤리연구 81호. 291-316.

최유진 · 홍승희 (2012). 사이버불링(Cyberbullying)에 관한 미국의 법제분석. 한국법제연구원.

Cyberbullying Research Center. Summary of Our Cyberbullying Research From 2004-2011. Available: http://cyberbullying.us/research/ 2013년 8월 15일 인출.

Hinduja, S. & Patchin, J. (2010). Cyberbullying Identification, Prevention, and Response. Cyberbullying Research Center. Available: http://cyberbullying.us/research/ 2013년 8월 15일 인출.

Hinduja, S. & Patchin, J. W. (2012). School Climate 2.0: Preventing Cyberbullying and Sexting One Classroom at a Time. Thousand Oaks, CA: Sage Available: http://cyberbullying.us/research/ 2013년 8월 15일 인출.

Hinduja, S. & Patchin, J. W. (2013). Social influences on cyberbullying behaviors among middle and high school students. Journal of Youth and Adolescence, 42(5), 711-722. Available: http://cyberbullying.us/research/ 2013년 8월 15일 인출.

Northshore School District Administrative Center (2012). Rights & Responsibilities Handbook Concerning Student Conduct. Available online http://www.nsd.org/education/page/download.php?fileinfo=UlIyMDEzLTIwMTQxLnBkZjo6Oi93d3cvc2Nob29scy9zYy9yZW1vdGUvaW1hZ2VzL2RvY21nci84NDQzX2ZpbGVfMTE0OTMwX21vZF8xMzc3ODc2OTA3LnBkZg==&sectiondetailid=46165 2013년 8월 21일 인출.

Pew Research Center (2010). 『Teens and Mobile Phones』. Pew Research Center. Available online http://pewinternet.org/~/media//Files/Reports/2010/PIP-Teens-and-Mobile-2010-with-topline.pdf 2013년 8월 16일 인출.

Pew Research Center (2012). 『Teens, Smartphones & Texting』. Pew Research Center.

Chapter 07

이승하

영국의 사이버불링 실태

"사람들은 모니터 뒤에서는 무엇이든 원하는 건 무엇이든 할 수 있다고 생각하는 것 같다... 청소년들은 이렇게 생각하는 경향이 더 심하다. 오늘 내가 어떤 사람인지, 지금 무엇을 하고 있는지를 정확하게 깨달아야 한다." (영국의 17세 여학생)

영국은 일찍부터 불링(bullying, 괴롭힘)은 범죄(crime)라는 인식을 사회적으로 알리고자 노력해 왔으며, 사이버불링 또한 명확히 불법적인 행위로 규정짓고 있다. 영국은 사이버불링에 대한 연구가 일찍 시작된 국가 중의 하나이다. 사이버불링은 2003년 제정된 커뮤니케이션 법(Communication Act 2003)과 1997년 제정된 괴롭힘 방지법(Protection from Harassment Act 1997)에 위배되는 것으로 영국정부는 사이버불링에 대한 강한 사회적 관심과 행동을 촉구하고 있다.

사이버불링은 영국의 아동 및 청소년이 자살을 시도하는 주요한 요인 중의 하나가 되었을 정도로, 그 피해가 심각하다. 영국은 2000대 초반부터 사이버불링에 관한 연구가 이루어져 왔으며, 현재는 과거에 비해 대중적 관심이 많이 높아진 편이다. 이러한 배경에는 불링에 관련된 청소년들의 문제가 사회적으로 주목을 받았기 때문이다. 이들의 성적은 매우 낮으며, 이것은 학교를 중도포기하게 되는 이유가 되고, 학교를 그만둔 청소년들은 청소년범죄(delinquency) 및 각종 사회문제에 연루되었기 때문이다. 영국정부와 여러 사회단체들은 사이버불링의 심각성을 알리고, 사회의 관심을 이끌어내고자 지속적인 노력을 기울이고 있으며, 일부 개입방법은 어느 정도의 효과를 거두고 있다.

1. 사이버불링의 실태

1) 피해실태

(1) 피해율

영국의 사이버불링 피해율은 연구에 따라 6%에서 30%까지 다양하게 보고된다. 이것은 각 연구가 지닌 조사방식의 차이에서 온 것으로 볼 수 있는데 사이버불링의 유형, 불링을 당한 기간 등이 다양하게 제시되었기 때문이다(Cross, Richardson, Douglas, & Von Kaenel-Flatt, 2009, Cross, Piggin, Douglas, & Von kaenel-Flatt, 2012; Katz, 2013; Livingstone, Haddon, Görzig, & Ólafsson, 2011; UKCCI, 2009). 최근에 이루어진 조사로는 Beatbullying의 자료를 들 수 있다. 영국의 대표적인 안티불링(anti bulling) 자선단체인 Beatbullying은 2009년 2012년 두 차례 대단위 사이버불링 조사를 실시하였는데, 2012년 보고서에서는 사이버불링의 수단, 동기, 반복성, 정서적 결과, 대응방안 등을 포함하는 종합적인 정보를 제공하고 있다. 이 조사에서는 영국 전역의 중·고교에 다니는 4,650명의 11~16세 학생들을 대상으로 학교의 ICT 룸에서 온라인 서베이를 실시하였다. 이 학생들은 각 지역의 인구와 비례하여 선정되었기 때문에 어느 정도 표본크기의 대표성을 가진다고 할 수 있다. 연구 결과, 응답한 청소년의 28%가 사이버불링의 피해를 입은 적이 있다고 보고하였다. 사이버불링의 유형에 따른 피해율은 〈표 7-1〉과 같다(Cross et al., 2012).

〈표 7-1〉 유형에 따른 사이버불링 피해율 (Cross et al., 2012).

사이버불링 유형	피해율
악의적 문자	13%
소셜 네트워킹	10%
전화	7%
아이디 및 비밀번호 도난	7%
개인정보 유출	5%
수치스러운 사진 게재	4%
공격적인 온라인 투표진행	2%
혐오하는 사이트 개설	2%

이메일, 문자, 음성메일은 과거와 비슷한 비율이며, 최근에는 온라인 투표, SNS를 이용한 악의적 코멘트를 남기는 사례들이 증가하고, 반대로 전화를 이용한 협박은 급격히 줄어들고 있다. 또한 사이버불링이 행해지는 웹사이트는 Facebook(52%)이 압도적으로 높았으며, MSN 메신저(24%), Youtube(17%)도 빈번하게 보고되었다. 성별로는 여학생(32%)이 남학생(23%)보다 더 많은 피해를 받고 있음이 나타났다.

Suffolk cybersurvey에서는 1,685명의 10~11세 학생이 조사에 참여하였는데, 이 중 53%는 무례하고, 공격적이거나, 성적인 메시지를 받은 경험이 있다고 응답하였다. 그러나 이들은 이것이 사이버불링인지 인식하지 못하고 있어, 사이버불링에 대한 개념인식이 시급함을 보여주었다. 이들이 받은 악의적인 메시지의 예시는 〈표 7-2〉에 제시되어 있다.

〈표 7-2〉 악의적인 메시지 내용의 예시

협박관련(Threatening) : '너네 집주소를 알고 있는 도둑이 너희 가족과 너를 해칠 것이다'
인종차별관련(Racism): '나는 흑인인데, 온라인에 있었던 사람들이 나를 Paki라고 불렀어요' '나보고 불쌍한 아프리카 아이라고 했다'
장애관련(Disablism): '어떤 남자애가 우리 형(장애인)과 나에게 끔찍한 말을 했고 나는 울어버렸다. 우리 부모님은 나에게 그런 사이트가 나에게는 안 맞는 것 같다고 했다'
가족관련(Family) '누군가 나에게 내 여동생을 내가 죽게 만들 거라고 말했다' '내가 아는 어떤 여자아이가 우리 아빠가 엄마를 속이고 있다고 했다. 그리고 우리 엄마가 이것 때문에 미쳐버릴 것이라고 했다. 그런데 엄마는 정상이다'
위치관련(location) '어떤 사람이 나한테 나를 스토킹하고 내가 어디에 있는지 알며, 내가 볼 수 없는 곳에서 나를 보고 있다고 했다'
동성애 혐오관련(homophobia): '우리 삼촌을 게이라고 부른다'

(출처: Katz(2013). The Suffolk cybersurvey. Suffolk County Council. Suffolk.)

· 호모포비아(Cyberhomophobia)

Suffolk cybersurvey의 연구결과에 따르면, 전체 응답자의 8%는 사이버 호모포비아(Cyberhomophobia)를 당했다고 보고하였다. 호모포비아는 동성애를 혐오하는 메시지를 보내는 것으로, 대부분의 학생(92%)은 페이스북이나 SNS 혹은 웹페이지를 통해 이러한 호모포비아 불링을 목격한 적이 있다고 하여 빈번히 일어남을 알 수 있다. 일반 학생은 이러한 호모포비아를 당한 이유는 그들이 동성애자이기 때문이라고 생각하고 있으나, 이는 잘못된 개념이다. 호모포미아는 피해자의 실제 성선호도와는 상관 없이 동성애를 혐오하는 악의적인 메시지를 보내는 것이다. 호모포비아 불링의 영향은 매우 심각해서 피해자들은 '죽고 싶었다'고 말하였으며, 하루에 아주 많이 혹은 매일 이러한 방식을 당한다고 하여, 매우 집중된 형태로, 소수에게 일어나는 것으로 나타났다. 이 역시 실제 학교에서의 불링과 연결되어 있다고 응답하였다(Katz, 2013).

· **섹스팅(sexting)**

Sexting이란 성적으로 노골적인 메시지, 이미지나 사진을 휴대전화, 컴퓨터와 같은 전자적 수단을 이용하여(eletronic means) 다른 사람에게 보내거나 다른 사람으로부터 받는 것을 의미하는 것이다. EU Kids Online project 조사에서는 유럽 25개국 25,142명 청소년들의 미디어 사용을 조사하였는데, 1,032명의 영국 청소년들이 참여하였다. 인터넷을 사용하는 영국의 11~16세 청소년 중 12%가 성적인 메시지(sexual messages)를 받은 경험이 있으며, 4%는 직접 섹스팅을 보낸 적이 있다고 응답하여 어린 청소년들의 선정적인 콘텐츠에 대한 노출이 심각함을 보여준다(Livingstone, et al., 2011). 또한 섹스팅은 여학생이 피해를 입는 것으로 나타났으며, 이는 다른 연구에서도 비슷하게 나타났다(Thompson Robbinson, & Smith, 2012).

· **교사 불링(Bullying teachers)**

영국에서는 학생에 의한 교사의 피해사례 또한 흔히 보고되고 있다. 교사 10명 중 한 명의 비율로 이러한 매체 사용에 있어서의 어려움을 표현했고, 응답자의 절반에 해당하는 교사가 자신의 동료들에게 이러한 일이 일어난 것을 목격했다고 응답하여 주변에서 자주 일어나는 일임을 알 수 있다. 이러한 피해는 Facebook(36%)

이나, RateMyTeachers. com (26%)에서 가장 빈번히 일어났다고 응답하였다. 소셜 네트워킹 사이트를 활용해 악의적인 코멘트를 다는 것이 흔했으며, 전화나, 문자, 비디오를 사용한 경우는 3~6%정도로 상대적으로 매우 낮았다. Teacher Support Network(TSN)(2010) 역시, 630명의 교사를 조사하였는데, 15%의 교사가 온라인으로 괴롭힘을 당한 적이 있다고 하였다. 그 중 15%가 자신과 가족에 대한 안전에 위협을 느꼈으며, 정서적으로 동요된 경우가 9%, 자신감, 유능감 상실이 6%, 그 중 3%는 교직을 떠났고, 3%는 사임할 정도로 그 피해가 큰 것으로 보고되었다(Cross, Piggin, Douglas, & Von Kaenel-Flatt, 2012에서 인용).

(2) 지속성

사이버불링의 피해를 받은 청소년 중 23%는 오랜 기간 지속적(1년 혹은 그 이상), 40%는 몇 주 혹은 몇 달간 지속되었으며, 26%는 열 번 이상 발생했고, 14%는 6~10번, 29%는 3~5차례 받아보았다고 응답하여, 많은 피해학생들이 오랜 기간 만성적인 사이버불링에 고통받아 왔음을 알 수 있다. 피해경험을 받은 청소년의 1/4은 동일한 사람 혹은 그룹으로부터 반복적으로 당해왔다고 응답하여(Cross, Piggin, Douglas, & Von Kaenel-Flatt, 2012), 누군가를 의도적으로 표적을 삼아 괴롭히는 집요함과 반복성이 심각함을 보여준다.

(3) 전통적인 불링(traditional bullying)과의 관계

피해학생 중에서 사이버불링만 당했다는 청소년은 26%, 사이버불링이 학교 내외의 일반적 불링(face-to-face방식)과 연결되어 발생했다는 응답이 44%나 되어, 전통적인 방식의 불링이 온라인에서도 이어지는 것으로 나타나 그 심각성을 드러낸다(Cross, Piggin, Douglas, & Von Kaenel-Flatt, 2012). 이것은 단순히 학교 내에서 휴대전화나 인터넷 사용 금지를 통해 사이버불링이 해결될 수 있는 것이 아니라는 점을 보여준다.

2) 가해실태

(1) 가해율

Beatbullying의 조사에 의하면, 사이버불링은 2009년의 33%에서 2012년의 17%로 큰 감소치를 나타내었다. 영국 학생의 전수조사가 아니기 때문에 이 수치를 일반화할 수는 없지만 감소가 나타났다는 것은 매우 희망적이라 볼 수 있다. 가해율 감소는 사이버불링이 사회적으로 용인되지 않는 것이라는 인식이 증가하였음을 반영한다. 그러나 사이버불링이 일어났을 때 아무것도 하지 않는다고 응답한 학생의 비율이 여전히 높은 것으로 보아, 방관자(bystanders)들의 인식개선이 매우 절실함을 보여준다. 〈표 7-3〉은 몇몇 가해유형에 따른 발생률을 나타낸다.

〈표 7-3〉 가해유형에 따른 발생율(Cross et al., 2012)

사이버불링 가해 유형	가해율
악의적 문자	15%
소셜 네트워킹에 악의적 코멘트	10%
수치스러운 사진 게재	4%
가해하는 장면이 담긴 동영상 비디오	3%
혐오하는 사이트 개설	3%

(2) 가해자는 누구인가?

Smith, Mahdavi, Carvalho, Fisher, Russell과 Tippett(2008)의 조사에 의하면 피해학생의 절반 이상(57%)은 가해자가 같은 학교의 학생이라는 것을 알고 있었으며, 문자나 메시지를 받았을 경우 다음날 학교 오는 것이 걱정된다고 하였다. 같은 반 학생(20.7%), 같은 학년의 다른 반 학생(28.0%), 상급생(6.1%), 혹은 다른 학년(2.4%)으로 나타나, 대부분 같은 반 혹은 동급생에서 일어나고 있음을 보여주었다. 다른 학교의 학생은 22.0% 이었으며, 가해자가 누군지 모르는 경우(20.7%)로 높게 나타나 사이버불링의 익명성을 반영하였다(Smith et al., 2008).

가해자는 보통 한 명(39.2%), 혹은 2~3명(24.3%)인 경우가 다수였으며, 알 수 없다(18.9%)는 대답도 빈번했다. 가해자 성별로는 '모르겠다'(25.7%), '남학생 한

명'(24.3%), '여학생 한 명'(21.4%), '여학생 여러 명'(18.6%), '남학생 여러 명'(7,1%), '남녀 둘 다'(3.1%)(Smith et al., 2008)로 나타나 남학생이 약간 많고, 여학생의 경우 남학생보다는 집단적으로 행동하는 것을 알 수 있다.

(3) 가해이유

왜 사이버불링을 하는가에 대한 응답으로는, '장난으로'(39%)가 가장 높았으며, 이어 '당한 것에 대한 복수'(26%), '화풀이'(16%), '심심해서'(15%)로 나타나, 아무런 이유 없이 재미삼아 사이버불링을 하는 경우가 높은 것으로 나타났다(Cross et al., 2012). 또한 가해자의 자신감 부족, 자기제어능력 부족과 같은 심리적 요인으로 인한 것이라고 이야기하기도 하였다(응답의 예: '컴퓨터 앞에 앉아있는 가해자는 겁쟁이다. 왜냐면 직접 맞설 용기가 없어서 그런 것이니까' '사람들은 얼굴을 직접 맞대고 하는 것을 매우 두려워하기 때문' '잡힐 위험이 적으니까')(Smith et al., 2008).

Rivers와 Noret(2010)은 남학생 가해자는 신체적 공격을 온라인의 형태로 옮기는 경향이 있다고 설명하였다. 반면 여학생은 인기가 없는 여학생을 앞으로의 또래관계에서도 확실히 배제하기 위해 온라인을 사용하는 등. 친구관계를 조장하기 위하여 사이버불링을 하기도 한다고 제안하였다.

초등학교 학생의 경우 사이버불링은 반복과 해를 끼치기 위한 의도가 필수적인 요인이라고 지적하면서, 가해자는 원래가 문제가 있는 성격(남을 괴롭히는 성향)이나, 피해자와 관련한 부정적인 경험(예: 게임에 진 적이 있다던가), 피해자의 특성(예: 이상한 옷을 입는다던가)에 기인하는 것을 보여주어, 피해자를 책망하는 잘못된 인식을 가지고 있음을 보여주었다. 더불어, 부모가 인터넷 사용을 금지시키는 것 또한, 사이버불링의 피해를 부모에게 말하지 않는 이유가 된다고 응답하였다. 많은 어린이들이 만일 자신이 사이버불링을 당한 것을 이야기한다면 부모가 인터넷을 금지시킬까봐 걱정된다고 이야기하였다(Baas, De Jong, & Drossaert, 2013).

(4) 전통적인 불링과 사이버불링과의 관계

많은 사이버 가해자는 전통적인 불링의 가해자인 경우가 있었으며, 이보다 비율은 낮지만 전통적인 불링의 피해자인 경우도 있었다. 또한 전통적인 불링의 피해자 혹은 가해-피해자 역시 사이버 가해자와 관련이 있어, 교내외에서 일어나는 면대면(face-to-face)방식의 불링이 사이버 가해행위와 연관되어 있음을 알 수 있다(Smith et al., 2008).

2. 사이버불링의 피해반응

사이버불링은 단 한 번의 사건이라도 매우 스트레스를 받게 되기에, 반복적으로 일어나는 사이버불링은 말할 수 없는 정신적, 신체적 고통을 일으키게 된다. 일반적으로 사이버불링의 피해자들은 매우 두렵고, 화가 나는 감정을 겪게 되며, 심할 경우 자해를 하기도 한다. 사이버불링을 당했을 때의 응답은 대체로 '매우 화가 났다'(44%), '약간 화가 났다'(30%)고 하여 대다수의 경우 분노를 느끼는 것으로 나타났다(Katz, 2013). 또한 가해자에 대한 두려움으로 '학교 가기가 꺼려지는'(20%) 경우와 '자신감과 자존감이 낮아지는'(19%) 반응도 높았으며 '안전에 대한 불안감'(14%), '자해'(5%), '자살시도'(3%)도 나타나 정신적 피해가 매우 심각함을 보여주었다(Cross et al., 2012). 또한 사이버불링 피해자의 13%는 학교에 가서도 항상 외롭다고 보고하여(Rivers & Noret, 2010) 일상생활에서의 고립과 단절이 발생함이 나타났다.

피해자들은 불링 메시지를 받지 않을 방법은 사이버 공간에서의 철회 이외에는 없다고 응답하기도 한다. 그런데 평소에 이용하던 여러 사이트에서 탈퇴하고, 핸드폰이나 인터넷을 이용하지 않는 방법은 일시적으로는 사이버불링의 피해를 멈추게 할 수 있으나, 그로 인한 사회적 손실 또한 따르게 된다. 친구관계를 비롯한 여러 인간관계에서 소외되며, 학업 혹은 여러 취미활동과 관련한 디지털 기능을 활용할 수 없게 되는 것이다(Stone, 2014).

청소년들은 사이버불링의 가해행동이 매우 쉽게 일어남을 지적하면서, 외로움과 고독함을 호소한다. 〈표 7-4〉는 사이버불링의 피해경험에 대한 청소년들의 느낌을 묘사하고 있다.

〈표 7-4〉 사이버불링 피해경험에 대한 느낌

'새장 속에 있는 갇힌 것 같다' '고립된 것(isolated)' '부모님은 경험이 없기 때문에 이게 어떤 건지 모르신다. 나에게 무슨 일이 일어났는지, 어떻게 도와달라고 해야 하는지 알게 하는 것은 매우 어렵다.' '창문 없는 방에 갇힌 것 같다. 출구는 없다' '인터넷은 모든 것을 너무 쉽게 만든다. 불링(bullying) 역시 그렇다. 직접 얼굴을 보고서는 그렇게 말할 수는 없을 것이다' '너무 쉽다. 당신은 그저 손가락으로 키보드만 몇 자 두드리면 되고 생각할 필요는 없다. 그리고 send 버튼만 누르면 끝나는 것이다'

(출처: Stone(2014). Looking at bullying and cyberbullying: mapping approaches and knowledge. Scotland's Commissioner for Children and Youth People (SCCYP). Edinburgh.)

3. 사이버불링에 대한 인식과 시각

사이버불링에 대한 인식을 조사한 연구는 발생률을 조사한 연구에 비해 훨씬 드물다. Ackers(2012)는 사이버불링을 하는 이유는 '익명성'(anonymity), '비겁'(cowardliness), '피해자의 반응을 외면하기'(avoidance of the victim's response)라고 설명하였다. 또한 일반적인 농담이 사이버불링이 되는 데에는 두 가지 요소가 필요한데, 시간/메시지의 양(time/amount of messages)과 위협적인 내용(hurtful/threatening messages)이라고 지적하였다. 즉, 시간에 따른 메시지의 '반복'과 타인을 위협하여 괴롭히고자 하는 '의도'가 포함되는 것이. 응답자의 절반이 나이, 성별, 종교와 상관없이 어느 누구나 사이버불링의 피해자가 될 수 있다고 답하여 이것이 비단 청소년의 문제만이 아님을 보여주었다.

4. 청소년들의 사이버불링 대응방법

대다수의 피해 청소년(70%)들은 누군가에게 피해사실을 보고하는데, '부모님'(54%), '친구'(45%)에게 말하는 경우가 가장 흔했다. 그 외에 '무시하기'(12%),

'똑같이 응답하기(reply)'(9%), '수신 거부나 차단'(30%), '네트워크 관리자 혹은 경찰 등에게 신고'(16%) 등의 방법도 사용했다고 하였다(Katz, 2013). 이러한 방법이 사이버불링을 멈추게 하는 데 효과적이었는가에 대해서는 응답자의 55%는 실제로 불링이 멈춘 반면, 9%는 비슷하거나 10%는 더 악화되었다고 보고하고 있어 일부 피해학생들은 도움을 요청해도 실제적으로 효과를 거두지 못한 것으로 나타났다(Katz, 2013). 또한 무시하거나(27%), 메시지를 삭제(21%), 혹은 온라인공간에서 시간을 덜 쓰려고 노력(9%)하는 등 수동적인 방법도 사용하고 있었다(Cross, et al., 2012).

청소년들이 직접 제안한 예방책으로는 '적극적 신고'(46%)가 가장 높았고, 그 다음으로는 사이버불링에 대한 교육실시(30%)를 언급하였으며, 단지 8%만이 학교에서의 핸드폰, 인터넷 등의 매체사용을 제한할 것을 이야기하였다. 이것은 기술적인 방법이 최고의 예방이기보다는, 학생들에게 인터넷, 사이버공간에서의 안전을 인식시키는 것이 더 중요하다는 것을 반영한다(Cross et al., 2012).

5. 사이버불링 예방 및 대응 프로그램

1) 잉글랜드의 프로그램

잉글랜드에서는 지난 26여 년간 수많은 안티불링 개입방안들이 소개되었다. 이러한 안티불링 대안의 주요목적은 불링에 대한 태도를 바꾸고, 피해자를 도와주며, 불링의 빈도를 낮추는 것을 주요 목적으로 한다. 이러한 면대면 방식의 전통적인 불링에 대한 개입방식은 사이버불링에도 종종 도움을 줄 수는 있다(특히 같은 아동이 전통적 불링과 사이버불링에 모두 관련되어 있는 경우). 그러나 매체를 사용하는 사이버불링의 특성상 사이버불링만의 전문화된 개입방안을 마련하는 것 또한 중요한데, 영국 내의 여러 관련단체는 e-safety(사이버안전)에 대한 내용을 배포하였다. 대표적으로 Childnet International과 Child Exploitation and Online Protection Centre(CEOP)에서 배포한 비디오, Beatbullying의 cybermentor, and the Safer Schools Partnership 정책 등을 들 수 있다(Thompson et al., 2012).

(1) Childnet International의 'Let's fight it together' 영상

Childnet International은 비영리단체로써, 아동과 청소년이 인터넷을 건설적으로 사용하고, 새로운 매체에 대한 안전한 사용기술을 익힘으로써, 그들을 온라인의 유해한 환경에서 보호할 수 있도록 설립된 조직이다. 이 조직은 학교에서 하루 동안 사이버안전에 대한(one-day e-safety workshops) 워크숍을 열고, 관련 영화나 지침자료 등을 제공한다. 자료는 웹사이트에서도 다운받은 후 수업시간 혹은 전체 학교의 차원에서 사용되어질 수 있다. 그 중 Childnet International 'Let's fight it together'는 11~14세 청소년을 대상으로 한 비디오필름이다. 이 비디오는 학교 수업 중에 일어난 불링이 어떻게 사이버불링으로 가게 되는지, 피해자가 받는 충격과 영향을 묘사하고, 사이버불링에 대한 경각심을 불러일으키기 위한 내용을 그리고 있다. 또한 피해자의 어머니가 이를 막기 위해 어떠한 노력을 하는지를 보여주며 마지막에는 경찰이 개입되게 되는 내용이 담겨 있다. Thompson과 동료들은 이 영화의 효과성을 조사하였는데, 대다수의 학생 (87%)은 이 영화가 사이버불링에 대한 경각심을 일깨우고 관심을 이끌어 내기에 '매우 좋다' 혹은 '좋다'고 평가하였다(Thompson et al., 2012). 이와 같이 음악, 영화길이, 내용 등 전반적으로 청소년의 관심을 끌 수 있을 요소를 포함하여 만들어진 영화는 학생에게 사이버불링에 대한 관심을 끌기에 유용하다고 판단된다.

(2) Child Exploitation and Online Protection Centre(CEOP)의 'Exposed' 영상

Child Exploitation and Online Protection Centre(CEOP)는 2006년에 설립된 단체로 온라인에서의 성적인 공격성(sexual aggression)과 관련된 업무가 주된 목적이었으나 아동을 온라인에서 보호하고, 학교에서의 온라인안전에 대해서도 교육을 시행하고 있다. CEOP의 프로그램은 적어도 반나절 이상 훈련을 받아야만 사용할 수 있는 권한이 주어진다. CEOP는 14~16세 청소년의 섹스팅과 관련한 영화 'Exposed'를 제작하였다. 'Exposed'는 8분짜리 짧은 필름으로, Dee라는 여학생이 자신의 남자친구 Si에게 자신의 노출이 담긴 사진을 보내는데 Si는 이것을 자신의 친구 Jay에게 보내고 Jay는 이것을 공개적인 웹사이트에 업로드를 시키게 된다. Dee는 Si를 만나 상황을 파악한 후 집으로 가서 여러 가지 해결책에 대하여 고민하는 장면으로 끝이 나게 된다. Dee는 CEOP에 신고하기를 결정하는데, 그 방법은 CEOP웹사이트에서 간단히 'report abuse' 버튼만 클릭하면 된다. 클릭한 이후에는 여러 가지 지원이 이루어지며, 상황에 따라 경찰도 개입되게 된다.

Thompson과 동료들이 1,135명의 13~16세 학생들에게 이 영상의 효과에 대하여 평가한 결과, 대부분의 학생은 웹사이트의 접근성과 사용의 용이성은 우수하였으며, 학생들에게 매우 도움이 될 것이라고 생각하였다. 섹스팅(sexting)은 영국 청소년들 사이에 빈번한 일이 되고 있으며, 어른보다도 청소년들에게 더욱 악영향을 끼칠 수 있기 때문에 이러한 영화는 청소년들의 공감을 이끌어내는 데 도움이 되는 것으로 보인다.

(3) Beatbullying의 Cybermentor

Beatbullying은 2002년에 설립된 자선단체로써, 안티불링(antibullying)에 관한 사회적 관심과 참여를 활발히 알리고 있다. 이 단체의 특징은 불링을 예방하기 위한 또래지원 프로그램을 운영하는 것인데, 특히 사이버멘토(cybermentor)는 새로운 형태의 또래지원(peer support) 방법 중 하나이다. 사이버멘토가 되기 위해서는 일반적으로 학교에서 자원(voluntary)을 통해 가입한 후 이틀간의 훈련을 받는다. 훈련 후에 이들은 온라인상에서 자신의 ID를 가지고, 각종 악성 소프트웨어로부터의 보호를 받으며, 또래들의 괴롭힘에 대한 조언과 지원활동을 하게 된다.

사이버멘토는 여러 대처 방안 중에서 가장 높은 효과성을 보여주고 있다. 사이버멘토는 학교에서 불링과 사이버불링에 대한 인식을 높이는 것에 기여하였으며, 특히 연령이 어린 학생들에게 효과적인 것으로 나타났다(Banerjee, Robinson, & Smalley, 2010). 사이버멘토의 강점은 피해학생들이 이들에게 접근하기(contact)가 용이하며, 조언 및 상담에서부터 전문적 지원에 연계해주는 등 활동범위가 넓다는 것이다.

학교 교직원을 대상으로 한 서베이에서 응답한 교직원의 14%가 사이버멘토를 이용하고 있다고 보고하였으며, 이들 중 대다수가 사이버멘토는 사이버안전을 지키고 사이버불링에 대처하는 데 매우 효과적이라고 보고하였다(Thompson et al., 2012). 사이버멘티를 대상으로 한 설문조사에서는 사이버멘토에게 접근하기가 쉬우며(88%), 이들 중 44%는 사이버멘토와 10분 이상 이야기한다고 응답하여 우수한 접근성과 활용의 용이성을 보여주었다. 청소년들은 '비난 받을 위험없이 나에게 일어난 일을 누군가에게 말할 수 있다는 것' '이것이 내 잘못이 아니며, 상황이 나아질 수 있다고 해주는 점, 참아야 될 이유도 없으며 참지 말라고 이야기해 주는 점'을 장점으로 이야기하였다(Thompson et al., 2012). 그러나 사이버멘토의 이러한 긍정적 효과에도 불구하고, 모든 학교에서 사이버멘토에 대한 지원이나 모니터가 이루어지고 있는 것은 아니기 때문에, 사이버멘토의 적극적, 지속적 활용을 위해서는 학교의 관리감독 및 지원이 필요하다.

(4) Safer Schools Partnership

Safer Schools Partnership은 청소년범죄실행계획중의 하나로(Youth Crime Action Plan) 중 · 고교에(secondary schools) 일주일에 한 번씩 정해진 시간에 경찰관을 배치하는 방안이다. Thompson과 동료들의 연구(2012)에서는 학교 교직원들은 이 방법을 사이버불링을 예방하고 대응하는 데 효과적인 것으로 평가하였다. 조사대상의 2/3에 이르는 학교에서 이것을 사용하고 있으며, 대다수(86%)가 '도움이 되거나' '매우 도움이 되며' 불링의 예방에도 '매우 효과적' 또는 '효과적'(총 86%)이라고 응답하였다. 어느 한 교장선생님은 '경찰이 있다는 것은 학생과 학부모에게 우리는 불링을 아주 심각하게 취급하고 있다는 명확한 메시지를 전달할 수 있다'고 설명하였다.

Safer Schools Partnerships과 같은 학교와 경찰과의 연계는 사이버불링의 불법성을 학교나 지역사회에 알리는 것을 도울 뿐 아니라, 학교와 지역공동체와의 안전을 연계한다는 의미도 지니고 있어서 긍정적인 것으로 평가되고 있다.

2) 스코틀랜드의 정책 및 프로그램

(1) 스코틀랜드의 정책

2010년 스코틀랜드 정부는 괴롭힘 근절을 위한 국가적 접근을 시도하였고, "A National Approach to Anti-Bullying for Scotland's Children and Young People"을 제작, 배포하였다. 스코틀랜드 National Anti-bullying Organization인 Respectme에서는 어린이와 청소년을 대상으로 불링에 관한 정보를 제공하는데, "어떠한 것이 단 한 번 일어났는데 당신이 학교를 가거나 다른 장소를 가는 데 두려움을 느끼게 하거나, 걱정하게 만들었다면 불링"이라고 설명하고 있어, 피해자 중심의 개입을 지향하고 있다.

스코틀랜드의 비영리단체인 Antibullying network는 1999년에 설립되어 학교 공동체 지원을 하고 있다. 이 단체는 2007년에 'Respect*me*'라는 스코틀랜드의 antibullying의 국가적 기관으로 거듭나게 되었다. Respect*me*의 피해자중심의 정의는 개인이 단 한 번 경험했을지라도 이것이 심각하게 개인의 삶에 영향을 준다며 이것은 불링으로 정의되어야 한다고 주장하여, 불링의 정의에 있어서는 피해자에게 미치는 영향이 우선적이며, 가해자의 의도나, 행동의 반복여부가 중요하지 않다고 보고 있다. 이러한 정의는 일반적으로 활용되어져 오고 있는 불링의 세 가지 정의 요건 (행동의 반복성, 힘의 불균형, 해치고자 하는 의도)와는 차이를 보이고 있다.

스코틀랜드 정부는 2013년 11월 'Guidance on Developing Policies to Promote the Safe and Responsible Use of Mobile Technology in Schools' 책자를 통하여, 학교와 지역당국에 모바일 테크놀로지의 사용과 관련한 잠재적인 위험이나 남용으로부터 부모, 교직원, 청소년을 보호할 것을 촉구하였다. 이 안내책자는 교직원에게 아동과 청소년들에게 디지털 시민이 될 것을 가르치도록 요구하고 있다. 디지털 시민정신 교육 (digital citizenship education)은 스코틀랜드의 '건강 및 참살이 교과과정(Health and Wellbeing curriculum)'에의 일부로 삽입되어 있으며, 학교의 안티불링, 타인의 권리를 존중하는 문화와도 관련되어 있다.

디지털 시민정신의 핵심 원칙은 디지털 예의(Etiquette) 지키기(모바일기기를 사용할 때의 행동기준), 디지털 권리와 책임(디지털 소통과 관련하여 사람들이 불편함을 느낄 때 무엇을 할 수 있을지, 어떻게 신고해야 할지에 대한 설명), 디지털 안전(디지털 안전사항에 대해 주의 및 당부)의 내용을 담고 있다.

(2) 스코틀랜드의 프로그램

스코틀랜드는 잉글랜드에 비해서는 아직 사이버불링만을 전문으로 한 개입프로그램들이 활발하지 않지만, 최근 Beatbullying의 cybermentor를 적용하기 시작하는 등의 움직임을 보이고 있다. 본 장에서는 Stone(2014)의 보고서에서 소개된 세 가지 프로그램을 설명하고자 한다.

① 'Support Me' 또래교육 프로젝트(Support Me peer education project-Gallowhill Primary School)

2011-2012년 Gallowhill Primary School에서는 학생이 주축이 되어 Support Me라는 계획을 시행하였다. 이 계획은 사이버불링을 당한 아동과 청소년에 대한 인식을 신장시키고 지원하기 위한 것인데, 학생들이 스스로 워크숍을 계획하고 진행하여 4~7개 학급에 적용시킨 것이다. 사이버불링을 당한 학생을 조사하고, 점심 시간이나 쉬는 시간 동안, 일주일에 한 번씩, 자신들이 만든 웹사이트에 조사 결과에 관한 글을 쓴다. 안티-사이버불링 자료들을 만들어 교실에서 사용하기도 하고, 관련내용을 만화로 만들어 웹사이트에 올리기도 하는 등 학생들의 자발적인 활동을 통해 사이버불링의 위험성을 인식시키고자 한 활동이다. 이는 또래뿐 아니라 부모나 교사를 교육하는 데에도 활용될 수 있다.

② 사이버멘토(Cyber Mentors – Peer support and education in Perth and Kinross)

2011년, Perth의 한 고등학교에서는 Beatbullying의 트레이닝을 받은 몇몇 학생이 스코틀랜드의 첫 번째 사이버멘토가 되었다. 이들은 온라인으로 멘토링교육을 받은 후, 어른들에게 말하기를 꺼려하는 청소년들을 대상으로 이야기를 나누는 활동을 할 수 있다. 또한 사이버멘토들은 보다 심각한 불링 문제에 대해서는 전문상담사의 지원을 받으며 활동한다.

③ 온라인 위험행동에 대한 또래교육 프로젝트(Peer education project on risk-taking behaviour online – Granton Youth Centre)

이 또래교육 프로그램은 청소년들의 위험 행동에 대한 지침을 마련하기 위한 것으로, 2013년 Granton Youth Centre에 의해 개발되었으며 아직 시범 단계에 있다. 시범연구(pilot study)에서는 12명의 14~18세 청소년들이 8주간의 교육을 받았다. 교육내용은 온라인 사용방법, 온라인에서의 안전과 위험, 또래교육 프로그램의 개발 등에 관련한 것으로, 교육방법은 이러한 이슈들을 토의하고, 다른 청소년 센터와 공유하는 것으로, 궁극적으로 사이버불링에 대한 정보와 인식을 신장시키고자 하는 데 목적을 두고 있다.

6. 영국 정부의 사이버불링에 대한 지침

영국 정부는 불링에 대한 강경한 입장을 취하고 있다. 불링으로부터 안전한 학교 분위기를 형성하는 것은 교육의 핵심적인 목적으로, 영국교육기준청(Office for Standards in Education)의 관리감독을 받는 주 영역 행동과 안전 영역에 속한다. 이는 교육정책에 있어서 불링을 심각한 문제로 취급하겠다는 정부의 의지를 확정적으로 표현한 것이다.

2007년에서 2009년 사이에 만들어진 Safe to Learn은 당시 영국의 교육부에 해당하는 Department for Children, Schools, and Families(DCSF)에 의해 제작되었는데, 학교안전에 관한 지침서로서 사이버불링을 포함한 관한 종합적인 정보를 제시하고 있다. 2014년 Department for Education(DfE)에서는 사이버불링만을 전문적으로 하여 이전보다 훨씬 구체적인 정보와 지침을 마련하였다. 아래는 영국 교육부(Department for Education)이 사이버불링을 예방하기 위해 마련한 지침들로써, 아동 및 청소년, 부모 및 교사, 교직원을 대상으로 한 내용들이다.

1) 아동 및 청소년 대상(DfE. 2014a)

아동 및 청소년은 사이버불링의 예방을 막기 위해, 혹은 사이버불링의 피해를 받았을 시 다음과 같이 행동할 수 있다.

〈표 7-5〉 아동 및 청소년의 사이버불링 예방 및 대응지침

- (컴퓨터나 휴대기기의) 개인 설정에 대한 점검을 철저히 하라 - 언제나 상대를 존중해라. 온라인에서 자신이 무엇을 말하고 있는지 주의 깊게 살펴보아라 - 자신이 업로드하고 있는 사진이나 비디오에 주의하라. 한 번 온라인에서 공유가 되면 돌이킬 수 없다 - 자신이 알고 있는 사람하고만 온라인 관계를 맺어라. 낯선 사람이 말을 걸어온다면 절대로 개인정보를 알려주어서는 안 된다 - 비밀번호를 잘 간수하여라. 본인만 알 수 있도록 하며, 주기적으로 바꾸어라 - 가해자를 차단하라. 행동을 부적절하게 행동하는 사람을 신고하고 차단하라 - 공격적인 이메일, 문자, 메시지를 받더라도 복수하거나 응답하지 마라 - 증거를 저장해라. 공격적인 이메일, 문자, 메시지 혹은 어떠한 형태의 온라인 대화든지 모두 복사하여 저장하고 부모님, 선생님께 보고하라 - 믿고 있는 어른에게만 이야기하여라(교사, 선생님, 안티불링 상담가, 전문적인 helpline 등) - 미디어 서비스 공급자들에게 사이버불링을 신고하여라. 클릭버튼 하나를 누름으로써 가해자로부터 자신 혹은 미래의 다른 피해자들을 막을 수 있다 - 휴대전화를 사용할 때는 주변에 자신의 휴대전화를 들여다보고 있는 사람 혹은 자신에게 관심을 보이고 있는 사람이 있는지 살펴라

2) 부모 및 교사 대상(DfE. 2014a)

(1) 사이버 의심 징후

부모나 교사는 자녀나 학생이 다음과 같은 징후를 보일 때 사이버불링을 의심할 수 있다.

〈표 7-6〉 사이버불링의 징후들

- 인터넷이나 휴대전화 사용 후에 화를 낸다. - 대화하기 싫어하며 온라인 혹은 휴대전화 사용에 대해 말하기를 꺼려한다. - 문자, 게임, 다른 매체를 사용하는데 훨씬 많은 시간, 혹은 훨씬 적은 시간을 쓴다. - 휴대전화나 노트북, 태블릿 기기 등에 알 수 없는 전화번호, 문자, 이메일 주소가 많이 나타난다. - 문자를 보낸 후, 온라인 사용 후에 위축되거나, 분노를 보인다.

- 학교 가기를 싫어하거나 친구 만나기를 꺼려한다.
- 재미있는 여러 사회적 상황조차 피하려고 한다.
- 잠을 자기 어려워한다.
- 낮은 자존감을 보인다.

(2) 부모의 예방 및 대응방안(DfE. 2014a)

부모는 자녀에게 평소, 혹은 사이버불링이 발생되었을 때 다음과 같은 행동을 할 수 있다.

〈표 7-7〉 부모의 자녀의 사이버불링에 대한 행동지침

- 온라인에서 할 수 있는 것과 할 수 없는 것을 분명히 하라. 자녀가 이러한 규칙을 깨뜨렸을 시에는, 일정기간 인터넷 접근을 제한하라. 단 제한기간은 평소에 자녀와 함께 정해두어야 한다.
- 집안의 컴퓨터, 혹은 인터넷에 접근할 수 있는 다른 매체에 대해서는 개인설정 보안을 확실하게 해 두어라.
- 인터넷 안전과 관련하여 자녀와 함께 이야기해 보아라.
- 자녀가 말하는 것에 귀를 기울이고 자주 대화하라. 자녀가 온라인을 어떻게 이용하고, 자녀에게 어떤 일이 일어나고 있는지 평소에 알아두어야 한다.
- 온라인상에서 당황스러운 일이 발생하더라도 부모에게 숨기지 않고 편하게 말할 수 있도록 해야 한다.

(3) 교직원 대상(DfE, 2014b)

① 예방책

교직원은 사이버불링을 막기 위하여 다음과 같은 지침을 따를 수 있다.

〈표 7-8〉 교직원의 사이버불링 예방지침

학교정책을 확실하게 이해하고, 관련 사이트에서 구체적 정보를 획득할 것
- 책상에서 떠날 때는 절대 로그인 상태로 남겨두지 말 것
- 비밀번호는 학생들에 의해 접근되거나 잃어버리거나 도난당하지 않도록 철저히 간수할 것
- 컴퓨터나 휴대기기의 개인설정 방법에 대하여 익숙해질 것
- 본인의 이름을 검색해서 자신에 관한 부정적인 내용이 있는지 체크해 볼 것
- 주변 사람들이 부적절한 게시물, 사진, 비디오 등에서 당신을 언급함으로써 당신의 사회적 지위에 손상을 주고 있는지 살펴볼 것

- 친구, 가족, 동료들과 사생활 침해와 안전사항에 관하여 논의해볼 것
- 과거 혹은 현재 지도 중인 학생의 친구요청을 받아들이지 말 것. 만약 받아들여야 한다고 생각된다면, 먼저 상급자에게 도움을 요청할 것. 친구요청을 받아들이면 당신의 친구, 가족 등이 당신 학생들의 친구가 될 수도 있다는 점을 명심할 것
- 개인 연락처를 주지 말 것. 학생이 과제, 시험 등의 이유로 필요하다고 하면 학교 연락처를 제공할 것. 학교 여행이나 견학이 있을 시에는 개인용이 아닌 학교용 휴대전화를 사용할 것.
- 학교 업무와 관련해서는 학교 이메일 주소를 사용하고 사생활에서는 개인용 이메일을 사용할 것. 두 개의 이메일을 섞어서 사용하지 말 것

② 대처방안(DfE, 2014b)

교직원은 사이버불링이 발생하였을 시 다음과 같이 행동할 수 있다.

〈표 7-9〉 교직원의 사이버불링 대응지침

- 절대 응답하거나 복수하지 말 것. 상급자에게 보고하고 전문적 지원방법을 찾아라.
- 증거를 저장하라. 스크린이나 해당 웹페이지를 캡쳐하라(날짜와 시간도 함께 캡쳐할 것).
- 가해자가 알고 있는 학생이나 동료라면, 교내 자체에서 더욱 신속하고 효과적으로 다루어질 수 있다.
- 해당 게시물 삭제요청을 가해자가 거부한다면, 그 다음 단계는 학교와 의논해볼 수 있다. 또한 네트워크 공급자나 지역당국에 신고하고 법적인 도움을 받을 수 있다.
- 해당 코멘트가 위협적, 악의적, 성적, 혐오적인 내용을 담고 있다면, 경찰이나 The UK Safer Internet Centre, The Professional Online Safety Helpline에 신고하라.

7. 정리하기

사이버불링은 영국청소년들 사이에 매우 빈번한 일이 되었다. 아동, 청소년뿐 아니라 성인, 특히 교사에게 일어나는 사이버불링도 문제가 되고 있으며, 각종 보고서에 따르면 장애, 인종, 동성애자와 같은 취약계층에 대한 불링도 발생하고 있다. 종합해보면 사이버불링은 어느 연령, 성별, 계층에게나 일어날 수 있는 일이된 것이다. 이에 영국 정부는 각 연령대와 사회적 위치에 맞는 구체화된 대응방안, 편견을 바로잡을 수 있는 교육을 마련하고자 노력하고 있으며, 관련 단체들은 다양한 프로그램의 개발을 통해 사이버불링을 예방에 힘쓰고 있다.

사이버불링의 방식은 빠르게 진화하는 반면, 일반 사람들의 인식, 특히 성인들의 사이버불링에 대한 지식이나, 인식을 개선하는 속도는 이보다 느리기 때문에 영국 사회는 부모나 교사의 청소년의 올바른 사이버이용에 대한 관심을 요구하고 있다. 또한 사이버불링에 대한 청소년들의 경험을 듣는 것은 현상을 이해하는 데 필수적일 뿐 아니라, 예방책에 대한 실마리도 제공해주기 때문에 앞으로는 이에 대한 연구가 더 이루어져야 할 것이며, 가장 근본적으로는 사이버공간에서의 윤리의식이 향상되어야 할 것이다.

참고문헌

Ackers, M. J. (2012). Cyberbullying: through the eyes of children and young people. *Educational Psychology in Practice, theory, research and practice in educational psychology 28*(2), 141-157.

Baas, N., De Jong, M. D., & Drossaert, C. H. (2013). Children's perspectives on cyberbullying: Insights based on participatory research. *Cyberpsychology, Behavior, and Social Networking, 16*(4), 248-253.

Banerjee, R., Robinson, C., & Smalley, D. (2010). *Evaluation of the Beatbullying Peer Mentoring Programme.* Report for Beatbullying. University of Sussex.

Cross, E. J., Richardson, B., Douglas, T., & Von Kaenel-Flatt, J. (2009). *Virtual violence: Protecting children from cyberbullying.* London: Beatbullying.

Cross, E. J., Piggin, R., Douglas, T., & Von Kaenel-Flatt, V. (2012). *Virtual Violence II: Progress and challenges in the fight against cyberbullying.* London: BeatBullying.

Department for Education (DfE). (2014a). *Advice for parents and carers on cyberbullying.* DFE-00655-2014. U.K.

Department for Education (DfE). (2014b). Cyberbullying: Advice for headteachers and school staff. DFE-00652-2014. U.K.

Katz, A. (2013). *The Suffolk cybersurvey.* Suffolk County Council. Suffolk.

Livingstone, S., Haddon, L., Görzig, A., and Ólafsson, K. (2011). *Risks and safety on the internet: the UK report.* LSE, London: EU Kids Online.

Rivers, I., & Noret, N. (2010). 'I h8 u': findings from a five year study of text and email bullying. *British Educational Research Journal, 36*(4), 643-671.

Smith, P. K., Mahdavi, J., Carvalho, M., Fisher, S., Russell, S., & Tippett, N. (2008). Cyberbullying: Its nature and impact in secondary school pupils. *Journal of Child Psychology and Psychiatry, 49*(4), 376-385.

Stone, K. (2014). *Looking at bullying and cyberbullying: mapping approaches and knowledge.* Scotland's Commissioner for children and Youth People (SCCYP). Edinburgh.

Thompson, F., Robinson, S., & Smith, P. K. (2012). *Cyberbullying in the UK: An evaluation of some intervention procedures*. Retrieved November. 15, 2014 from http://bullyingandcyber.net/media/cms_page_media/55/Thompson-Robinson-Smith.pdf.

UKCCI (2009). *Staying safe survey - findings for children's internet safety*. Synovate: Departement for Education.

Chapter 08 캐나다의 사이버불링 실태[1)]

21세기 들어 인터넷과 소셜미디어로 대표되는 사이버공간(cyberspace)은 우리의 일상생활에 큰 영향을 미치고 있다. 지난 20세기 말에 전화나 편지가 우리의 정치, 경제, 문화 등 사회 전반에 걸쳐 없어서는 안될 커뮤니케이션 도구였던 것과 마찬가지로 사이버공간은 최근들어 사람들의 생각과 행동을 결정하고 실행하는 데 핵심적인 요소로 작용하고 있다. 특히 인터넷상의 사이버공간과 달리 21세기 초반 급속히 발전되고 있는 소셜네트워킹사이트(SNS)와 스마트폰 등의 발전은 일반 시민들, 특히 10대와 20대 초반 청소년들의 일상을 지배하고 있다고 해도 과언이 아니다.

사이버 공간은 많은 사람들에게 실시간 정보를 제공하고, 자연재해 등과 같은 위기 시에 신속하게 사실을 전달함으로써 사회발전에 많은 기여를 하고 있다. 또 사이버공간은 지난 2011년 아랍국가들에서 발생한 민주화 운동에서 증명되었듯이, 민주주의를 실현하는 공론장(public sphere)으로서 그 역할을 확대하고 있다. 인터넷과 소셜미디어가 사회의 유익한 테크놀로지로서 그 위상을 드높이고 있는 가운데, 사이버 공간은 최근 들어 심각한 정도로 개인들의 프라이버시를 침해하고 있다. 특히 10대 청소년들에게는 사이버 공간이 동료 학생들을 집단 따돌림(불링)하는 새로운 장으로 변질되고 있다. 청소년들의 인터넷 사용에 이어, 페이스북, 카카오톡, 그리고 유튜브 등 소셜미디어와 스마트폰 사용이 늘면서 해당 공간에서 동료 학생들을 집단적으로 따돌리는 현상이 더욱 확대되고 있기 때문이다.

실제로, 많은 나라에서 사이버불링이 증가하고 있는 가운데, 정보통신분야 선진국 중 하나인 캐나다의 경우 전통적인 물리적 불링 현상은 서서히 감소하고 있는 반면, 사이버불링은 증가하고 있는 것으로 나타났다(Sherlock, 2014). 캐나다의 사이버불링 사례는 전 세계적으로 학문적으로나 실제적으로나 중요하게 살펴보아야 할 핵심 사례로 간주되고 있다. 캐나다는 다이얼 모뎀으로 인터넷을 사용하던 시기, 10대 청소년들 사이의 온라인 남용으로 인한 불링 현상이 두드러지는 현상을 파악하고 이를 전 세계에서 처음으로 사이버불링(Cyberbullying)라고 명명한 바 있기 때문이다. 캐나다는 또 사이버불링을 법으로 규제하려는 몇 개 국가 중 하나로서, 어느 나라보다 일찍 사이버불링 문제에 대한 관심을 기울여 왔다는 점에서 많은 학자들과 정부정책가들의 관심을 불러일으

1) 본 내용은 한국청소년정책연구원 2014년 고유과제 '청소년 사이버불링실태 및 대응방안 연구'의 캐나다 사례를 바탕으로 한 것임.

키고 있다(Offman 2013, F4).

본 장은 사이버불링에 대해 그 초창기부터 지속적으로 관심을 가져왔고 대처방안을 마련해 온 캐나다의 현상에 대해 논의하고자 한다. 우선 본 장은 캐나다의 사이버불링이 어떤 양상으로 전개되고 있는가에 대해 사례 중심으로 살펴보고, 캐나다에서는 어떤 방식으로 사이버불링에 대해 대처하고 있는가에 대해 심도 있는 담론을 제기하고자 한다. 캐나다에서의 사이버불링은 특히 지난 2012년 Amanda Todd라는 15세 여학생이 유튜브에 자신의 왕따 경험을 비디오 영상으로 만들어 올린 직후 자살하면서 해당 사건 직후 캐나다는 물론 미국 등 많은 나라에서 사이버불링에 대한 관심이 급증한 바 있다. 그리고 이들 국가들은 사이버불링 대처 방안 마련에 나서고 있어, 해당 사례를 중심으로 캐나다가 사이버불링을 어떻게 대처하고 있는지에 대한 실증적인 논의를 전개하고자 한다.

1. 사이버불링의 정의

1) 전통적인 물리적 왕따

학교에서 학생들간 불링 현상은 1970년대부터 학계에서 본격적으로 논의되기 시작했으며, Heinemann (1973, Smith et al. 2002 재인용)이 노르웨이에서 사용되는 말인 mobbning를 불링 현상으로 사용한 것이 그 시초로 알려져 있다. Mobbning은 특정한 학생에 대한 집단폭력을 일컫는 말로, 이는 영어의 mobbing처럼 특정한 학생에 대한 집단에 의해 자행되는 현상에 국한되어 사용되었다. 학교에서의 불링 현상은 그러나 점차로 학교내에서 강자가 약자를 체계적으로 일대일로 공격하는 현상까지 일컫는 말로 확대되었다(Olweus, 1993).

초창기 불링 현상에 대한 연구는 주로 신체적 폭력에 의한 불링과 특정한 학생에 대해 개인이나 집단이 직접적으로 언어적 폭력을 사용하는 것에 초점이 맞춰져 있었다. 그러나 불링은 이후 간접적인 언어 폭력을 포함하는 개념으로 확대되었다. 직접적인 물리적 공격이 신체적 폭력을 의미하고, 직접적인 언어폭력이 상대방의 이름을 가지고 놀리는 형태 등을 포함한 반면, 간접적인 불링은 특정 학생에 대해 나쁜 소문을 퍼뜨리거나, 해당 학생을 고의적으로 특정 집단에 포함시키지 않는 형태를 포함하고 있다 (Smith et al. 2002).

Olweus(1999)는 따라서 "불링은 주로 세 가지 기준에 의해 특징 지워지는 것으로, 이는 1) 공격적인 행태나 의도적인 위해, 2) 반복적이고도 지속적으로 행해지는 행위, 그리고 3) 파워의 불균형에 의해 특징지워지는 개인간 관계 내에서 벌어지는 행위"를 의미한다고 할 수 있다. 불링 행위는 물리적 접촉, 언어, 그리고 여타 행위 등에 의해 발생하는 부정적인 것으로, 상대방에게 나쁘고 위협적인 얼굴 표정을 짓거나 저속한 표정을 짓는 행위, 그리고 특정집단 가입을 고의적으로 거부하는 행위 등을 포함하는 것으로 볼 수 있다. 불링은 공격적인 행위의 하부구조로, 공격적인 행위는 의도적으로 타인을 위해하려는 행위로서 우연히 발생하는 행위를 포함하지 않는다고 정의할 수 있다(Smith et al. 2002). 전통적인 의미의 물리적 불링은 결국, 사이버 공간에서의 불링이 사회문제화되기 이전에 정립된 의미로,

신체적 가해와 언어적 가해를 포함, 특정인에 대해 오프라인상에서 따돌림을 시키는 제반 행위를 일컫는다.

2) 사이버불링

전통적인 물리적 불링과 마찬가지로 사이버불링 역시 하나로 통일된 정의는 아직까지 존재하지 않는다. 다만 현존하는 정의는 주로 두 가지 요소를 포함하고 있다. 하나는 물리적 불링의 특징을 수반하고 있는 것이며, 또 다른 하나는 불링이 일어나는 사이버 공간상의 특징을 반영한 것이다(Vandebosch and Cleemput, 2009). Patchin과 Hinduja(2006)는 우선 사이버불링을 전자텍스트라는 매체를 통해 의도적이고 반복적으로 지속되는 해악이라고 정의하고 있다. 사이버불링이 일어나는 전자장비에 대해서는 대부분 포괄적인 정의를 내리고 있다. Li(2008) 역시 사이버불링은 이메일, 휴대전화, PDA, 그리고 WWW 등과 같은 전자 커뮤니케이션 도구를 통해 일어나는 불링 현상으로 규정하였다. 그러나 전통적인 형태의 불링의 특징을 전자 커뮤니케이션 도구들에서 일어나는 불링으로 사용하기에는 여러 어려움이 따른 것도 사실이다. 전자 커뮤니케이션 도구들의 특징들 때문에 발생할 수 있는 불링 현상은 물리적 불링과는 다른 모습을 보이고 있기 때문이다. 이메일이나 텍스트 문자들은 발신자가 단지 유머러스하게 꾸민 정도일 수 있으나, 해당 내용이 여러 단계를 거쳐 전달되면서 왜곡될 수도 있다. 또한 물리적 불링은 파워의 불균형에 근거하며, 이러한 불균형은 신체적 강자와 약자의 경우로 나타날 수 있는데, 사이버 공간에서는 이러한 신체적 강약이 큰 의미가 없다(Vandebosch and Cleemput 2009). 따라서 Jordan(1999, 6)은 사이버상에서의 파워(cyber power)를 설명하면서, 사이버불링은 기술적 지식의 우월성 또는 전문성과 연계될 수 있다고 강조했다. 사이버 파워는 기술 네트워크 내에서 작용하는바, 기술적 전문성을 가진 집단이 사이버공간에서 파워를 향유한다는 것이다. Ybarra와 Mitchell (2004, Vandebosch and Cleemput 재인용)이 강조했듯, 온라인상에서는 자신들의 존재를 감출 수 있는데, 자신을 철저히 숨길 수 있는 능력이 사이버 공간상에서 우월적인 지위를 유지하고 다른 사람들을 괴롭힐 수 있는 근거가 될 수도 있다.

따라서 사이버불링은 인터넷이나 스마트폰 등을 사용하는 뉴미디어 테크놀로지의 차이는 있어도 물리적인 불링과 간접적인 불링으로 구분할 수 있다. 물리적인 왕따는 온라인상에서 고의적으로 바이러스에 감염된 파일을 보내는 경우, 인터넷과 스마트폰 등을 이용해서 위협적인 메시지를 보내는 경우, 특정인을 온라인 커뮤니티에서 배제하는 경우 등을 들 수 있다. 간접적인 왕따는 가십거리를 스마트폰이나 이메일 등을 통해 퍼뜨리는 행위 등을 들 수 있다. 즉, 이메일이나 카카오톡 등을 통해 잘못된 루머 등을 전파하는 행위등을 포함한다(Vandebosch and Cleemput, 2009). 사이버불링은 결국, 스마트폰, 컴퓨터, 태블릿, 그리고 소셜미디어와 텍스트 메시지를 전달하는 커뮤니케이션 도구 등 정보통신 기술을 사용해서 집단 따돌림을 실행하는 현상으로 볼 수 있다. 사이버불링은 악의적인 메시지나 이메일을 보내는 것으로부터, 소셜미디어를 이용해 특정인에게 해로운 사진, 비디오와 거짓 프로파일과 루머를 확산함으로써, 특정인을 고의적이고 악의적으로 위해하는 제반 행위로 간주할 수 있다.

2. 캐나다 청소년 사이버불링 실태

캐나다에서 사이버불링은 매우 심각한 청소년 문제로 등장한 지 오래다. 이미 앞에서 설명했듯이 캐나다는 사이버불링이라는 말을 가장 먼저 사용한 국가이며, 각종 법규로 사이버불링을 규제하고 있는 몇 개 선진국 중 하나이다. 그만큼 사이버불링에 대한 관심도 크고, 이에 대한 대책마련에 앞장서고 있다는 반증이기도 하다.

지난 2007년 캐나다의 Kids Help Phone(2008)이 캐나다 전역에 걸쳐 13세부터 15세 사이의 청소년 2,474명을 대상으로 조사한 결과, 응답자의 70%가 사이버불링을 경험했다고 답했다. Kids Help Phone은 캐나다에서 전역에서 불링에 대해 유일하게 무료로 전문 카운슬러의 상담을 받을 수 있는 단체로, 지난 1989년 설립되었으며, 익명으로 전화나 온라인 상담을 시행하고 있다. 또 응답자의 44%가 적어도 한 차례는 누군가를 사이버 공간에서 불링시킨 경험이 있다고 털어 놨다. 더 큰 문제는 많은 청소년들이 사이버공간이 개인적 공간이 아니라는 사실을 인지하지 못하고 있을 뿐더러, 사이버 공간상에서의 정보의 흐름을 통제하기가 불가능하거나 어렵다는 사실 역시 모르고 있다는 사실이다.

한편, 지난 2011년 Kids Help Phone(2012)이 같은 조사를 실시했을 때, 응답자의 65%가 적어도 한 차례씩은 사이버불링 대상이 됐었다고 밝혀, 사이버불링이 지속되고 있음을 알 수 있었다. 사이버불링은 특히 2007년 조사에 비해 페이스북 등 소셜네트워크사이트와 MSN 플랫폼에서 만연하고 있다는 사실이 새롭게 밝혀졌다. 청소년들이 주로 텍스트에 의존하는 이메일 대신, 음성전화에 근거한 텍스트 메시지를 주로 사용하면서 소셜미디어와 인터넷상에서의 텍스트 메시지 등이 주요한 사이버불링 도구로 등장했다는 것이다. 지난 2007년 조사에서는 사이버불링은 온라인상에서 다른 학생들에 대해 험담을 하거나, 루머를 퍼뜨리거나, 위협을 가해 불안에 떨게 하는 정도였었다. 이에 비해 2011년 조사에서는 위협과 루머확산 등이 기존의 사이버불링 형태에 더해, 불링 대상자들이 보고 싶어 하지 않는 사진이나 동영상을 소셜미디어상에 게재하거나 해당 이미지를 악의적으로 패러디해서 올리는 형태가 늘어난 것으로 나타났다.

사이버불링을 당하는 청소년들은 그러나 자신들이 사이버불링을 당했을 때 주로 친구들과 이야기한다(65%)는 비중이 학부모나 교사들에게 이야기한다는 비중보다 훨씬 높게 나타났으며, 15%는 아예 아무에게도 이야기하지 않는다고 답한 것으로 나타났다. 이보다 앞서 2010년에 토론토 지역 33개 학교에서 실시된 "중고등학생 사이의 사이버불링 행태"에 대한 연구에서도 응답자의 대다수가 사이버불링을 당한 사실을 누구에게도 알리지 않는다고 답한 바 있어(Mishna et al. 2010), 사이버불링을 당하고도 이를 제대로 대처하는 능력이 부족한 것으로 나타났다.

사이버불링은 따라서 캐나다 중고교 청소년들 사이에서 가장 중요한 사회문제로 인식되고 있다. 캐나다교사 연합회에 따르면, 이미 중고교 교사들 89%가 사이버불링과 학교폭력을 가장 심각한 청소년문제로 간주하고 있다. 문제의 심각성은 청소년들의 다수가 사이버불링을 제대로 이해하지 못하고, 이를 심각하게 생각하지 못하고 있다는 것이다. Shariff(2009)에 따르면, 적어도 60% 정도의 청소년들은 무해한 농담이나 장난과 유해한 위해와 프라이버시 침해, 그리고 지속적인 희롱을 구별해 내지 못하거나 이에 대해 무신경하게 대처한다. 따라서 캐나다에서 사이버불링은 캐나다 전체 청소년들을 대상으로 한 통계자료가 부족한데다, 사이버불링을 줄일 수 있는 효과적인 프로그램이나 전략이 부족하다는 데 문제가 있으며, 정부나 학계에서도 이러한 문제를 해결하기 위해 노력하고 있다.

3. 캐나다의 사이버불링 사례들과 교훈

1) Amanda Todd 사례

캐나다는 지난 2012년 10월 사이버불링으로 자살을 한 당시 15세 소녀인 Amanda Todd 사건 이후 사이버불링에 대해 학교와 정부차원의 대책이 마련되고 있다. Amanda Todd는 자살 몇 년 전인 12살 당시에 온라인 화상 채팅으로 만난 남성의 꼬드김으로 인해 자신의 가슴 부위를 노출한 적이 있었는데, 해당 남성은 이 영상을 캡쳐해 Amanda를 협박했다. 자신의 말을 듣지 않으면 해당 영상을 페이스북등에 게재해 퍼뜨리겠다고 했으나, Amanda가 이를 듣지 않자, 실제로 해당 사진을 페이스북 등을 통해 배포했다. Amanda는 이로 인해 친구들로부터 온라인과 오프라인상에서 불링을 당하게 되었다. Amanda는 이후 불링을 피하기 위해 캐나다 British Columbia(BC)주 내 여러 학교로 전학을 다녔으나, 학교를 옮길 때마다 과거 행적이 알려져 불링을 당하게 되었다.

마지막으로 BC주에 있는 Port Coquitlam시의 학교로 전학하게 된 Amanda는 2010년 9월에 유튜브에 My Story: struggling, bullying, suicide and self harm이라는 3분가량의 동영상을 올려 자신이 겪었던 상황을 자세히 설명했다. Amanda는 해당 영상에서 육성없이 자신이 불링이 된 전후사정들을 적은 카드를 한 장씩 보여주는 형식으로 자신이 온라인상에서 어떻게 고통을 받았는지, 왜 학교 가는 것을 두려워했는지, 그리고 그녀가 외톨이가 되었는지와 왜 자살을 생각하고 있는지 등을 설명하였다. 비디오의 마지막 부분에서 Amanda는, "나는 매일 내가 왜 아직 이곳에 있지? 나에겐 아무도 없다. 누군가가 필요해"라는 카드를 보여 줌으로써, 자신의 심경을 드러내기도 했다. Amanda는 또, 비디오 영상 마지막에 "나는 이 비디오를 관심을 끌기 위해서 게재하는 것이 아니다. 나는 단지 이 비디오가 내가 더욱 강해질 수 있는 영감을 스스로 얻기 위해 하는 것"이라고 설명하였다.

[사진 8-1] Amanda Todd의 비디오 영상 편지

Amanda는 그러나 유튜브에 동영상을 올린 후 5주 만에 자살로 생을 마감했다(Shaw and Culbert, 2012, 1). Amanda의 자살 당시 그녀가 유튜브에 올린 비디오 영상은 3,000여 명 정도만이 보았으며, 이를 보고도 Amanda를 적극적으로 도와주려는 움직임은 별로 없었으며, Amanda는 결국 자살이라는 극단적인 선택을 한 것이다.

Amanda 자살 직후부터 그러나, 해당 영상은 전 세계에서 수많은 사람들이 접속해 보게 되었으며, 2014년 7월말 현재 전 세계에서 3천만 명 이상이 원본을 비롯한 관련 영상을 본 것으로 나타났다. Amanda 자살 직후인 2012년 10월 19일 캐나다의 토론토에서는 30만 명의 학생과 교사들이 오전 11시를 기해 불링 피해자들을 기리는 침묵의 순간을 가지기도 했다(Moore and Woo, 2012, 5). 또 캐나다는 물론 미국 등 서구 여러 국가에서 사이버불링의 심각성을 재인식하게 되었으며, 사이버불링을 예방하고 이로 인한 자살 등을 방지하기 위해 여러 대안과 정책을 만들어 나가고 있다.

2) Todd Loik과 Rehtaeh Parsons 사례

캐나다에서는 2013년 9월에도 Todd Loik이라는 15세 남학생이 온라인과 오프라인상에서의 불링을 견디다 못해 또 다시 자살한 사건이 발생했다. Todd에 대한 불링은 무려 5년 전인 2008년 학교 운동장에서 시작되었으나, 곧 이어 온라인상으로 확대 되었다. 페이스북을 통한 따돌림이 지속되었고, 핸드폰으로 위협적이고도 입에 담기조차 어려운 언어폭력이 계속되었다. Todd는 5년간이나 지속된 학교 불링을 견디지 못하고 결국 자살로 생을 마감할 수밖에 없었다. Todd가 숨진 Saskatchewan주의 경찰은 그러나 2014년 1월 조사 결과를 발표하면서, "무려 16,000건의 텍스트 메시지, 영상물과 페이스북 메시지 등을 조사했으나, Todd를 죽음으로 몰고 갈 정도의 위협적인 메시지 등을 발견하지 못했다"며 "Todd의 죽음이 사이버불링과는 직접적인 관련이 없다"고 밝혀 큰 논란을 불러일으키기도 했다(Canadian Press, 2014).

캐나다 Nova Scotia주에서는 또 지난 2013년 4월, 17세 여학생이 사이버불링으로 인해 자살한 사건이 발생하기도 했다. Rehtaeh Parsons라는 여학생은 그녀가 자살을 기도하기 전 17개월 전에 한 파티장에서 술을 마신 후 4명의 남학생들에게 의해 성폭행을 당했는데, 가해자들은 성폭행 당시 찍은 사진을 학교 등에서 유포해, 많은 학생들이 Rehtaeh을 창녀라고 놀리는가 하면, 그녀의 Facebook 등을 통해 자신들과 섹스를 하자며 사이버불링을 단행, 결국 Rehtaeh를 자살로 이르게 했다. Rehtaeh의 자살은 Amanda Todd 사례와 유사하지만 실제적인 성폭행사건이 발생했고, 이후 성적 희롱을 담은 메시지와 비주얼 이미지를 소셜네트워크나 모바일폰으로 유포한다는 의미인 섹스팅(sexting)의 대표적인 사례로 여겨지고 있다. 섹스팅은 21세기 들어 생겨난 신조어로 섹스와 텍스트의 합성어인데, 텍스트를 보낼 때 가능한 한 비주얼 이미지와 함께 보낸다는 의미를 내포하고 있다(Edmond, 2010).

캐나다에서는 이상에서 설명한 대로 사이버불링이 만연하고 있는 가운데, 사이버불링과 기존의 전통적인 방식의 물리적 폭력과 맞물려 여러 10대 청소년들이 자살로 이어지는 경우까지 발생하고 있다. 소셜네트워킹사이트와 스마트폰의 사용 증가로 인한 사이버불링이 전통적인 방식의 물리적 불링보다 증가하는 추세를 보이고 있고, 물리적 폭력과 사이버불링이 함께 진행되면서 피해를 입은 청소년들이 자살이라는 극단적인 선택을 하는 경우가 종종 발생하고 있는 것이다. 따라서 캐나다에서는 이들 주요 사이버불링 사건 이후, 사이버불링은 물론 불링 전체를 주요한 청소년 문제로 인식하고 법률제정과 교육기회 확대 등을 통해 해결하려는 움직임을 보여주고 있다.

4. 캐나다 정부의 사이버불링 대책

캐나다는 Amanda와 Rehtaeh 등의 자살을 전후로 집중적으로 사이버불링에 대한 대책을 내놓고 있다. 캐나다의 사이버불링 대책은 민간차원의 대책과, 정부차원의 대책, 그리고 교육을 통한 예방책 등이 그 핵심이다. 우선 민간차원의 대책으로, Amanda 등의 자살 이후 비영리단체인 Red Hood Project가 설립됐다. 청소년들을 위해 소셜미디어를 안전한 공간으로 만들어 나가기 위해 시작된 해당 프로젝트는 인터넷 웹사이트, 페이스북과 트위터 페이지 등을 통해 사이버불링의 부당성을 알리고 해당 소셜미디어 회사들에게도 적절한 대책을 만들어 줄 것을 호소하고 있다. 실제로 Red Hood Project는 페이스북이 회사 차원에서 사이버불링이 불가능하도록 안전장치를 만들어 줄 것을 당부하고 있다 (Aheam, 2012).

정부차원의 대책은 지방정부 차원과 연방청부 차원에서 각각 마련되고 있다. 우선 Amanda의 연고지인 British Columbia 주 정부는 Amanda 자살 직후 Erase Bullying Strategy라는 프로그램을 마련했다. 해당 프로그램은 교육자들과 커뮤니티 관계자들을 위한 교육 프로그램을 포함하고 있으며, 해당 프로그램의 웹사이트를 통해 청소년들이 익명으로 불링과 학교 안전문제 등에 관해 보고할 수 있도록 하고 있다. 해당 프로그램을 통해 2012년 말부터 2014년 3월말까지 350건의 불링 사례가 보고되었고, 이중 319건을 해결한 것으로 나타났다. 해당 프로그램은 특히 여학생들의 참여가 두드러진 것으로 나타났으며, 보고된 사례 중 언어폭력이 27%이었으며, 사이버불링은 17%를 차지했다(Sherlock, 2014). 또 Rehtach의 고향인 Nova Scotia주 정부 역시 최근에 Cyber-safety Act를 제정, 주 정부 차원의 사이버 불링 대책을 마련한 바 있다.

한편 캐나다 연방정부는 Amanda Todd는 물론 Rehtaeh Parsons와 Todd Loik 등 청소년들이 잇따라 사이버불링으로 인해 자살한 직후 범정부 차원의 대책을 마련하기 시작했다. 캐나다의 Harper 수상은 지난 2013년 10월 행한 연설에서 "캐나다 정부는 경찰과 검찰에 프라이버시를 침해하거나, 사이버상에서 특정인에 대한 위해를 행하는 등의 사이버 범죄를 효과적으로 대응할 수 있도록 하는 새로운 법안을 만들겠다"고 선언했다(Offman, 2014). 캐나다 의회는 이에 따라, 2013년 11월 사이버불링에 효과적으로 대처하기 위해 Bill C-13을 제정했다. 해당 법률은 위협적인 이미지를 상대방의 동의없이 배포하는 행위와 텔레커뮤니케이션을 도구로 행해지는 사이버불링 행위를 경찰이 효과적으로 대응하기 위한 것이다. 캐나다 정부는 그러나 2014년 6월 현재, 해당 법령을 강화, 경찰이 사이버불링 행위를 방지하기 위해 사이버불링 가해자들의 데이터를 추적하기 위해 컴퓨터, 모바일 기기, 그리고 자동차에 대해 원거리에서 해킹해 추적할 수 있는 권한을 부여하는 방안으로 수정하고 있다. 법령이 통과되면 경찰은 사이버불링 가해자라고 추정되는 사람들의 전자장치에 바이러스 등을 설치할 수도 있을 것으로 전망되고 있다. 현재는 경찰이 가해자라고 판단되는 사람들의 데이터를 얻고자 할 경우, 모바일이나 랩탑 컴퓨터 등을 수사하기 위해 영장을 발부 받아야 한다(Ling, 2014).

그러나 정부가 마련하고 있는 해당 법규들은 사이버불링을 지나치게 광범위하게 규정, 상대방을 괴롭힐 수 있는 전화통화까지를 포함하고 있어 문제점으로 지적되고 있다(Globe and Mail, 2014). 일부 학부모와 범죄수사 전문가들은 "반 사이버불링 규제가 지나치면 온라인상에서의 시민들의 자유를 침해할 수도 있다"고 밝히고 있다. 특히 일부에서는 법제정을 통한 규제보다는 교육을 통한 예방이 더욱 효과적으로 사이버불링을 줄일 수 있다고 주장하기도 한다. 캐나다 Safe School Network의 Stu Auty 회장은 "학교들이 불링-자유 지역들을 더 확대해야 하며, 학생들이 어떻게 건강한 관계를 발전시킬 수 있는가에 대한 교육프로그램을 늘리는 것이 더욱 중요하다"고 강조했다(Mahoney, 2013). Jessica Meredith(2010) 역시 페이스북과 같은 소셜미디어가 10대 청소년들 사이에 사이버불링을 단행하는 새로운 사이버 공간으로 등장하고 있다며, 교육을 통해 사이버불링을 예방하는 것이 법규제정을 통해 사이버불링을 제어하는 것보다 효과적이라고 강조했다. 교육을 통한 예방은 사이버불링 관련 법규를 통해 가해자들을 지나칠 정도로 범죄화하는 현상을 막을 수 있을 뿐만 아니라, 표현의 자유를 저해하지도 않기 때문이다. 교육을 통해 사이버불링에 대한 심각성을 일깨워주고 이와 관련된 폐해를 청소년들이 일깨우게 함으로써, 청소년들이 스스로 사이버불링을 회피하고 대처할 수 있도록 하는 것이 최선이라는 것이다.

5. 정리하기

캐나다는 소셜미디어의 급성장과 스마트폰의 일상화로 인해 사이버불링이 급속도로 증가, 심각한 청소년문제로 대두되고 있다. 특히 사이버불링은 청소년들의 물리적 폭력과 맞물리면서, 불링을 당한 청소년들이 자살이라는 극단적인 선택을 하고 있어, 그 심각성이 더해지고 있다. 사이버불링이 물리적 폭력과 달리, 익명성이 보장되고 실시간 접속이 가능한 인터넷과 소셜미디어 공간에서 발생한다는 점에서 이에 대한 대처가 쉽지 않기 때문이다.

실제로, 21세기 초반 불링은 10년 전과는 그 양상이 많이 다르다고 할 수 있다. 청소년들의 일생생활에서 소셜미디어가 불링을 위한 새로운 사이버 공간을 창조하고 있기 때문이다. 소셜미디어상의 불링은 청소년들이 학교와 도시를 바꾼다고 해도 해결되지 않는 전혀 새로운 차원의 사회문제로 등장한 것이다. Kids Help Phone이 Amanda Todd의 자살 직후 일주일 동안 캐나다 전역에서 받은 5,000통의 전화와 이메일에 따르면, “많은 청소년들, 특히 여학생들은 사이버불링이 우울증, 자긍심 상실, 섭식장애와 자살충동을 야기한다”고 밝히고 있다(Leung and Bascaramurty, 2012).

소셜미디어 시대 사이버불링에 대한 견해는 전문가마다 다소 차이는 있으나, 소셜미디어 시대에 사이버불링을 방지하기 위해서 SNS 등을 아예 사용하지 말라고 하는 충고는 사실상 가능한 방안이 아니라는 것이 전문가들의 일치된 견해이다. 소셜미디어가 청소년들에게 미치는 영향력이 절대적인 상황에서, 소셜미디어로부터 자유로울 수 없기 때문이다. 사이버불링 방지 전문가인 Molly Burke는 이와 관련, “사이버불링으로부터 도망가기보다는 청소년들이 신뢰할 만한 사람들에게 도움을 요청하는 것이 필요하다”며, “학교를 바꾸고 새로운 소셜미디어 계정을 만드는 것이 문제를 해결하기보다는 문제를 더욱 악화시킬 수 있다”고 강조했다. 특히 SNS에서 잘 알지 못하는 사람들을 친구로 받아들이지 말고, 감정적인 내용을 포스트하지 않는 것도 중요하다고 조언했다(Kielburger and Kielburger 2012).

고등학교 시절 사이버불링으로 인해 오랫동안 고통을 받아 왔다는 Lindsey Belaire는 “고등학교 시절 불링 경험이 졸업 후 5년이 지난 지금도 나를 괴롭히고 있다”며, “10대 여학생들은 사이버불링을 당할 경우 반드시 누군가에게 이를 알리고 해결책을 모색하는 것이 중요하다”고 강조했다. 교장선생님이나 카운슬러 등에게 지속적으로 이야기해야 하며, 이를 통해 해결되지 않을 경우 경찰에 알리는 등 사이버불링으로 인한 피해를 없애려는 노력을 해야 한다는 것이다(Leung and Bascaramurty, 2012).

한편, 전문가들은 부모들의 관심이 사이버불링으로 인한 피해를 줄이는 길이라고 강조하고 있다. 지난 2005년 서베이 조사를 토대로 한 연구에서 Vandebosch와 Cleemput(2009)는 학부모들이 자녀들의 인터넷 사용에 있어 적게 관여할수록 자녀들이 사이버불링 피해자가 될 가능성이 높다는 결론을 도출한 바 있다. 따라서 청소년들의 인터넷 사용에 부모들이 함께 참여하는 것이 사이버불링을 방지할 수 있는 논리적인 방법이라고 지적했다. 소셜미디어 시대 역시, 부모들의 관심과 학교 안팎에서의 체계적인 교육이 사이버불링을 예방하고, 치료하는 지름길이 될 수 있다. 소셜미디어가 청소년들의 문화, 특히 참여문화를 바꾸고 있는 가운데, 소셜미디어의 부작용의 하나인 사이버불링은 결국 소셜미디어에 대한 이해증진, 소셜미디어 회사들의 체계적이고 안심할 수 있는 온라인 시스템 구축, 적극적이고 예방적인 교육실시와 정부차원의 적절한 정책이 함께 마련되어 피해를 최소화하는 것이 필요하다고 할 수 있다.

참고문헌

Aheam, V. (2012). Raffi aims to rescue kids from Internet's cyber-wolves: suicide of Amanda Todd inspired creation of Red Hood Project. *The Canadian Press*. 1 December.

Canada Teachers' Federation (2008). Cyberbullying-professional knowledge on key issues affecting education. http://www.ctf-fce.ca/en/Pages/Issues/Cyberbullying.aspx

Edmond, T. (2010). Ringwood Community Addresses Sexting. NorthJersey.com. 22 February. http://www.northjersey.com/news/education/parents-students-get-the-4-1-1-on-sexting-1.974685

Jordan, T. (1999). *Cyberpower: the culture and politics of cyberspace and the Internet*. London: Routledge.

Kielburger, C., & Kielburger, M. (2012). How do we end cyber-bullying. *The Globe and Mail*. 19 October, L6.

Knightonm, L. et al., (2012). Cyberbullying Reality Check.

Leung, W., & Bascaramurty, D. (2012). Social Media created a new environment
in which bullying is extremely difficult to contain. *The Globe and Mail*. 13 October, A13.

Li, Q. (2008). Cyberbulling in Schools: an examination of preservice teachers' perception. *Canadian Journal of Learning and Technology 4*(2): 75-90.

Lines, E. (2007). Cyberbullying: Our Kids' New Reality.

Ling, J. (2014). Cyberbullying law would let police remotely hack into computers, mobile devices, or cars. National Post, 10 June.

Mahoney, J. (2013). Better education can combat cyber-bullying, not legislation, expert says. *The Globe and Mail*. 26 September.

Meredith, J. (2010). *Federal Communication Law Journal 63*(1): 311-340.

Mishna, F. et al., (2010). Cyber Bullying Behaviors Among Middle and High School Students. *American Journal of Orthopsychiatry 80*(3): 362-374.

Offman, C. (2013). The problem with cyberbulling. *The Globe and Mail*, 19 October F4.

Olweus, D. (1999). Sweden, in Catalano, R. P. Smith, Y. Morita, J. Junger-Tas, D. Olweus, and P. Slee (eds.). *The Nature of School Bullying: a Cross-national Perspective*, 7 - 27. London: Routledge.

Olweus, D. (1993). *Bullying at School: What we know and what we can do*. Malden, MA: Blackwell.

Patchin, J. W. & Hinduja, S. (2006). Bullies move beyond the schoolyard: A preliminary look at cyberbullying. *Youth Violence and Juvenile Justice 4*(2): 148-169.

Shariff, S., & Andrew H. Churchill. (2009). *Truths and Myths of Cyberbullying*. New York: Peter Lang Publishing.

Shaw, G., & Culbert, L. (2012). Driven to death by cyber-bullying. *The Vancouver Sun*. 12 October, 1.

Sherlock, T. (2014). B. C. website gets 350 bullying reports: of those companints, 319 have been resolved, education ministry says. *The Vancouver Sun*, 2 April,1.

Smith P. K., Cowie, H., Olafsson, R., & Liefooghe, A. (2002). Definitions of Bullying: a comparison of terms used, and age and gender differences, in a fourteen-country international comparison. *Child Development 73*(4): 1119-1133.

The Canadian Press (2014). Todd Loik Suicide: RCMP In Saskatchewan Say No Evidence Of Bullying In Teen's Death. 7 January.

The Globe and Mail (2014). Cyberbullying/ Nova Scotia. 18 February, A12. Vandebosch, H. and K. V. Cleemput (2009). Cyberbullying among youngsters: profiles of bullies and victims. *New Media and Society 11*(8): 1349-1371.

Part 3

사이버불링 예방

사이버불링 예방을 위해서는 무엇보다도 다양한 차원의 노력이 필요하다. 3부에서는 교육적 차원, 기술적 차원, 법·제도적 차원에서 사이버불링을 예방하기 위해 무엇이 필요한지 다룬다. 9장은 사이버불링을 예방하기 위한 교육의 필요성을 강조한다. 즉, 학생들이 사이버불링의 피해자나 가해자가 되지 않을 수 있도록 가르치고자 하는 교육적 대응의 이상적인 체계와 그런 교육에서 무엇을 어떻게 강조해서 가르쳐야 할 것인지에 관한 방법론을 알아보고 있다. 10장은 사이버불링을 위한 기술적 대처 방안으로 사용자 관점에서 기술적으로 직접 조치하는 방안과 시스템을 이용해 유해 정보들을 자동으로 차단하는 방법에 대해 살펴보고 있다. 11장은 현행 사이버불링 관련 법률의 한계점을 지적하고, 이에 대한 개선책 및 대안을 제시하고 있다.

Chapter 09

임상수

사이버불링 예방교육

본 장의 핵심주제는 불링 중에서도 더 범위를 좁힌 '사이버불링'에 대한 교육적 대응이다. 사이버불링이란 불링을 하는 과정에서 인터넷이나 휴대전화 등의 정보통신기기가 주요 매개체가 되는 경우를 지칭한다. 굳이 이런 좁은 범주를 따로 강조하는 이유는, 같은 사람에게 같은 내용으로 모욕을 가해서 불링을 했다 할지라도 인터넷 게시판이나 휴대전화 메신저 등을 사용했다고 하면 그 처벌의 정도가 2~3배가량 더 강해지기 쉽기 때문이다. 그 결과 상식적인 법 감정으로 이해하기 어려울 정도의 중한 처벌이 사이버불링 가해자에게 내려지는 경우도 많다. 이러한 가중처벌의 근거나 정당성에 대해 깊이 있게 생각해 보고, 학생들이 사이버불링의 피해자나 가해자가 되지 않을 수 있도록 가르치고자 하는 교육적 대응의 이상적인 체계와 그런 교육에서 무엇을 어떻게 강조해서 가르쳐야 할 것인지에 관한 방법론을 알아보고자 한다.

1. 학교폭력과 사이버불링

폭력에 대한 정의 중에서 널리 통용되는 것으로서 국제정치학자 요하네스 갈퉁(Galtung)이 주장한 내용이 있다. 간단히 말하자면 하고 싶은 대로 하지 못하게 방해하는 모든 형태의 압력은 다 폭력이라는 말로 정리된다. 타인의 자유와 의사를 방해하거나 금지시키는 억압적 행동뿐만 아니라, 비아냥거림이나 무시와 같은 정서적인 형태의 압력도 폭력의 범주 안에 포함되는 것으로 인정되고 있다.

이처럼 추상적이고 포괄적인 개념의 폭력 중에서 학교가 중요한 이해당사자가 되고 피해자가 학생인 경우를 따로 한정하여 '학교폭력(school violence)'이라고 부른다. 이는 대부분 객관적인 피해가 남는 폭력을 의미하는데, 총이나 칼을 사용했다거나, 전치 몇 주 혹은 후유장애 몇 급 등의 물리적 피해 증거가 명백한 심각한 폭력이 주를 이루는 것으로 이해할 수 있다.

객관적이고 물리적인 피해의 흔적이 남지 않거나 경미해 보이는 다른 형태의 폭력들이 학교에서는 많다. 예를 들자면 협박, 따돌림, 갈취, 모욕, 강제적 심부름 등의 다양한 사례들이다. 이처럼 사소해 보일 수도 있는 폭력적 행위가 특정인을 대상으로 지속적이고 반복적으로 가해질 때 이러한 폭력행위들을 한국 이외의 다른 나라들 대부분에서는 '불링(bullying)'이라는 명칭을 따로 사용해서 구분하고 있다. 불링은 피해자가 심각한 피해를 입었다고 호소하지만 가해자나 다른 사람들의 눈에는 사소한 것으로 비치는 경우도 많다. 이런 의미에서 객관적 폭력으로서의 학교폭력과 구분하여 불링을 주관적 폭력으로 이해할 수도 있다.

그런데 한국의 「학교폭력법」에서 객관적 폭력으로서의 학교폭력뿐만 아니라 주관적 폭력에 가까운 불링의 여러 유형들까지를 모두 포함해서 학교폭력이라는 하나의 범주로 묶어서 규정하고 있다. 그 결과, 다른 나라의 학자나 행정관료들과의 통계수치 해석이나 의사소통 과정에서 웃지 못할 오해나 착각이 발생하기도 한다.

먼저 유사 개념들에 대한 범주적 구분이 필요하겠지만 제1장에서 개념에 대한 자세한 논의가 이루어졌기 때문에 이에 대한 논의는 생략하고자 한다. 본장에서는 사이버불링, 사이버 모욕, 사이버 명예훼손, 사이버 성희롱, 사이버 스토킹, 사이버 음란물을 포괄하는 큰 범주의 사이버 폭력 중에서 주로 학교 폭력과 관련된 것으로 범위를 좁혀서 '사이버불링' 혹은 '사이버 따돌림'만을 논의 대상으로 삼고자 한다. 또한 사이버 따돌림이라는 우리나라의 공식적 법률 용어보다는 사이버불링이라는 표현을 주로 사용하고자 한다. 비록 법률상의 개념 규정에서 양자 간에 사소한 차이가 있기는 하지만, 불링이라는 낯선 표현의 외국어를 익숙한 것으로 대치한 것일 뿐이어서 사실상 같은 범주라고 볼 수 있기 때문이다. 그러나 실제로는 한국을 제외한 세계 대부분의 국가에서는 우리가 말하는 학교 폭력의 대부분 사례를 '불링'으로 칭하고 있으며, 불링의 하위 영역의 하나이지만 사이버불링이 차지하는 비중과 빈도가 크게 증대되고 있어 가장 주목받고 있는 뜨거운 이슈이기도 하다는 점에 주목할 필요가 있다.

모욕, 명예훼손, 성희롱, 스토킹, 음란물은 모두 현실 공간에서 법률에 의해 이미 범죄로 규정된 행위들이다. 이들이 정보통신기술을 매개로 하거나 사이버 공간에서 일어나는 경우에 사이버라는 접두어를 붙이면서 별도의 명칭으로 부르는 까닭은 주로 처벌의 경중을 달리할 필요성 때문이다. 같은 사람에 대해서 같은 내용의 말을 해서 그 사람의 명예를 훼손했다 할지라도 그 행위가 정보통신망을 통해 이루어졌을 때에는 그렇지 않은 경우에 비해 몇 배 강한 처벌을 받도록 법률에 규정하고 있다. 일반 명예훼손보다 사이버 명예훼손이 더 큰 처벌을 받게 되지만, 사이버라는 접두어가 붙었다고 해서 무조건적으로 더 가중처벌을 자동적으로 받는 것은 아니다. 일반 범죄에 비해 사이버 범죄가 더 큰 폐해를 남겼음이 명백하게 인정되는 경우에 한해서 가중처벌이 이루어지는 것이다. 스토킹 같은 경우는 물리적인 침입과 권익 침해가 일어나는 현실 공간에서의 스토킹에 비해 사이버 공간에서의 스토킹이 더 약한 처벌을 받는 경우도 있고 더 강한 처벌을 받는 경우도 있다.

정보사회 초창기에는 사이버 명예훼손, 사이버 성희롱, 사이버 스토킹 등의 신종 범죄행위에 대해 그것을 단죄해야 하느냐 말아야 하느냐, 단죄한다면 형량을 어떻게 정하는 것이 옳으냐 등에 관해 많은 관심들이 모아졌다. 그러나 차츰 이들 행위의 본질이 달라진 것이 아니라 양태만 변했을 뿐이라는 점이 분명해지고 있다. 사실 사이버불링 역시 이전에 없던 새로운 양식의 폭력이 등장한 것이라기보다는 전통적으로 있어왔던 폭력 행위가 정보통신망과 사이버 공간을 매개로 삼게 되면서 좀 더 복잡해지고 위험성이 커진 것으로 보아야 할 것이다.

모욕을 비롯한 전통적 범주들이 의도적이고 일회적인 범죄행위인 것에 반해, 불링의 폭력은 의도적이고 지속적으로 반복해서 일어나는 행위들을 포괄한다는 점에서 차이가 있다. 또한 사이버불링의 구체적 양상에는 사이버 모욕, 사이버 명예훼손, 사이버 성희롱, 사이버 음란물 등의 폭력 행위들이 총망라되는 경향이 나타나고 있기 때문에, 본고에서 앞으로의 논의는 주로 사이버불링이라는 용어를 사용하여 전개하고자 한다.

미국과 캐나다를 중심으로 한 학자들은 '사이버불링'이라는 개념을 사용하고 있고, 일본에서도 사이버불링이라는 표현을 그대로 받아들여 사용하고 있다. 우리나라에서는 학문 분야와 관련 부처에 따라 제각기 다른 용어를 규정해서 사용하는 용어상의 혼란 양상이 심각하다. 정보윤리와 상담 및 교육 관련 학계에서는 주로 사이버불링을 많이 사용해 왔고, 행정자치부와 방송통신위원회와 정보통신이론 및 법률 관련 학계 쪽에서는 사이버 폭력이라는 표현을 더 많이 사용했으며, 교육부와 학교 쪽에서는 '사이버 불링'이라는 표현을 많이 사용해 왔다.

그러던 차에 2012년 3월에 「학교폭력예방 및 대책에 관한 법률」(이하 학교폭력법)이 개정되면서 갑작스럽게 '사이버 따돌림'이라는 개념이 법률상의 용어로 새롭게 도입되었다. 학생들이 경험하는 것으로 범위를 한정한다 할지라도, 사이버 따돌림은 사이버불링에 비해 일어나는 사이버 폭력의 모든 양상과 속성을 담기에는 다소 좁은 개념일 수 있으므로, 앞으로도 당분간은 용어상의 혼란과 혼용이 계속될 것으로 전망된다.

학교를 비롯한 사회집단에서 일상적으로 나타나는 폭력 행위 중 특별히 일회적이 아닌 지속적 폭력을 지칭하는 불링(bullying)이라는 개념은 "특정인이나 다른 사람들을 해할 목적으로 개인이나 집단이 의도적이고 지속적으로 행하는 괴롭힘 행위"라고 규정된다.(Anderson & Sturm, 2007, 1) 미국 사회에서 '학교폭력'(school violence)이라 할 때 떠올리게 되는 이미지는 총기 살인이나 집단 린치와 같은 강렬한 물리적 폭력이 주를 이루고, 불링이라 할 때 떠올리는 이미지는 툭툭 치고 건드리면서 모욕적인 별명을 부르고 공개적으로 망신을 주는 등의 장기적인 괴롭힘인 것이다.

미국의 불링 규정은 '개인이나 집단이 특정인을 대상으로 행하는 행위'라고 규정한 부분에서 한국의 학교폭력법에서 제시된 '사이버 따돌림'과는 다소 차이가 있다. 우리의 사이버 따돌림에 대한 법률상의 개념 정의는 「학교폭력법」 제2조에서 3단계로 이루어지고 있는데, 먼저 제2조 1항에서 '학교 폭력'의 양상 중 하나로 '따돌림'과 '사이버 따돌림'이 포함되어 제시된다. 다음으로 제2조 1의 2항에서 "따돌림이란 학교 내외에서 2명 이상의 학생들이 특정인이나 특정집단의 학생들을 대상으로 지속적이거나 반복적으로 신체적 또는 심리적 공격을 가하여 상대방이 고통을 느끼도록 하는 일체의 행위를 말한다"라고 규정하고 있다. 최종적으로 제2조 1의 3항에서 "사이버 따돌림이란 인터넷, 휴대전화 등 정보통신기기를 이용하여 학생들이 특정 학생들을 대상으로 지속적, 반복적으로 심리적 공격을 가하거나, 특정 학생과 관련된 개인 정보 또는 허위사실을 유포하여 상대방이 고통을 느끼도록 하는 일체의 행위를 말한다"라고 정보통신기기 사용과 지속적이고 반복적인 행위라는 점을 강조하고 있다.(법률 11388호 「학교폭력 예방 및 대책에 관한 법률」, 제2조) 가해자와 피해자의 관계를 일대일, 일대다, 다대일, 다대다를 모두 인정하는 미국의 정의와는 달리, 우리나라의 법률상 정의는 특히 가해자 규정 면에서 '2명 이상의 학생'이거나 '학생들이'라고 특정함으로써 가해자 집단 대 피해자 개인 혹은 가해자 집단 대 피해자 집단 간의 적대적 행위만으로 개념의 적용 범위를 한정하고 있는 것이다. 일대일의 지속적 괴롭힘의 양상을 배제하고 있다는 문제점은 앞으로 개정이 필요한 부분이라고 생각된다.

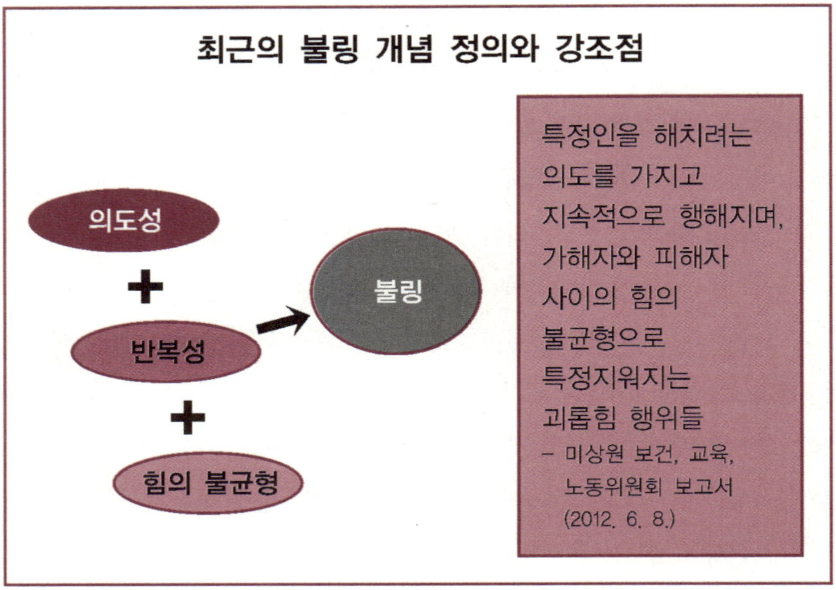

[그림 9-1] 최근의 불링 개념 정의와 강조점

최근 들어서는 주요 당사자들 사이에 '힘의 불균형 관계'가 있을 때에 범죄로서의 불링이 이루어진다는 제한조건을 하나 추가할 것인가 말 것인가를 둘러싸고 논쟁이 벌어지고 있다. 성폭력과 구별되는 성희롱에서 양 당사자들 사이에 고용이나 권력관계 등의 힘의 불균형이 존재할 때에는 더 엄격하게 기준을 적용해야 한다는 논리를 학교 폭력과 불링 문제에도 도입하려는 시도라 볼 수 있다. 그러나 성희롱 문제에서 당사자들 간의 '힘의 불균형'을 특별히 강조하는 까닭은 지위와 권력을 악용한 범죄에 대해 더 단호한 처벌을 강화하자는 의도인 데 반해, 학교에서 일어나는 불링 문제에 있어서는 당사자들 간에 객관적으로 인정할 만한 힘의 불균형 관계가 성립하기도 쉽지 않다. 오히려 힘의 불균형이라는 단서 조항이 명백하게 존재하는 불링 상황을 부정하는 빌미로 악용될 가능성도 있다는 점에서 이를 추가하는 문제는 그리 쉽게 결정할 일이 아니라 생각된다.

2. 사이버불링에 대한 교육적 대응의 필요성

사이버불링(Cyberbullying)은 이메일, 메신저, SNS, 휴대전화, 인터넷 게시판과 동호회 등의 "정보통신기술과 사이버 공간을 매개로 하여 행해지는 불링 행위"라고 규정된다. 그러나 불링이라는 개념 자체가 여러 가지의 행위 유형을 두루 포괄하는 중층적인 것이기 때문에, 사이버불링의 개념을 보다 정확히 파악하기 위해서는 불링 개념이 규정되어 온 과정을 알아보는 것어 필요하다.

불링의 유형을 크게 구별할 때에 "① 언어적 불링, ② 비언어적 불링, ③ 신체적 불링, ④ 관계적 불링, ⑤ 사이버불링"으로 나눌 수 있다. 실제로 미국 사회에서 반불링 법안이나 반불링 정책을 수립하는 과정에서 이 다섯 가지의 유형은 처음의 단순한 정의에 하나씩 차례대로 더해지는 과정을 거쳤는데, 여기에서 우리는 불링의 행위 유형이 점차로 정교해지는 동시에 은밀해지는 과정을 관찰할 수 있다.

---

① **언어적 불링**: 거친 욕설, 비하 발언, 원하지 않는 별칭 등을 통해 지속적으로 피해자를 괴롭히는 유형
② **비언어적 불링**: 직접 말로 하지는 않으면서 싸늘한 표정, 비웃음, 외면 등을 통해 지속적으로 피해자를 괴롭히는 유형
③ **신체적 불링**: 직접 신체적 위해를 가하는 것으로서 툭툭 건드리는 수준에서부터 심각한 집단 폭력에 이르기까지 다양한 수준의 폭력이 일상화되는 유형
④ **관계적 불링**: 피해자와 친한 사람들에게 협박을 가하거나 회유하는 등의 방법을 동원해 피해자의 인간관계를 모두 단절시켜 사회적 고립을 야기하는 유형임. 비언어적 불링과 관계적 불링을 합쳐서 '심리적 불링'이라고 부르는 경우도 있음
⑤ **사이버불링**: 언어적, 비언어적, 관계적 불링 등이 정보통신기술과 사이버 공간을 매개로 하여 이루어지는 경우를 지칭하는 불링의 새로운 유형

대놓고 말로 하는 언어폭력보다 싸늘한 눈길과 멸시의 표정이 더 피해 학생의 자존감을 무너뜨리기 쉽다. 표시나지 않게 툭툭 건드리고 볼펜으로 등을 찌르는 등의 지속적인 괴롭힘은 피해자의 자제력을 무너뜨린다. 가까운 친구들이 모두 등을 돌리고 혼자 고립된 채 견뎌내야만 하는 학교 생활은 피해자의 자신감을 약화시킨다. 여기에 사이버불링이 더해지면, 이제는 학교에 있는 시간만이 괴로운 시간이 아니게 된다. 24시간 어디에 있든지 간에 수시로 휴대전화나 메신저를 통해

욕설과 괴롭힘의 요구가 날아오게 된다. 인터넷과 스마트폰은 가해자들이 피해자를 괴롭히고 감시하는 도구로 기능하기 쉽다. 새벽 2시에 "담배 두 갑 사서 동네 놀이터로 15분 이내에 날라 와라! 못본 척하거나 무시하면 내일 각오해야 하는 거 알지?"라는 식의 메시지가 날아오기 때문에 피해자는 집에서조차 긴장을 늦출 수가 없게 되는 것이다.

반불링 법규에 가장 최근 추가된 다섯 번째 새 범주인 사이버불링이 미국 교육당국자들의 비상한 관심을 모으고 있는데, 학교의 복도와 운동장 및 교실에서 행해지던 거친 용어와 신체적 접촉 등의 괴롭힘들이 급격히 사라지고 있는 대신에 휴대전화와 홈페이지, 블로그, 트위터 등의 매체를 통한 괴롭힘들이 크게 늘어나고 있기 때문이라 한다(Dave Aeikens, 2010). 반사이버불링 법안을 연방법으로 제정하고자 하는 시도를 두 차례나 주도했던 미국 민주당의 산체스 의원은 사이버불링에 대한 대응이 시급한 까닭을 설명하면서, "불링이 이제 전자 공간으로 옮겨갔으며, 이는 아이들이 하루 중 어느 시간대에든 불링에 시달리게 된 것이고 심지어 집안에서까지 괴로움을 당하게 된 것이다"라고 표현한 바 있다(David Kravets, 2009).

사이버불링의 구체적 유형을 매개 수단별로 다양하게 구분해 볼 수 있다. 대개 문자메시지, 사진, 동영상, 보이스메일, 채팅방, 블로그, 동호회, SNS, 온라인 게임 공간 등의 다양한 유형들을 구분하곤 하지만, 정보통신기술의 발전에 따라 새로운 서비스 유형이 등장할 때마다 새로운 형태의 불링이 일어나므로 유형별 특성을 반영한 처벌 규정이나 대응 수칙 제정을 꾸준히 업데이트하기에는 어려움이 있다.

또한 사이버불링의 유형을 구체적 폭력 행위의 내용에 따라 구분하는 방법도 생각해 볼 수 있지만, 이는 특별한 의미를 갖기 어렵다고 생각된다. 메신저나 SNS 서비스, 인터넷 동호회 등의 수단과 장소는 달라지지만, 그 속에서 일어나는 폭력 행위의 구체적 내용을 분석해 보면 다시금 모욕, 명예훼손, 성희롱 등의 범주들로 돌아가게 되기 때문이다. 거짓 정보를 의도적으로 유포하여 피해자의 명예를 훼손하는 행위, 원치 않는 음란물을 억지로 보게 하는 행위, 외모나 신체적 특징 등을 소재로 삼아 성적 수치심을 자극하는 성희롱 행위 등은 그 자체만으로도 명백한 폭력 범죄이다. 이런 행위들을 정보통신망을 통해 하면 사이버 폭력 범죄가 되고,

특정인을 대상으로 의도적이고 지속적으로 반복해서 저지르면 사이버불링 행위가 되는 것이다.

사이버불링의 폐해는 오프라인 불링보다 심각

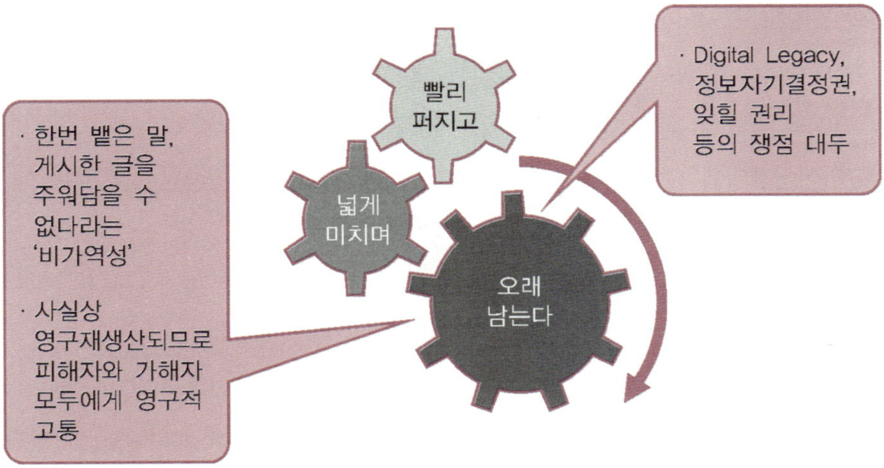

[그림 9-2] 사이버불링의 폐해는 오프라인 불링보다 심각

같은 사람을 대상으로 같은 이야기를 하거나 같은 괴롭힘 행위를 하더라도 그 수단으로 인터넷이나 휴대전화가 동원되었다면, 그에 대한 처벌의 강도는 2배 이상으로 강해지기가 쉽다. 가중처벌에 관한 내용을 규정한 단서조항들이 법률에 마련되어 있는 경우도 많다. 그렇다면 왜 사이버불링은 일반 불링에 비해 훨씬 더 강하게 처벌받아야 마땅하다는 것일까? 그 이유에 대해 깊이 생각해 볼 필요가 있다.

사이버불링의 폐해는 오프라인의 일반 불링에 비해 (1) 빨리 전달되고, (2) 멀리까지 넓게 확산되며, (3) 평생 혹은 그 이상으로 오래 남는다. 그렇기 때문에 가중처벌을 의무화시키자는 논리가 가능해지는 것이다.

사이버 공간과 디지털 정보통신 기술의 세상에서 정보는 빨리 퍼지고 멀리까지 퍼진다. 당연히 그 속에서 개인이 하는 말이나 글의 위력은 이전까지 경험해본 적이 없을 정도로 막강한 것이 되었다. 이처럼 개인의 말과 글에 따르는 책임이 막중해진 만큼 개인은 인터넷에서 말을 하고 글을 올릴 때에 더없이 신중해야만 한다.

일반 불링에 비해 사이버불링의 폐해는 그 수명이 엄청나게 길다. 또한 사이버 공간에서 한 번 뱉은 말은 주워 담을 수가 없다. 발언을 취소하고 공개적으로 사과를 한다 할지라도 이미 많은 사람들이 그 글을 퍼 나르고 난 후이기에 어찌해 볼 방법이 없는 것이다. 그리고 자극적이고 충격적인 폭로 발언에 대해서는 사람들의 관심도 폭발적이고 클릭 수도 엄청나지만, 그 발언을 취소하고 사과하는 발언에 대해서는 관심도 없고 퍼 나르려는 열성도 찾아보기 어렵다. 학자들은 사이버 공간의 발언이 갖는 이런 특성을 비가역성이라고 부른다.

사이버불링의 폐해는 피해자뿐만 아니라 가해자에게도 평생 이상을 따라다니는 족쇄가 된다. 최근 들어서 어린 시절 무심코 했던 인신공격성 글이나 거짓말이 부메랑처럼 자기 자신에게 돌아와 어른이 된 가해자를 고통스럽게 만드는 경우가 많이 늘어나고 있다.

인터넷 시대에 특정한 개인의 인격을 평가하는 단서와 기준이 될 수 있는 평판 정보가 그를 다른 사람과 구별하여 찾아낼 수 있는 단서인 개인정보와 결합하여 유통된다면, 그 파괴력은 대단할 수밖에 없다. 내가 스스로의 의지로 제공한 개인정보라 할지라도 그 정보가 어떻게 관리되고 사용되며, 안전하게 폐기되었는가의 전체 과정에 대해 개인은 알 수 있어야 하고 개입할 수 있어야 한다. 이런 권리를 '정보에 관한 자기결정권'이라 한다. 이런 권리의 중요성에 대한 인식이 점차 발전되어 유럽연합에서는 개인의 평판에 치명적인 영향을 미칠 수 있는 정보 중 사실 여부가 명확히 밝혀진 것에 대해서는 삭제나 이동 등을 요구할 수 있는 권리를 '잊힐 권리'(right to be forgotten)라는 이름으로 보장하고 있다.

사이버불링에 관한 교육적 대응에서 가장 강조되어야 할 핵심 내용을 하나의 덕목으로 압축해 보자면 막중한 영향력에 뒤따르는 '책임성'이라 하겠다. 사이버 공간에서 글을 쓰고자 한다면 지극히 신중해야 한다. 적어도 글을 쓰기 전에 세 번, 글을 올리기 전에 세 번 이상을 고민해 보아야 한다는 사실을 강조해서 교육할 필요가 있다.

다른 사람의 평판에 관련될 수도 있는 글을 쓰려고 한다면, "과연 꼭 써야만 할 가치가 있는 정보인가? 꼭 내가 앞장서서 알려야 할 성질의 정보인가? 확신을 가질 수 있는 정확한 정보인가?" 등의 최소한 세 가지 이상의 고민을 해봐야 한다.

글을 쓴 다음에 그 글을 인터넷에 올리기 전에도 세 가지 이상의 자문자답을 해 볼 필요가 있다. "이 글이 올라가고 나면 어떤 파장이 있을 것인가? 혹시 다른 사람들이 오해하거나 잘못 받아들일 가능성은 없는가? 글의 당사자가 입을 피해에 대해 나는 어떤 책임을 감당할 수 있는가?" 등이 자문자답의 예가 될 수 있겠다.

3. 사이버불링 예방교육의 대상자

불링 문제를 연구하는 학자들의 연구 경향은 크게 두 가지의 흐름으로 구별해 볼 수 있는데, 구조를 강조하고 연구하는 흐름과 과정을 강조하는 흐름이다. 구조에 대한 연구는 주로 폭력이 어떤 행위자들에 의해 일어나며 이때 행위자들 간의 권력 관계는 어떠한가에 대해 관심을 갖는다. 과정에 관심을 갖는 연구자들은 처음 폭력이 시작된 계기와 상황, 그것이 악화되고 일상화되는 과정, 폭력 피해 이후의 결과와 회복 과정 등에 대해 주목한다. 불링 전반을 일반화해서 모델을 만들고자 하는 연구들이 구조 연구라면, 불링을 저지르거나 당한 개개인의 각기 다른 상황적 조건들에 주목하면서 치유와 극복을 돕는 매뉴얼 구성에 필요한 경험 축적을 하고자 하는 연구들이 과정 연구라 하겠다. 불링 문제 자체의 특성을 이해하기 위해서는 구조를 먼저 이해하는 것이 필요하며, 실제 일어난 각각의 사례에 대해 대증적으로 대처하기 위해서는 과정 연구의 결과를 숙지하고 응용할 필요가 있다.

먼저 구조적 연구 성과를 살펴보자면, 공간적 특성은 다르지만 주요 행위자 중심의 구조라는 측면에서 볼 때 사이버불링과 불링은 큰 차이가 없다. 불링과 사이버불링의 주요 행위자 구분에 따른 구조 분석 이론에는 올웨우스(Dan Olweus)가 주장한 "가해자, 피해자, 가해자 겸 피해자 3분법", 콜로로소(Barbara Coloroso)가 주장한 "가해자, 피해자, 방관자 3분법", 그리고 버로우즈(William Burroughs)가 제시한 "불링 서클의 구성에 대한 8가지 범주 구분법"이 대표적이라 할 수 있겠다.

가. 가해자 / 피해자 / 가해자 겸 피해자 3분법

① 가해자(bully): 타인을 공격만 하고 공격당하지는 않는 부류
② 피해자(victim): 공격을 받기만 하고 공격하지는 않는 부류
③ 가해자 겸 피해자(bully/victim): 때로는 타인에 대한 공격에 가담하고, 때에 따라서는 자신이 공격을 받기도 하는 부류

불링 연구에서 최고의 석학이자 선구자로 인정받는 올웨우스는 노르웨이 출신의 학자이다. 그가 제시한 가해자/피해자/가해자 겸 피해자라는 3분법은 인종 문제, 계층 문제, 성적 정체성 문제 등을 둘러싸고 각기 다른 불링이 이루어지는 미국 학교에 적절하게 적용될 수 있는 모델로 평가할 수 있다. 특정한 피해자가 학교생활의 모든 국면과 기간에 걸쳐 주욱 표적이 되기보다는 몇몇의 주제에 따라 그때그때 피해자가 바뀌어지는 양상을 보이고 있는 것이 미국의 불링이다.

나. 가해자 / 피해자 / 방관자 3분법

① 가해자(bully): 타인을 공격만 하고 공격당하지는 않는 부류
② 피해자(victim): 공격을 받기만 하고 공격하지는 않는 부류
③ 방관자(bystander): 직접 가담하지 않고 구경만 하는 구경꾼 내지는 방관자

소수에 대한 악의적 괴롭힘이 특별한 이유없이 지속되는 한국의 불링이나 일본의 이지메 문화에 적합한 모델로 평가된다. 현장 활동가와 교사들의 이야기에 따르면 성적이 뒤떨어지거나 운동 능력이 뒤처지거나 사회성이 부족하거나 하는 개인적 요인에 따라 피해자가 달라지곤 하는 미국의 불링에 비해, 한국의 불링 문화에서 표적이 되는 아이들의 공통적인 행동 속성은 찾아내기가 힘들다고 한다. 표적이 된 아이의 잘못이라면 주동인 가해학생에게 잘못 보여서 찍혔다는 사실 바로 그것뿐인 경우가 많다는 것이다. 이처럼 피해자가 쉽게 변하지 않고 장기간에 걸쳐 모든 상황에서 폭력을 당하게 되는 한국과 일본의 사례에는 콜로로소의 가해자/피해자/방관자 모델이 가장 적합한 것으로 보이며, 기존에 나온 대부분의 교재나 매뉴얼들이 이 방법을 채택하고 있다.

다. 불링 서클(bullying circle)의 주요 행위자에 대한 8분법

① 가해자(Bully/Bullies): 불링을 시작하는 적극적인 행위자
② 추종자/똘마니(Follwers/Henchmen): 적극적으로 불링에 가담하지만 직접 시작하지는 않음
③ 지지자(Supporters): 불링을 심정적으로 지지하고 지지를 표현하지만 적극적으로 가해 행동은 하지 않음
④ 소극적 지지자/잠재적 가해자(Passive Supporters/Possible Bully): 불링을 심정적으로 긍정하지만 공개적으로 지지를 표현하지는 않는 부류
⑤ 국외적 구경꾼(Disengaged Onlookers): 내 일이 아니라면서 뚜렷한 입장을 취하지 않거나 문제의 존재 자체를 부정하는 관찰자
⑥ 잠재적 방어자(Possible Defenders): 불링을 싫어하며 피해자를 도와주어야만 한다고 생각하지만 행동하지는 않음
⑦ 방어자(Defender of the Target): 불링을 싫어하고 표적이 된 피해자를 도와주거나 돕고자 시도하는 부류
⑧ 피해자(Target): 불링 행위의 표적으로 찍혀서 괴롭힘을 당함

8분법은 뚜렷한 이유도 없이 불링의 표적이 되어 지속적으로 괴롭힘을 당하는 한국의 불링 문화에 적용해 볼만한 미시적 분석이다. 버로우즈의 8분법 분석은 불링의 구조를 상세히 분석하고 이들 행위자 집단 내부의 인적 구성 비율이 문제해결의 쉽고 어려움에 결정적 영향을 미친다는 사실을 이해하는 데에 도움을 준다는 의미에서 주목할 만한 가치가 있다. 특히 ①~③의 가해자 집단이 다수인 경우에 비해 ④~⑤에 해당하는 조용하고 무관심한 집단이 다수인 경우에 불링 문제가 더 장기화되고 재발가능성이 높다는 주장은 아직 검증이 더 남았지만 주목해 볼만한 가치를 갖는 것으로 생각된다. 그러나 이러한 정교한 분류는 문제 상황을 분석적으로 이해하는 데에 큰 도움이 되지만, 실제 대응 측면에서는 가해자와 피해자, 방관자로 대별하여 접근하는 방식이 더 편리하기 때문에 더 많이 사용되고 있다.

불링 연구의 초창기에는 가해자와 피해자의 심리적, 행동적 특성을 밝혀내고 어떤 학생들이 어떤 경우에 가해자와 피해자가 되는가에 관심이 집중되었다. 가해자의 가정적 환경에서 문제의 근원을 찾기도 했으며, 피해자의 사회적 기술 부족이 문제의 한 원천임이 강조되기도 했다. 최근의 연구들은 방관자를 비롯한 동료집단의 인적 구성과 심리에 집중하고 있는데, 페플러와 크레이그(Dedra Pepler & Wendy Craig)의 2008년 연구는 동료집단의 성격이 불링 문제의 심각성에 결정적

영향을 미친다는 것을 보여 준다. 그들의 연구에 따르면 전체 불링 사례들에서 동료집단이 사태를 악화시키는 비율은 81퍼센트에 이르며, 동료집단이 적극적으로 불링에 가담한 비율이 48퍼센트인 반면 피해자를 옹호한 비율은 13퍼센트에 그쳤다고 한다(Pepler & Craig, 2008, 1-3).

동료집단의 주된 특성을 방관자 집단으로 규정하는 연구자들은 이들이 방관하는 이유를 다음의 네 가지로 설명하고 있다. 첫째는 자신이 상처받을까봐 두려워서이고, 둘째는 자신이 새로운 타깃이 될까봐서이며, 셋째는 자신의 개입이 상황을 더 악화시킬 것을 두려워해서, 넷째는 무엇을 어찌 해야 할지를 몰라서라는 것이다. 우리가 특히 셋째와 넷째 이유에 주목할 필요가 있다고 생각한다. 불링에 관한 교육적 노력이 초점을 맞추어야 할 과제가 무엇인지에 관한 시사점을 얻을 수 있다고 보기 때문이다.

개입이 상황을 악화시킬 것을 두려워해서 방관자로 남는다는 경우 중 대다수는 '가해자에 대한 지나친 처벌'에 대한 공포심에 기인한다. 불링 사례를 교사나 관리자에게 보고할 경우 '즉각적으로' - 이미 제도적으로 무관용 정책을 공포해 놓은 상태이기 때문에 거의 자동적으로 - 퇴학 등의 중대한 처벌이 따르게 되기 때문에, 동료집단 학생들이 그러한 심각한 결과에 대한 책임을 우려해서 개입을 꺼려 하는 방관자로 남게 된다는 것이다.

문제 사태에 개입하고 싶지만 무엇을 어떻게 해야 할지를 몰라서 아무런 행동도 취하지 않는다는 설명은 '불링 문제에 대한 교육적 해법의 중요성'을 시사한다. 개입하는 방법, 신고하는 방법, 피해자를 돕는 방법 등을 구체적으로 '알려주어야만' 할 뿐만 아니라, 왜 그러한 행동이 꼭 필요한 행동이며 긍지를 가져 마땅한 훌륭한 행동인가를 알고 느낄 수 있게 '가르쳐 주어야' 한다. 불링에 대한 교육적 대응이 행동 수정의 논리에 입각한 대증적 치료에 머무르지 말고, 윤리 교육의 논리에 입각한 근본적 인식 변화의 해법에 주목해야만 하는 까닭을 바로 여기에서 찾을 수 있는 것이다.

4. 사이버불링의 예측 요인과 반사이버불링 교육의 체계

1) 사이버 폭력의 확산과 사회적 관심의 증대

미국의 학교 문화에서 학생과 학부모의 관심이 가장 뜨거운 쟁점 중 하나는 "위험한 학교 문화"이다. 안전한 학교를 만드는 문제는 교육 문제를 넘어서 중요한 정치 문제이기에 대통령 선거에서도 단골로 등장하는 질문 거리이고 논쟁의 쟁점이다. 사실 이에 관한 논쟁의 뿌리는 총기와 마약이라는 두 가지 기둥을 중심으로 한 1970년대부터의 학교 안전 문제에서 출발하였다. "싫다고 단호히 말합시다(Just Say No!)"라는 유명한 슬로건에서 볼 수 있듯이, 학생들의 신체적 안전에 대해 직접적 위협을 가하는 총기와 약물에 관한 쟁점이 교육적 영역에서 정치적 영역으로 비화되면서 뜨거운 소모적 논쟁이 이어졌다. 이들 문제에 대해서는 즉각적이고 명쾌한 거부와 단호한 처벌을 강조하는 '무관용 정책'(zero-tolerance policy)이 가장 일반적이면서 효과적인 대응책으로서 인정을 받아 왔다.

직접적이고 물리적인 위해였던 마약과 총기 다음으로 사회적 관심을 모은 문제가 불링이었다. 불링은 학생들을 학교로부터 멀어지게 하고 심한 경우 자괴감과 우울증으로 인한 자살로까지 이어지게 만드는 주범이었다. 초중등 학교뿐만 아니라 대학에서조차도 불링으로 인해 자살하거나 학업을 포기하는 학생들이 늘어남에 따라 불링 문제의 심각성에 관한 사회적 이해와 관심은 급속도로 확산되었다.

미국과 한국 모두에서 불링과 사이버불링에 대한 사회적 관심은 폭력에 시달린 학생이나 유명 연예인들이 자살을 택하거나 인명살해 범죄를 일으킴으로써 크게 고조되었다. 미국의 학교 현장에서 오래전부터 불링은 중요한 문제로 떠올랐지만, 특히 1999년 콜로라도주 콜롬바인 고교의 총기난사 사건을 계기로 사회적 관심을 모았다. 그리고 콜롬바인 사건 8일 후인 1999년 4월 28일 캐나다 앨버타의 타버 소재 마이어스 고교에서도 평소에 불링을 당해 왔던 14세 소년이 총기를 난사해 1명 사망, 1명 부상하는 사건이 발생하여, 캐나다에 전국적 규모의 반불링협회가 조직되는 계기가 되기도 했다.

미국에서 사이버불링이 전국적 관심사로 떠오르게 된 결정적인 계기는 인터넷 동호회 게시판을 통한 적대적 행위 때문에 일어났다. 2006년에 버몬트에서 발생한 여고2년생 카일리에 대한 저주 사이트 사건은 전국적 언론 매체에 보도되면서 뜨거운 입법청원 운동을 촉발하였다. 1년 이상 카일리의 동급생들이 그녀를 모욕하고 저주를 퍼붓는 글을 매일같이 올리는 웹사이트를 '재미삼아' 운영해왔으며, 그녀만 모르고 다른 모든 학생들이 그 사이트의 존재를 알고 즐겼다는 사실은, 어린 소녀에 대한 인격적 살인 이상의 것으로 간주되기에 충분했기 때문이다. 같은 해 미주리 주의 13살 소녀 메간(Megan Meier)의 자살을 계기로 반사이버불링 법안이 연방법으로 제정되기 위한 입법 운동이 일어나기도 했다. 이후 2010년 9월 기숙사 방에서의 동성애 성행위 장면이 룸메이트가 설치한 웹캠을 통해 유포된 것에 절망하여 럿거스 대학 신입생 타일러 클레멘티가 인터넷에 자살 결심을 알린 후 조지 워싱턴 다리에서 투신자살하는 사건이 벌어져서 미국 사회에 큰 충격을 주었다.

한국에서는 전 국민적 이슈가 된 몇 가지의 대형 사건들을 계기로 하여 사이버 폭력의 심각성에 대한 사회적 관심이 크게 높아져왔다. 몇몇 유명 연예인의 섹스 동영상 파일들이 유출되어 인터넷을 통해 급속히 퍼져나가면서 사이버 음란물 제작 및 유포, 사이버 모욕죄에 대한 경각심이 높아졌으며, 최진실과 유니 등의 유명 연예인들이 자살한 주요 원인 중 하나로 인터넷 게시판을 통한 사이버 폭력이 지목되면서 사회적으로 널리 알려지는 계기가 되었다.

집단 따돌림, 일진 등의 학교 내 폭력조직 관련 사건 등으로 오래전부터 학교폭력 문제의 심각성이 부각되었다가, 2011년 12월의 대구 중학생 자살 사건을 계기로 학교 폭력과 사이버 폭력이 사회적 관심의 대상으로 떠올랐다. 자살한 중학생 권모군이 동급생들로부터 물고문, 모욕적 언사와 금품갈취 등의 학대를 받았으며, 특히 휴대폰을 통해 지속적으로 일상을 파괴당하고 정신이 피폐화될 지경에 이르렀다는 사실이 유서에서 강조되면서, 학교폭력의 일부로서 사이버 폭력에 대한 경각심이 높아졌다.

2012년 8월에는 여고생이 카카오톡 대화방에서 여러 친구들로부터 욕설과 폭언을 당한 것을 계기로 투신자살하는 사건이 벌어짐으로 인해 새로운 매체를 통한 언어 폭력이 큰 주목을 받게 되었다. 2012년 8월 서울의 모 여고 1학년생이 알고 지내던 5개 학교 10여 명의 남학생들로부터 카카오톡 대화방에서 심한 언어폭력을 당했으며, 그녀는 몇 시간 후 피해 사실을 아버지에게 알렸고 다음 날 학교로 찾아가 대책을 논의하기로 했다. 그러나 그날 밤 그녀는 자신이 살던 아파트에서 투신해 자살하고 말았고, 이 사실이 보도되면서 사회에 큰 충격을 던져 주었다(한겨레신문, 2012. 8. 17 참조). 이 사건을 계기로 스마트폰과 SNS가 사이버불링의 수단으로 악용될 수 있다는 것이 널리 알려졌고, 모바일 가디언이나 스마트 가디언 등의 기술적 예방조치들이 개발되기도 했다.

한국인터넷진흥원의 2011년 인터넷윤리문화 실태조사에 따르면, 사이버 폭력의 피해를 경험한 비율이 초등학생 41%, 중고생 77%, 대학생 88%에 이를 정도로 이미 광범위한 연령층의 사람들이 사이버 폭력에 직간접적으로 노출되어 있다. 피해자 경험뿐만 아니라 가해자 경험도 매우 높은 비율로 나타난 결과는 사이버 폭력이 이미 우리 사회에서 일상화된 수준까지 왔음을 보여준다.

사이버불링만으로 한정한 최근의 조사로는 한국정보화진흥원이 2013년 12월 말에 발표한 12~19세 11,956명 청소년을 대상으로 한 것을 들 수 있다. 전체 유형을 모두 합치면 훨씬 빈도가 높아지겠지만 대표적인 폭력 유형만을 두고 볼 때, 가해/피해/목격의 3가지로 나누어 물어본 조사에서 명예훼손과 모욕을 합친 것에 해당하는 '사이버 비방'과 사이버상에서의 따돌림에 해당하는 '사이버 배제'의 가해/피해/목격 빈도가 높은 것으로 나타났다. 가해 경험이 8.4와 8.7%였고, 피해 경험은 4.6과 2%, 목격 경험은 7.7과 4.2%였다. 가해 경험과 피해 경험 모두 학교급별로는 중학생 - 초등학생 - 고등학생의 순서로 많은 것으로 나타났다(한국정보화진흥원, 2013, 20-23).

2) 불링과 사이버불링의 예측 요인

미국의 경우에는 사회성 부진, 성적 정체성의 혼란이 대표적인 피해자 특성으로 보고되기도 했지만, 인종과 언어적 배경이나 신체적 특성, 경제적 계층 등의 다양한 특성들이 피해자를 결정하는 요인으로 작용한 것으로 평가된다. 다양한 요인들 중에서도 특히 GLBTQ에 대한 사이버불링이 심각한 문제로 부상하였는데, 오프라인 현실공간에서는 "게이, 레즈비언, 양성애자, 성전환자, 성정체성 의심자"에 대한 노골적 비난이 많지 않았던 것에 비해 사이버 공간에서는 이들에 대한 혐오와 적대감이 노골적으로 표출되는 현상이 나타났다. 도덕적 이탈을 방지해 주는 사회적 금제 기제가 사이버 공간에서는 약화되기 쉽기 때문에 이런 현상이 일어난 것으로 분석할 수 있지만, 이러한 일반론 외에도 사이버 폭력의 피해를 당하는 청소년과 당하지 않은 청소년 사이의 차이점을 찾아봄으로써 피해자의 행동 특성을 밝혀내고자 하는 시도들이 많이 있어왔다. 마치 암에 걸리는 결정적 원인이 무엇인지를 밝히기는 어려워도 술, 담배, 과로, 수면부족 등의 여러 가지 특성을 가진 사람이 그렇지 않은 사람에 비해 몇 배의 확률로 암에 잘 걸리더라라는 연구는 쉽게 이루어지는 것과 마찬가지이다.

사이버불링 피해를 당한 청소년들의 경우에는 나이와 성별, 직업 등을 속이는 경우(faking)와 전혀 다른 사람의 신분과 인격을 창조해서 그 사람인 척하는 경우(masquerading)의 청소년들이 피해 경험이 그렇지 않은 경우보다 많았던 것으로 보고된 바 있다(Dorothea Ross, 2003). 이 외에도 여러 가지의 행동 위험요소들이 밝혀졌는데, 오프라인 만남에 참가한 경우, 온라인에 자신의 사진을 올린 경우, SNS 서비스를 가입하여 활동하는 경우가 그렇지 않은 경우에 비해 피해 확률이 높았다. 전체적으로 볼 때에는 피해 경험과 가해 경험 모두에서 여학생(36%)들이 남학생(23%)들에 비해 더 취약한 모습을 보여주기도 했다.

학교에서 일어난 사건들을 대상으로 하여 불링과 사이버불링의 예측 요인을 각각 27개씩 설정하여 설명력을 검증한 연구에서는 불링 사건의 발생에 대한 예측 요인으로서 통계적으로 의미 있는 설명력을 보인 주요 변수가 '학생들의 공감능력 지수'와 '학교장의 경영방침에 따른 학교 풍토'라는 2가지였다. 사이버불링의 예측 변인 중 설명력이 검증된 것도 '학생들의 인터넷 중독 지수'와 '개인정보통제력'이라는 2가지였다(Casas Jose, 2013).

공감능력이 뛰어난 아이들이 다른 아이들을 괴롭히지 않을 것임은 자명하다. 인터넷과 정보기기 사용시간이 많은 아이들이 사이버불링 사건에 가해자든 피해자든 연루될 확률이 높아지는 것도 당연해 보인다. 주목해야 할 것은 학교장이 학교폭력 내지는 사이버불링에 대해 절대 용납하지 않겠다는 단호한 의지를 얼마나 자주 정기적으로 표명해 왔느냐에 따라 달라지는 학생과 교사, 학부모의 학교풍토에 대한 인식이 큰 설명력을 갖는다는 점이다. 또한 굳이 공개하지 않아도 될 자기자신에 대한 개인정보를 쉽게 노출하는 학생들이 폭력에 대해 취약하다는 사실은 이미 앞에서도 언급한 바가 있다.

자연스럽게 사이버불링에 대한 교육에서 바람직한 학교풍토 조성과 개인정보 통제력 함양은 중요한 교육 목표가 되어야 한다. 학교폭력 없는 학교 만들기에 대한 강력한 의지를 천명하고, 예방교육이나 신고대회 등을 정기적으로 실시하며, 사건이 발생하면 처리 절차를 투명하게 진행하면서 철저하고 단호한 처리 결과를 공개해야 할 것이다. 개인정보 보호에 대한 의식 교육과 더불어 자시자신의 정체성을 솔직히 인정하고, 그에 기반한 신중하고 책임성 있는 언행을 강조하는 교육이 예방교육의 핵심목표가 되어야 할 것이다.

한국의 집단 따돌림 피해자의 특성과 관련하여 사이버불링의 유형과 피해 빈도를 조사한 연구는 한국정보화진흥원의 2013년 연구가 거의 유일하다. 가해자 유형에서 중소도시 거주 남자 중학생이 가장 많았고, 피해자에 있어서는 대도시 여자 초등학생이 가장 많은 것으로 드러났다. 또한 사이버불링 가해자는 심리적으로 정보통신기기에 대해 애착이 높고 익명성을 크게 의식하고 있는 경우가 많았으며, 자기통제력 부족과 공격성을 드러내는 비율이 높았다. 또한 사이버불링 피해시 대부분의 피해자들이 슬픔과 좌절감을 느꼈지만 무대응으로 일관하는 경우가 많은 것으로 나타났다(한국정보화진흥원, 2013, 29).

전체적으로 볼 때 우리 나라에서도 SNS를 사용하고 자기 사진을 공개하며 오프라인 미팅에 나가는 등의 적극적인 성격의 학생들이 그렇지 않은 학생들에 비해 사이버 폭력의 가해자나 피해자가 될 확률이 훨씬 더 클 것임은 쉽게 짐작할 수가 있다. 그렇지만 한국인터넷진흥원의 2011년 조사에서 초등학생의 가해 경험이 중학생에 비해 훨씬 낮았고(37.8%대 75%), 피해 경험에서도 그러했던(40.7%대 77.1) 결과와는 달리 구체적인 사이버 폭력의 유형별로 이루어진 2013년 한국정보화진흥원의 조사에서는 초등학생과 중학생의 격차가 크게 줄어들은 것을 볼 수 있어, 어린 학생들의 사이버 폭력 경험 빈도가 급격히 올라가고 있음에 주목해야 하겠다.

예를 들어, 타인을 비방하는 인터넷 사이트를 만들어서 운영하는 유형에 있어서는, 2012년 2월 광주경찰청의 수사에서 드러났듯이 적발하여 폐쇄된 110개 사이트 중 운영자는 초등학생이 전체 사건의 50%, 중학생이 41%, 고교생이 9%로 나타났으며, 사이버 불링 카페나 안티 카페를 만든 동기를 묻는 질문에 대해서는 단순히 미워서가 40%, 싸우고 나서가 31%, 편 가르기 때문에가 15%, 기타가 14%로 나타났다(한겨레신문, 2012. 2. 15일자). 더 많은 미시적인 조사 연구들이 필요함을 보여주는 결과인 동시에, 어린 학생들에게 사이버 폭력의 위험성과 비도덕성을 일깨워주는 교육이 시급하게 필요함을 느끼게 하는 결과이다.

3) 이상적인 반사이버불링 교육의 단계

사이버불링에 대한 미국 사회의 교육적 대응에서도 '강력한 무관용 정책(Zero Tolerance Policy)'은 가장 큰 특징이었다. 특히 학교 풍토(Climate of School)를 중요시하여 대부분의 주에서 학교장의 사이버불링 반대정책 공표, 자동화된 처벌 절차와 엄격한 처벌 강제 규정의 마련, 사건 처리의 공개화라는 세 가지를 의무화하고 있다는 점이 특징적이다. 미국의 학교 문화에서는 약물과 총기에 대한 대응의 역사에서 효력이 검증된 무관용 정책에 대한 신뢰가 전반적으로 높은 것이라 볼 수 있다(임상수, 2011, 295).

한국의 교육 당국과 일선 학교들은 사이버 따돌림을 예방하기 위한 '예방 교육'에 관해 일차적 관심과 투자를 아끼지 않고 있다. 2012년부터 한국정보화진흥원(NIA)과 한국인터넷진흥원(KISA)이 각각 사이버 따돌림과 사이버 폭력에 관한 교사연수 프로그램과 교재 개발을 진행한 바 있으며, 한국교육학술정보원(KERIS)에서는 2013~2014년의 역점사업 중 하나로 스마트교육의 확산 노력과 함께 스마트교육의 역기능에 대해 미리 대비한다는 취지로 "스마트 교육 활성화에 따른 정보통신윤리교육 내실화 방안 연구"를 실시하였고, 정보통신윤리에 관한 "민감성,

판단력, 동기화능력, 실천능력"이라는 4대 역량을 강화하는 방식으로 정보통신윤리교육을 재개념화하는 프로그램을 개발한 바 있다(한국교육학술정보원, 2014).

불링과 사이버불링의 주요 당사자들이 모두 학교 구성원들이라는 점을 고려할 때, 문제 해결을 위해 학교와 지역사회가 교육적 대응책을 마련하고 합심하여 노력을 기울여야 함은 당연하다 할 수 있겠다. 교육의 내용과 주체, 시기에 따라 여러 가지의 교육적 대응책들이 마련될 수 있는데, 본고에서는 언론과 전문기관들을 통한 캠페인과 홍보 등의 교육적 노력은 제외하고, 학교와 지역 교육청 차원에서 이루어지는 교육적 노력들로 한정해 단계별로 내용을 살펴보려고 한다.

〈사이버불링에 대한 교육적 대응 노력의 5단계 절차〉

1. 반불링 정책과 무관용 정책을 공개적으로 천명하기
2. 문제를 분명히 하는 활동과 절차를 제도화하기
3. 문제에 대한 인식을 공유하기
4. 학교의 교과 수업과 비교과 활동을 통해 '예방교육'을 실시하기
5. 예방교육과 구별하여 '대처 교육'과 '회복 교육'을 실시하고 그 성과를 각각 평가하기

불링과 사이버불링을 학교에서 뿌리뽑기 위한 교육적 대응방안 중에서 가장 첫 단계에서 시행되어야 할 것은 '반불링 정책(Anti-Bullying Policy)'을 명확하게 천명하고 단호한 대응 방침을 수시로 강조하는 일이다. '명확한 정책의 천명과 단호한 집행 방침의 강조'는 앞서 언급한 불링의 예측변인에 관한 연구들에서 주요 예측변인으로 강조되었던 '학교 풍토'와 연관이 깊다. 학교장과 지역 교육청을 비롯한 지역사회 성인들 모두가 불링과 사이버불링 문제에 대해 단호하고 엄격한 입장을 가지고 있음을 공개적으로 천명하고, 이를 문서화하여 학교 곳곳에 게시하고 수시로 공개된 기회마다 이를 언급하는 일은 학생들로 하여금 불링에 대한 무관용적 분위기를 느낄 수 있게 한다. 특히 인터넷 중독 정도가 사이버불링의 2대 예측변인 중 하나였음을 고려하여, 과도한 인터넷 사용과 중독 현상에 대해 학교와 지역사회가 너그럽게 용인하지 않는 분위기라는 사실을 강조하는 내용이 '반불링 정책'의 주요 항목으로 포함되는 것도 필요할 것이다.

2단계에서는 "문제를 분명히 하는 활동과 절차를 제도화"시킨다. 정기적인 불

링 피해 설문조사를 제도화하고, 피해 및 목격 신고의 절차와 창구를 마련하는 일이 중요하다. 평상시에 오프라인과 온라인의 신고창구를 상시 운영하면서 익명적 다수의 신고를 장려해야 한다. 또한 정기적으로 설문조사를 통해 불링의 발생 여부를 체크해야 하며, 설문 실시 사실과 결과 분석 내용을 공개적으로 학생과 학부모에게 알리는 것이 제도화되어야 한다. 문제가 발생한 시점에서 최대한 빨리 신고가 이루어지도록 독려하고, 신고 접수된 문제는 공론화되고 처리절차가 투명하게 공개되도록 강제하는 장치들이 필요하다. 우리의 학교폭력대책 자치위원회와 관련된 법적 규정들은 이러한 요소들을 충실히 구현하고 있는 것으로 평가될 수 있다.

교육 대상의 대다수는 콜로로소의 구분에 따르면 방관자 집단에 해당된다. 이들이 방관하는 이유를 연구자들은 다음의 네 가지로 설명하고 있다. 첫째는 자신이 상처받을까봐 두려워서이고, 둘째는 자신이 새로운 타깃이 될까봐 두려워서이며, 셋째는 자신의 개입이 상황을 더 악화시킬 것을 두려워해서, 넷째는 무엇을 어찌 해야 할지를 몰라서라는 것이다. 이 중에서 주목해야 할 것은 셋째와 넷째 이유이다.

문제 사태에 개입하고 싶지만 무엇을 어떻게 해야 할지를 몰라서 아무런 행동도 취하지 않는다는 설명은 '불링 문제에 대한 교육적 해법의 중요성'을 시사한다. 개입하는 방법, 신고하는 방법, 피해자를 돕는 방법 등을 구체적으로 '알려주어야만' 할 뿐만 아니라, 왜 그러한 행동이 꼭 필요한 행동이며 긍지를 가져 마땅한 훌륭한 행동인가를 알고 '느낄 수 있게' 공감의 기회를 제공해주어야 한다. 불링에 대한 교육적 대응이 행동 수정의 논리에 입각한 대증적 치료에 머무르지 말고, 윤리교육의 논리에 입각한 근본적 인식 변화의 해법에 주목해야만 하는 까닭을 바로 여기에서 찾을 수 있는 것이다.

개입이 상황을 악화시킬 것을 두려워해서 방관자로 남는다는 경우 중 대다수는 '가해자에 대한 지나친 처벌'에 대한 공포심에 기인한다. 불링 사례를 교사나 관리자에게 보고할 경우 '즉각적으로' - 무관용 정책을 공포해 놓은 상태이기 때문에 다른 선택의 여지가 없이 자동적으로 - 퇴학 등의 중대한 처벌이 따르게 되기 때문에, 동료집단 학생들이 그러한 심각한 결과에 대한 책임을 우려해서 방관자로 남게 된다는 것이다.

결국 1단계에서 '무관용 정책(Zero Tolerance Policy)'을 공개적으로 천명하고 강조하는 일은 중요하지만, 실제 적용에 있어서는 지나치게 자동화된 처리 절차와 과도한 처벌 수위를 획일적으로 강제하는 일은 피하는 유연한 접근이 필요하다. 선언적 의미에서 무관용의 엄격한 태도를 강조하는 일은 중요하지만, 자칫 잘못하면 무관용 정책이 스스로의 발목을 잡는 족쇄가 되어 유연하지 못한 대응을 강제하게 될 가능성이 있기 때문에 이를 조심해야 하는 것이다.

무관용 정책은 사안별 고려와 유연한 대응을 불가능하게 만들 정도로 경직된 접근이라는 점에서 한계를 안고 있는 방식이며, 그러한 특성으로 말미암은 부작용은 불링 문제의 경우에 더욱 크게 나타났다. 카펜터와 퍼거슨(Deborah Carpenter & Christopher J. Ferguson)에 따르면, 심리학적으로 15세 이하의 청소년들은 "동료집단의 압력에 대해 취약하고, 위험을 잘 인식하지 못하며, 미래지향적이지 않고, 충동 조절 능력이 떨어지기 때문에" 무관용 정책이 큰 효과를 거두기 어렵다고 한다(Carpenter, D. & Ferguson, C. J., 2009, 211-213).

우선, 처벌이 지나치게 강하게 규정되어 있기 때문에 학생과 교사까지도 불링 학생들을 신고하기를 주저하기 쉽다. 처벌로 인해 그들의 인생이 크게 망가지는 것에 대해 책임지고 싶은 마음이 없기 때문이다. 둘째로, 보복에 대한 공포감과 함께 자신이 새 타깃이 될 것을 두려워하기 때문에 신고를 꺼린다. 장기적 안목이 부족하기 때문에 학생들에게는 불링이 근절된 학교 문화에 대한 긍정적 기대보다는 단기적으로 예상되는 보복에 대한 두려움이 앞서기 때문이다. 셋째로 학교 측의 강경한 무관용 정책 집행은 그 자체로서 학생들에게 정서적 반감과 반발을 가져오기 쉽다. 비록 잘못을 범한 가해 학생을 미워할지라도 여전히 그들은 동료 집단으로서의 유대감을 느낄 수 있는 대상으로서 학교 당국과 교육청의 관료보다는 가깝게 느껴지기 때문이다.

3단계에서는 "문제에 대한 인식을 공유하기"가 이루어져야 한다. 불링과 사이버불링의 폐해와 심각성을 깨닫게 하는 교육과 캠페인이 광범위하게 실시되어야 한다. 주로 사실 관련 정보보다는 그것이 왜 비도덕적이며 비인간적 행위인가를 심각하게 느낄 수 있도록 정서를 자극하는 접근에 주안점을 두는 것이 필요하다. 도덕윤리과나 사회과와 같은 관련 교과의 내용지식에 포함되어야 할 뿐만 아니라 범교과적 학습주제로서 상시 강조되는 것이 필요하다. 학교의 반불링 강령이나 정책 고지도 중요하지만, 불링 반대 뱃지나 고무밴드 팔찌 착용 등의 캠페인들이 상당한 효과를 거두는 것으로 알려져 있다. 문제에 대한 인식(awareness)을 강조하는 활동들에서는 "내가 그것에 대해 심각하게 생각하고 있음을 대외적으로 보여주는" 활동 요소들을 적극 채택하는 것과 문제발생 시 "내 일처럼 여기고 느끼는 능력"을 키워주는 감수성 훈련의 요소들을 도입하는 것이 바람직하다.

4단계에서는 학교의 교과 수업과 비교과 활동을 통해 '예방교육'을 실시하는 일이 필요하다. 예방교육에는 불링의 개념과 유형 자체를 이해하기 위한 지식교육이 국어, 도덕, 사회, 컴퓨터 등의 교과 내용에서 많이 다루어지고 강조되는 것도 필요하지만, 불링의 피해자에 대해 감성적으로 공감할 수 있는 능력을 기르는 정서 교육이 많이 포함되는 것이 바람직하다. 피해자의 억울한 고통이 일시적인 것이 아니라, 평생을 두고 피해자를 괴롭히는 어두운 기억으로 남는다는 사실을 지적하면서 동시에 가해자에게도 불링의 경험과 처벌을 받는 경험이 커다란 상처로 작용한다는 사실을 강조하는 것이 필요하다. 이를 위해서는 생생한 감정 표현이 곳곳에 묻어나는 내러티브를 활용한 수업이 적절한 방법론이 될 수 있고, 불링 행위와 관련된 주요 행위자들의 입장과 생각을 투사적 관점에서 검토하고 느껴볼 수 있는 기회를 제공하는 '역할극과 역할 놀이' 기법이 많이 적용되는 것이 바람직하다.

5단계에서는 "예방교육과 대처교육, 회복교육을 구분하여 실시하고 성과를 평가하기"가 필요하다. 예방교육에서는 지식교육과 정서교육이 강조되었다면, 대처교육에서는 기능 체험교육이 강조되어야 한다. 효과적인 갈등 회피 전략과 대화 전략을 구체적 상황을 제시하여 연습시켜야 한다. 불링 목격 사실을 신고하는 절차와 방법에 대해서도 각 단계별로 필요한 정보와 기능을 연습해보는 기회를 제공하는 것이 중요하다. 일본에서는 대처교육을 '임장(臨場)교육'이라는 명칭으로 실시하고 있는데, 즉각적이고 자동적인 반응을 가능하게 하도록 10여 개 내외 항목의 행동수칙이라는 형태가 강조되고 있다.

4) 이상적인 반사이버불링 교육의 체계

사이버불링에 대한 교육을 이상적으로 실시하자면 교육 대상별로 세분화된 교육 내용을 구성해야 할 것이다. 대다수를 차지하는 방관자들을 대상으로 하는 예방교육이 우선적으로 관심을 받게 되겠지만, 가해자 그룹과 피해자들을 위한 교육 프로그램도 중요하다. 또한 학부형과 교사를 위한 교육 프로그램도 별개로 갖추어질 필요가 있다. 교육 대상별로 세분화되어야 할 뿐만 아니라 다루어지는 교육내용의 시기별 구분에 따라서도 세분화될 필요가 있다.

본 장에서는 '예방교육 - 대처교육 - 회복교육'이라는 세 가지의 서로 다른 교육이 일관성을 가지고 연계되는 것을 가장 바람직한 형태의 교육 체계로 제안하고자 한다. 평상시에 모든 학생들을 대상으로 하여 예방교육이 실시되어야 하고, 사이버불링이 일어나고 있는 현장에서 즉각적으로 효율적인 대처를 할 수 있도록 구체적이고 단계적인 행동 요령을 가르치는 대처교육 혹은 임장교육이 별도로 이루어져야 한다. 더불어 이미 문제가 벌어진 다음에 관련 당사자들을 치료하고 복귀시키는 것을 목표로 하는 '회복교육'의 교육과정 마련에도 많은 관심과 노력을 기울여야 한다.

이상적인 반-사이버볼링 교육의 체계

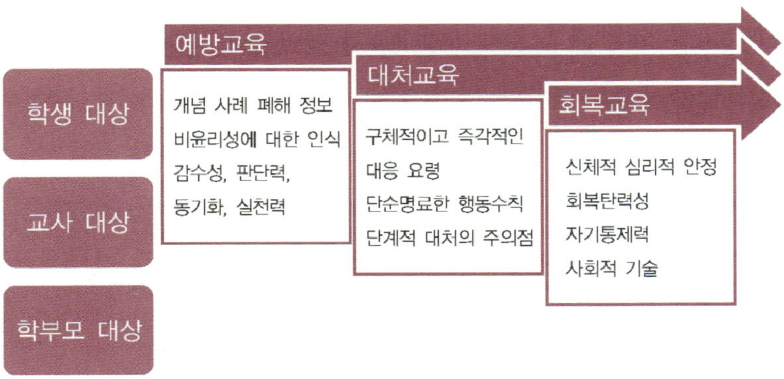

[그림 9-3] 이상적인 반-사이버불링 교육의 체계

그러나 현실적으로 볼 때에는, 회복교육은 교사들의 몫이라기보다는 심리치료사나 정신과 의사 등의 전문가와 협업을 하거나 위탁하고 일임해야 하는 경우가 더 많다. 회복교육에서는 가해자와 피해자, 주변 관련 학생들 모두의 심리적 안정과 신체적 안전을 확보하는 일이 최우선 목표가 되어야 한다. 다음으로는 심리적 회복탄력성으로서의 레질리언스를 강조하면서, 자존감과 자기효능감을 높여줄 수 있는 심리치료가 주가 되어야 한다. 다만 학교에서 관심을 가지고 대비해 두어야 할 것으로, 피해자와 가해자의 심리적, 신체적 안전을 확보하고 학교 복귀를 위한 심리치료를 담당할 '전문기관을 사전에 지정'해 두는 권한과 의무가 교육장에게 있다는 점을 들 수 있겠다.

우리나라의 학교폭력법에서는 심리치료와 복귀를 위한 회복교육에 드는 모든 비용을 가해자 부모에게 부담시킬 수 있고, 그것이 즉각적으로 이루어지지 않을 경우에는 학교 보험으로 지불하고 가해자 부모에게 구상권을 행사하도록 규정하고 있다. 그러나 교육장이 연초에 사전 지정한 전문 심리치료기관 내지는 의료기관에 위탁하거나 입원하는 경우에만 이러한 절차가 진행될 수 있다.

행정자치부와 한국정보화진흥원은 사이버불링 예방교육과 대처교육의 주요 내용을 십여 개 내외 항목의 행동 수칙 내지는 행동 요령 형태로 정리한 리플릿을 학교 현장에 보급한 바 있다. 이 내용은 동시에 교사용 행동 수칙, 학생용과 부모용으로 세분화하여 만들어졌는데, 다음 장에서 상세히 살펴볼 것이다.

5. 사이버불링 예방교육의 강조점

미국과 한국은 사전 예방/사후 조치라는 2분법 방식의 행동 수칙들을 사용하고 있는 데 비해, 일본에서는 '예방/즉각대응/사후조치'라는 3분법을 사용할 것을 강조하는 연구가 있다. 2012년 11월 히로시마에서 열렸던 '한일정보윤리포럼'에서 금성학원대학(金城學院大學)의 하세가와 모토히로(長谷川元洋) 교수가 발표한 내용에 따르면, 일본의 정보윤리교육 학계에서는 3층구조 정보윤리 교육의 접근을 강조하면서 "Just in Case 교육(사전예방교육) ☞ Just in Time 교육(징조발견시 현장대응교육) ☞ After Care 교육(사후지도교육)"이라는 세 가지 구분법을 채택하는 비율이 늘어나고 있다고 한다(長谷川元洋, 2012, 147). 우리나라에서 발표된 행동 수칙들은 "사전 예방/사후 대응"이라는 2분법을 택한 경우가 대부분인데, 앞으로 이러한 3분법을 채택하여 "사전예방교육-현장대처교육-사후회복교육"으로 편성하는 방법을 고려할 것을 제안하고자 한다.

학생들이 일상생활 속에서 마주하게 되는 구체적인 사이버불링에 대한 예방 행동 수칙을 정리하여 가이드라인으로 제공하는 사업이 여러 차례 추진된 바 있는데, 요약된 문장으로 집약된 형태의 '행동 수칙'들은 그것이 곧 예방교육의 내용이 되고 방향성을 보여준다는 점에서 중요한 의미를 갖는다. 여러 가지 구체적이고 상세한 행동 요령과 수칙들이 등장하고 있지만, 본장에서는 보다 거시적 차원에서 사이버불링 예방교육 전반에 걸쳐 강조되어야 할 주요 사항들을 짚어보는 방식을 취하고자 한다. 이상적 교육 체계에 따라 학생 대상의 교육과 학부모, 교사 대상의 교육 내용을 구분하여 논의해야 하겠지만, 한정된 지면과 논의의 성격상 교사용의 내용은 제외하고 학생용과 학부모용의 교육 중점만을 소개하고자 한다.

1) 학생용 사이버불링 예방을 위한 교육의 중점

• 세 번 이상 신중해야 한다는 책임성 원칙을 강조

인터넷에서는 다른 사람에 관련된 글을 쓰기 전에 "과연 이런 글을 써도 괜찮을까?"를 생각해 보아야 한다. 글을 쓴 다음에는 "이 글의 내용에 대해 당사자들은 어떻게 받아들이고 어떤 오해를 할 수 있을까?"를 고민해봐야 하며, 전송 버튼을 누르기 전에 "이렇게 공개했을 때에 어떤 결과가 예상되나?"에 대해 충분히 고려해 보아야 한다. 이렇게 인터넷에 글 하나를 올리기 전에 세 번 이상 신중한 고려를 한다면, 본의 아니게 다른 사람의 의사에 반하는 폭력을 저지르게 될 위험성을 크게 줄일 수 있을 것이다.

• 역지사지(易地思之)의 도덕 황금률을 강조

사이버 공간에서 내가 존중받기를 원한다면 먼저 다른 사람을 존중해야 한다는 점을 깨달아야 한다. 인터넷에 글을 쓰거나 파일을 전송하는 등의 구체적 행위를 취하기 전에 "다른 사람들 모두가 나처럼 생각하고 행동해도 괜찮을 것인가?"라는 질문을 스스로에게 제기해보는 습관을 갖는 것이 좋다. 내가 쓴 글을 상대방은 어떻게 해석하고 느낄 것인가에 대해 미리 입장을 바꾸어 생각해보는 것도 꼭 지켜야 할 습관이다.

• '깨진 창 효과'에 주의하면서 바람직한 정보활용의 생활 양식을 브랜드화

사이버불링이 얼마만큼 광범위하게 퍼져 있고 그 죄질이 심각한가에 관한 정보를 지나치게 강조하다보면 폭력성에 무감각하게 되고, 자신의 잘못에 대해 너그러워지는 부작용이 생길 수 있다. 어떤 것이 바람직하고 좋은 생활양식인가를 알고는 있지만 심정적으로 그것을 수용하려 들지 않는 청소년들에게는 '동료 압력'(peer pressure)이 가장 중요한 변화의 동력이 될 수 있다. 악플 방지를 위해 선플 운동이 필요한 이유를 연상하면 쉽게 이해할 수 있을 것이다.

• 개인정보에 대한 최소한 공개 원칙을 강조

다른 사람들에게 알려질 경우 여러 가지 파급효과가 예상되는 민감한 정보나 개인정보는 꼭 필요한 경우가 아니면 절대 공개하지 않는 것을 원칙으로 삼아야 한다. 특히 주민등록번호와 같은 개인식별 정보는 소중히 다루어야 하며, 내 개인정보가 소중한 만큼 다른 사람들의 개인정보도 조심스럽게 다루어야 하고, 실수로라도 다른 사람의 개인정보를 침해하지 않도록 주의해야 한다.

• 사전 동의 확인의 원칙을 강조

다른 사람들이나 당사자가 민감하게 반응할지도 모른다고 생각이 드는 정보를 다룰 때에는 반드시 공개에 대한 당사자의 동의를 사전에 확인하는 것을 원칙으로 삼아야 한다. 만약 본인의 동의 여부를 확인할 시간적 여유가 없거나 물어보기가

어려운 상황인 경우에는, 일단 거부를 한 것으로 간주하고 행동하는 편이 안전하고 현명하다. 커다란 사회적 이익이 걸려있거나 그 정보를 알아야 할 정당한 권리를 사회 전체가 가지고 있다고 판단되는 경우에는 동의 여부를 무릅쓰고 이를 알릴 수 있는 경우도 있을 수 있다. 그러나 기자나 전문 직업인도 아닌 학생들의 경우에는 이런 경우에 해당될 가능성이 극히 적으니, 항상 정보와 관련된 당사자들의 사전 동의를 확인하는 습관을 갖는 것이 바람직하다.

• 정직하고 당당하게 활동하기의 원칙을 강조

익명성에 기대지 않으면 할 수 없는 이야기나 행동에 대해서는 여러 차례 고민해서 행동하는 것이 현명하다. 특히 인터넷에서는 자신의 나이나 성별, 직업 등을 사실과 다르게 속이고 활동하려는 유혹을 받기 쉬운데, 자신의 정체성을 속이는 학생들이 사이버 폭력의 피해자가 될 가능성이 높다는 사실을 명심할 필요가 있다. 악플 대신에 선플 달기 활동을 권장하는 것도 이와 같은 맥락에서 이해하는 것이 바람직하다.

• 확신할 수 없는 정보는 함부로 퍼 나르지 말 것을 강조

거짓 정보나 사실이라 할지라도 다른 사람에게 피해를 줄 수 있는 민감한 정보를 최초로 쓴 게시자와 그것을 퍼 나른 사람이 감당해야 할 법률적 책임은 동일하다. 확신을 가질 수 없는 내용의 정보라면 쉽게 믿지 말아야 한다. 하물며 자신도 확신을 가질 수 없는 정보를 그대로 퍼 나르는 행위는 절대 하지 말아야 할 비도덕적 행위이다.

• 낯선 이와의 만남에는 절대 혼자 나가지 않도록 강조

오프라인 만남으로 이어지는 경우를 피하도록 하는 것이 좋고, 꼭 나가야 할 경우에는 반드시 혼자보다는 여럿이서 만나는 방식을 택할 것을 강조한다.

2) 학부모용 사이버불링 예방을 위한 교육의 중점

• 사이버불링에 대해 규칙적으로 대화를 나눈다.

자녀와 함께 사이버불링을 비롯한 여러 가지 이슈들에 대해 자주 대화를 나누는 것이 필요하다. 부모가 사이버불링에 대해 큰 관심을 갖고 있다는 사실을 알려주어야 하며, 확고하게 부정적 견해를 갖고 있음을 알도록 하는 것이 바람직하다.

• 사이버불링 신고 방법과 피해시 도움요청 기관에 대해 알아 둔다.

사이버불링을 당했거나 다른 사람이 당한 사실을 알게 되었을 때에, 이를 신고할 수 있는 기관의 연락처를 평소에 확보해 두어야 한다. 피해를 당했을 때에 상담과 정서적 안정 및 보호 등의 도움을 받을 수 있는 전문기관을 알아 두는 것도 필요하다. 학교나 경찰서, 전문기관 등에 신고하는 절차를 따로 적어두는 것이 바람직하다.

• 자녀들의 온라인 활동에 대해 관심을 가지고 지켜 본다.

자녀들이 가입한 사이트, 주로 활동하는 게시판 등에 대해 알아 두는 것이 필요하다. 자녀에게 부모가 그런 것들에 대해 관심을 갖고 있다는 사실을 알려주는 것이 바람직하다. 주기적으로 들어가서 자녀가 어떤 활동을 주로 하고 있는지를 확인하거나 확인할 수 있다는 사실을 알려주는 것만으로도 효과를 기대할 수 있다.

• 음란물과 폭력물을 필터링하는 소프트웨어를 설치한다.

인터넷을 하는 컴퓨터뿐만 아니라 자녀의 스마트폰에도 반드시 차단 소프트웨어를 설치하는 것이 좋다. 설치하기 전에 자녀에게 이 사실을 알리고 동의를 받는 것이 바람직하다.

• 자녀들이 직접 해결하려 들지 말고 어른과 먼저 상의할 것을 강조한다.

부모나 선생님에게 알려봤자 소용없을 것이라고 주장하는 아이들에게 어른들이 최선을 다해 도와줄 것이며, 반드시 그들을 보호해 주겠다는 의지를 평상시에 강력하게 표시하는 것이 필요하다. 또한 아이들이 사소한 사이버불링 피해를 당했을 때에 현장에서 본인이 직접 맞서 싸우거나 다른 친구들과 힘을 합쳐 대항하려고 하는 시도를 절대 하지 않도록 사전에 주의를 주어야 한다. 직접 해결하거나 맞서려고 하는 시도가 자칫하면 새로운 폭력을 낳는 경우가 많음을 강조하는 것이 필요하다.

6. 사이버불링 대처교육의 강조점

1) 학생용 사이버불링 대처를 위한 교육의 중점

• 싫다는 의사 표시를 분명하게 하라.

왜 싫다는 이유 설명을 구구히 달지 않아도 좋고, 중요한 것은 분명하게 "나는 싫다!"라는 거부 의사를 밝히는 일이다. 가능하면 가해자 외의 다른 사람들도 볼 수 있도록 공개적으로 거부 의사를 밝히는 것이 좋다. "분명히 싫다고 전에도 말했었어!"라는 확인으로 충분하므로, 추가적인 말싸움에 휘말리지 않도록 자리를 피한다.

• 보복하려 시도하지 말고 그곳을 떠나라.

같이 험한 말로 되갚아주거나, 상대방이 틀렸다는 것을 증명하기 위해 말싸움을 이어가지 않는다. 거부의사를 밝힌 다음에는 "계속해서 이런 이야기를 듣고 있을 이유가 없어!"라는 의사표현을 남기고 즉각 그 현장을 벗어나도록 하라. 이후의 반응을 확인하기 위해 재방문하는 일은 하지 않는 편이 좋다.

• 증거확보를 철저히 하라.

피해 사실을 입증할 증거자료를 캡처, 사진찍기 등의 방법으로 확보해야 한다. 주변 목격자들을 확보하는 것도 필요하다. 캡처 기능을 활성화한 직후에 이제부터 캡처를 하겠다는 사실을 상대방에게 공개적으로 알리고 나서 그 이후에 계속된 화면을 저장해 둔다. 저장된 파일의 일시, 장소를 따로 기록해 두거나 파일명에 명시해 두는 편이 좋다.

• 고민하지 말고 어른에게 알려라.

내가 당했을 때나 다른 친구가 당하는 것을 보았을 때, 먼저 이것이 사이버불링 피해인지 아닌지를 판단해 본다. 자신의 힘만으로 해결할 수 있는 것인지를 고민하지 말고 주변 어른에게 사실을 알리고 도움을 청한다. 왜 이런 일이 벌어졌는지 반성을 해보는 것은 필요하지만, 모든 일의 책임을 내 탓으로 돌리는 것은 바람직하지 않다.

• 신고와 상담의 도움을 받을 전문기관을 찾아라.

직접 경찰에 신고하기 이전에, 선생님이나 관련 전문가와의 상담을 통해 신고를 해야 할지 말아야 할지에 관한 의견을 들어 본다. 상담기관을 방문할 때에는 가능하다면 부모님과 같이 가는 것이 바람직하다.

• 폭력적인 정보 게시에 대해 삭제를 요구하라

심각한 명예훼손이나 거짓정보 유포가 벌어졌다면, 사이트 관리자에게 피해 사실을 알리고 삭제나 블라인드 처리를 요구한다. 어떻게 조치가 이루어졌는지 처리 결과를 직접 확인한다.

• 처음에는 무시하고, 반복되면 차단하며, 지속되면 알리고 도움을 요청하라.

게시판 댓글과 같은 경우에 사소한 트집잡기에는 일일이 길게 대응하지 말고 한 번의 항의로 끝낸다. 이후에 이어지는 댓글들은 무시한다. 하루로 그치지 않고 다음날에도 굳이 이야기를 끌어가려고 하는 상대방은 게시판 관리자에게 신고하거나 차단 기능을 설정한다.

경찰에 바로 신고하는 경우는 당장 손쓰지 않으면 심각한 인명, 재산 피해가 일어날 것 같은 급박한 현장의 경우로 한정하고, 그렇지 않은 경우에는 부모님과 선생님과 충분히 상의한 후에 대처하는 것이 좋다.

2) 학부모용 사이버불링 대처를 위한 교육의 중점

• 흥분하지 말고 침착하게 대응한다.

아이의 억울함에 대해서는 충분히 긍정하고 맞장구를 쳐주면서 이야기를 끝까지 들어 본다. 당장 가해자에게 연락을 취하거나 방문을 시도하는 등의 감정적 대응을 삼가고, 증거 확인 후 교사와 관련 기관에 신고 절차를 밟는다.

• 심리적 안정과 신체적 안전을 최우선으로 제공한다.

피해 사실을 털어놓은 아이를 다그치거나 본인의 잘못 탓으로 몰아붙이지 않도록 주의한다. 부모가 반드시 해결해 줄 수 있다고 하는 믿음을 가지도록 하면서 아이를 안정시킨다. 피해 아이의 이야기를 의심하거나 부정하는 반응을 보이지 않도록 주의한다. 과도한 맞장구를 삼가되 충분히 아이가 느꼈을 억울함과 분노에 대해 공감을 표시해 준다. 사건 발생을 인지한 당일이나 다음날까지는 아이 혼자 있게 두지 말고, 부모나 형제, 친구 등의 가까운 사람이 항상 같이 있어주는 안전 대책도 고려하는 것이 필요하다.

• 객관적으로 파악하고 증거자료를 확보 · 확인한다.

아이가 제시하는 증거자료를 확인하고, 입수 가능한 증거자료를 더 확보하고 보강한다. 다른 목격자와 교사와의 이야기를 통해 사실 관계를 객관적으로 파악하기 위해 노력한다.

• 가해자를 직접 만나거나 보복하려 하지 않는다.

사이버불링 사건이라는 판단이 들고 학교와 관련 기관에 신고를 하기로 결정했다면, 가해자에게 사과를 요구하는 전화를 여러 차례 하거나 가해자의 집을 방문하는 행위는 하지 않는 편이 좋다. 가해 학생을 피해 학생 부모가 개인적으로 만나 응징하려는 일은 절대 하지 않아야 한다. 학교에 신고한 다음에는 필요성이 인정된다면 가해자와의 격리를 학교에 요구한다.

• 학교에 도움을 요청한 후에, 신중하게 고려하여 경찰에 신고한다.

먼저 학교에 신고하고, 교사와 상의한 후 필요하다면 관련 기관에 신고하며, 교사 및 전문 활동가와의 상담 결과 경찰 신고가 필요하다는 판단이 서면 경찰에 신고를 한다. 불필요한 경찰서 출입은 관련 학생 모두에게 피해가 되므로, 경찰 신고여부는 항상 부모 혼자 판단하지 말고 여러 사람의 조언을 들어본 후 결정한다.

• 학교나 경찰 관계자와 연락을 취하며 전체 처리과정을 확인한다.

신고 이후에는 관련 전문가들이나 경찰관과 지속적으로 연락을 취해야 하고, 전체 사건처리의 과정을 확인하고 알아두어야 한다. 대부분의 사건에서 교사가 가해 학생과 피해 학생 모두를 책임져야만 하는 중립적 입장에 처하게 됨을 이해하고, 교사에게 과도한 요구나 책망을 하지 않도록 주의한다.

• 지속적으로 관찰하고 정기적으로 대화를 나눈다.

문제가 해결된 이후에도 재발 가능성이나 또 다른 피해 발생의 가능성을 염두에 두고, 자녀의 행동을 관찰하고 대화를 나눈다. 등교를 두려워 한다거나 신경질적 반응이 줄지 않았는지, 과도한 용돈을 요구하거나 아끼던 물건을 잃어버리는 일이 잦아지는 등의 징후가 있는지에 대해 관심을 갖고 관찰한다.

• 가해/피해 자녀의 교육이나 치료에 부모도 함께 참여한다.

관련 기관에서 행하는 상담과 교육, 심리치료 등에는 부모도 함께 동행하여 같이 혹은 따로 치료에 참여한다. 부모가 함께 교육과 치료를 받을 때에 아이들의 치료 경과가 훨씬 좋아진다는 사실을 명심한다.

참고문헌

김봉섭, 이원상, 임상수 (2013). 사이버불링에 대한 이해와 대응 방안. 한국정보화진흥원.

이창호 (2013). 스마트폰 확산에 따른 청소년보호방안 연구. 한국청소년정책연구원.

임상수 (2011). 사이버불링에 대한 윤리교육의 대응. 윤리연구 제81호.

임상수 (2013), 사이버불링에 대한 법률적 대응책의 허와 실 - 학교폭력법의 사이버 따돌림을 중심으로, 윤리연구 제91호.

장근영 (2006), 청소년 사이버 폭력의 현황과 대응방안 연구, 청소년행동연구 제11권.

정완 (2005), 사이버폭력의 피해실태와 대응방안, 피해자학연구 제13권 제2호.

정한호 (2012), 학교현장에서 발생하는 사이버폭력 실태와 대처방안에 대한 고찰, 소년보호연구 제20호.

최유진, 홍승희 (2012), 사이버불링에 관한 미국의 법제분석, 한국법제연구원.

한국교육학술정보원 (2014), 정보화 역기능 예방 동향 및 정보통신윤리교육 내실화 방안 연구, 한국교육학술정보원, 연구보고 CR2014-8.

한국인터넷진흥원 (2013). 2013년 인터넷이용실태조사.

한국정보화진흥원 (2013). 정보문화 3.0 시대의 이슈와 제언.

한국정보화진흥원, 행정안전부 (2012), 선생님을 위한 청소년 사이버폭력 이해와 대처 요령, 리플릿, 2012. 12.

Anderson, T., & Sturm, B. (2007). "Cyberbullying: From Playground to Computer." Young Adult Library Services Chicago 5.2., p.24.

Carpenter D., & Ferguson, C. J. (2009). The Everything Parent's Guide to Dealing with Bullies, MA: Adams Media, 2009.

Casas Jose A. et als, (2013). "Bullying and Cyberbullying: Convergent and Divergent Predictor Variables", Computers in Human Behavior, 2013 May.

Coloroso, B. (2008). The Bully, the Bullied and the Bystander, NY: Harper Collins.

Higher Education Center (2012). "Prevention Update - Bullying and Cyberbullying at Colleges and Universities", U. S. Dep. of Education, 2012. Jan.

Hinduja S., & Patchin, J. (2009). Bullying beyond the schoolyard. Corwin Press. 조아미

외 7인 공역 (2012). 사이버폭력. 정민사.

Hoover, J. H. & Oliver, R. L. (2008). The Bullying Prevention Handbook 2nd edition, IN: Solution Tree.

Olweus, D. (1993). Bullying at School: What We Know and What We Can Do, MA: Wiley-Blackwell.

Pepler D. & Craig, W. (2008). Understanding and Addressing Bullying: An International Perspective, IN: Author House, pp.1-3.

Rosenberg, T. (2009). Join the Club: How Peer Preessure Can Transform the World, 이종호 역(2012). 또래압력은 어떻게 세상을 치유하는가. 알에이치코리아.

Chapter 10

기술적 대처

최숙영

청소년들의 스마트폰 사용시간과 스마트폰을 이용한 소셜네트워크서비스 이용이 많아짐에 따라 페이스북이나 카카오톡, 마이피플 등과 같은 소셜네트워크서비스가 새로운 학교폭력 도구로 악용되고 있다. 이러한 추세에 따라 국내외적으로 스마트폰이나 소셜네트워크를 이용한 사이버불링에 대한 대처 노력들이 다각적으로 이루어지고 있다.

사이버불링에 대한 예방과 대처에 대한 노력은 교육적 측면, 법·제도적인 측면, 기술적 측면 등 여러 관점에서 이루어져야 한다. 이러한 관점들 중 본 연구에서는 기술적인 측면에서 살펴보고자 한다. 사이버불링은 정보통신 기기를 통해서 발생하기 때문에 기술적인 측면에서 예방 및 대처 방법에 대해 살펴보는 것이 필요하다.

사이버불링의 피해를 최대한 줄이기 위해서는 청소년들로 하여금 정보통신 기기들을 현명하게 사용하는 방법과 함께 사이버불링이 발생하였을 때 기술적으로 적절하게 대처하는 것을 미리 교육받도록 해야 할 것이다. 즉, 자신의 패스워드를 다른 사람에게 노출시키지 않도록 하고 주기적으로 패스워드를 변경하도록 하며 낯선 사람으로부터 메일이나 메시지를 받았을 경우 함부로 첨부파일 등을 열지 않도록 지도해야 할 것이다. 또한 사이버불링이 발생하였을 때 사이버불링의 증거자료들을 저장하고 가해자의 접근을 차단시키는 것과 같은 적절한 조처방법에 대해서도 지도가 필요하다.

위와 같은 사용자에 의한 사이버불링의 대처 방안과 함께 시스템에 의해 자동으로 적절하지 않는 메시지나 이미지 등을 사전 모니터링하여 알려줌으로써 사이버불링을 사전에 막을 수 있다. 최근 청소년들 사이에 스마트폰의 보급으로 소셜 네트워크를 이용한 사이버불링이 급증하고 있는 추세를 보임에 따라 2009년 유럽에서는 SNS 제공자들이 모여 "Safer Social Networking Principles"를 만들어 청소년들의 안전을 보장하는데 노력하기로 결의하였다(EC Social Networking Task Force, 2009). 그들의 결의 내용을 보면 SNS상에 교육적인 메시지의 제공, 사생활 보호, 사용자 권한 부여, 레포팅 기능 등과 같은 SNS상에서 운영될 수 있는 다수의 안전 전략들을 포함하고 있다. 이러한 전략들 중의 하나는 SNS 제공자들에 의해 부적절한 콘텐츠의 모니터링을 통해 초기 단계에서 사이버불링을 감지하여 적절하게 대응을 함으로써 피해자의 고통을 경감시키는 등의 내용을 포함하고 있다. 최근 국내외적으로 정보기술을 이용하여 유해 메시지 등을 차단하고 알리기 위한 툴들과 방법들이 활발히 개발되고 있다.

본 장에서는 사이버불링을 위한 기술적 대처 방안으로 사용자 관점에서 기술적으로 직접 조치하는 방안과 시스템을 이용해 유해 정보들을 자동으로 차단하는 방법에 대해 각각 살펴보도록 한다.

1. 사용자 관점에서의 기술적 대처

사이버불링이 발생하였을 때 학생들은 적절한 대처 능력을 갖추고 있어야 한다. 특히, 사이버불링은 정보통신 기기를 통하여 발생되기 때문에 기술적으로 어떻게 대처할지에 대해 알고 있어야 한다. Machacjova와 동료들(2013)의 최근 조사 결과에 의하면 사이버불링의 대처에서 학생들이 가장 효과적이었다고 생각하는 것은 기술적 대처 방안이었다. 그 연구에 의하면 피해 학생들은 사이버불링이 발생한 웹페이지에 있는 자기 프로파일을 제거하거나 가해자의 접근을 막기 위해 세팅을 변경하는 것으로 조사되었다. 뿐만 아니라 접촉 리스트에서 가해자를 제거하거나 자신의 유저네임이나 이메일 주소를 변경하는 것으로 나왔다. 이와 유사한 연구결과로 Moessner(2007)의 연구에서도 청소년들은 사이버불링이 발생했을 때 불링 가해자를 차단하고, 동료 친구들이 사이버불링 메시지를 전달하는 것을 거절하며 온라인 그룹들의 공격적 메시지를 차단하는 것이 사이버불링을 막는 가장 효과적인 전략으로 인식하는 것으로 나타났다.

한편, 사이버불링 가해자 관점에서 볼 때 사이버불링을 막을 수 있는 효과적인 전략으로 그들의 인터넷 및 통신기기의 사용을 제한하는 것으로 조사되었다. 사이버불링의 가·피해자와 관계없이 청소년들은 사이버불링이 발생했을 때 가해자로 하여금 정보기술을 사용치 못하도록 금지하는 것이 가장 효과적인 사이버불링 대처 방식이라고 인식하고 있는 것으로 나타났다(Kraft & Wang, 2009). 청소년들의 경우 사이버몰입에 해당되는 세대로서 그들의 모든 관계, 여가생활과 상품구입 등이 주로 인터넷상에서 이루어지고 있다. 그들에게 기기의 사용을 제한하는 것은 생활의 주요 수단을 잃게 하고, 이로 인해 고립감을 느끼게 하기 때문에 그들이 갖는 심리적 부담감이 상당할 것이다. 이에 따라 통신기기의 제약은 사이버불링을 했을 때 처벌로 사용될 수 있음을 볼 수 있다.

청소년들은 기술적 차단방법 가운데 자신의 유저네임/전화번호를 변경하는 것 또는 자신의 프로파일을 제거하는 것과 같은 급진적인 방법을 잘 사용하지 않는 것으로 나타났다(Subrahmanyam & Šmahel, 2011). 사이버불링의 피해자들이 그러한 방법들을 꺼려하는 이유는 온라인상에서 유지되는 관계의 중요성뿐만 아니라 매일의 삶의 중요성도 크게 생각하기 때문으로 보고 있다. 그러나 기술적 차단은 사이버불링의 상황을 해결하기 위해 보다 적극적으로 대처하는 사이버불링 피해자에게 여전히 보편적인 방법이라고 할 수 있다.

이러한 적극적인 대처 방법으로 피해자가 문제의 환경이나 온라인 접속을 벗어나는 것은 피해자로 하여금 해로운 매체에 노출되는 것을 막을 수 있고 더 이상 가해자가 접촉할 수 없기 때문에 효과적일 수 있다. 특히 그러한 방법은 감정적으로도 효과적인 것으로 나타났다. 하지만 사이버불링의 반복적이고 널리 전파되는 성격 때문에 기술적 차단은 그 효과성을 잃을 수도 있다는 것을 감안해야 할 것이다. 즉, 하나의 채널이나 플랫폼이 차단되었거나 제거되었을 때 다른 것들로 대체될 수 있고 일단 하나의 매체가 만들어지면 그것은 다수의 사람들에 의해 보여지고 재발송되기 때문이다. 즉, 하나의 기술 전략은 하나의 특정 세팅에서 도움이 될 수 있지만 사이버불링의 공격은 다른 채널을 통해 계속될 수 있다. 따라서, 사이버불링의 경우 기술적인 해결책은 다른 전략들과 함께 사용되어야 할 것이다(Machacjova et al., 2009).

한편, 청소년들은 기술적인 차단이 사이버불링 방지에 효과적이라는 것을 인식하면서도 실제로 유해 메시지를 어떻게 제거하고 차단하는지 또한 사이버불링을 목격했을 때 어떻게 해야 할지에 대해 잘 모르고 있다는 연구 결과가 있다(Agatston, et al. 2007). 따라서, 이에 대한 충분한 교육을 통해 학습자들이 그런 상황에서 자동적으로 대처할 수 있도록 해야 한다. 지식을 알고 있는 것과 문제 상황에서 그것을 실천하는 것은 별개일 수 있다. 실제로 2013년 한국 정보화진흥원의 조사에서도 사이버불링의 가해학생들의 상당수가 상대방을 차단하거나(38.7%) 계정을 변경(2.9%)한다는 응답을 한 반면에 아무것도 하지 않는다는 답변도 24.2%나 되는 것으로 나타났다. 따라서 사이버불링이 발생했을 때 학생들이 기술적으로 잘 대처할 수 있도록 적절한 교육이 필요하다고 볼 수 있다.

사이버불링은 정보기기의 발전과 함께 계속해서 기법이 진화될 수 있다. 그러므로 기기와 기술의 발전에 따라 사이버불링에 관한 적절한 기술적 대처방법을 학생들이 익힐 수 있도록 교육이 지속적으로 이루어져야 할 것이다. 〈표 10-1〉은 청소년을 대상으로 한 사이버불링의 예방을 위한 10가지 팁으로 Hinduja와 Patchin (2012)에 의해 제안되었다.

〈표 10-1〉 **사이버불링 예방을 위한 10가지 팁**

1. 사이버불링을 방지하기 위해서 사이버불링이 무엇인지 정확하게 이해하도록 하라.
2. 패스워드나 개인정보가 노출되지 않도록 철저히 보호하라.
3. 자신의 섹시 이미지를 올리거나 보내기 전에 그것을 당신의 부모, 조부모와 다른 사람들이 보기를 원하는지 생각하라.
4. 당신이 알지 못하는 사람으로부터의 이메일, 텍스트메시지, 페이스북 메시지 등을 열지 말아라.
5. 웹사이트의 로그인 필드에 패스워드를 저장하거나 로그인된 상태로 컴퓨터를 떠나 있지 말아라.
6. 당신의 평판을 위태롭게 하는 뭔가를 올리지 마라.
7. 사이버불링의 인식을 높일 수 있도록 클럽을 만들거나 캠페인을 하라.
8. 당신의 온라인 프로필은 신뢰하는 친구에게만 제한적으로 접근하도록 허용하라.
9. 정기적으로 여러 가지 검색 엔진을 이용하여 당신의 이름을 검색하도록 하라.
10. 당신이 대접받고 싶은 대로 다른 사람도 대접하라.

〈표 10-2〉는 사이버불링을 당했을 때의 대처 방안에 대해 미국의 정부기관에서 운영하고 있는 stopbullying.gov에서 제안하고 있는 내용이다(stopbullying.gov, 2014). 사이버불링의 피해자가 기술적으로 조처해야 될 사항들을 기술한 내용이다.

〈표 10-2〉 **사이버불링 발생 시 피해자의 기술적 대처**

1. 사이버불링 메시지에 대해 아무런 답변을 하지 마라.
2. 사이버불링의 증거를 저장하라.
   2.1 사이버불링이 발생한 날짜와 시간 내용들을 기록하라.
   2.2 스크린샷, 이메일, 텍스트 메시지 등을 저장하고 프린트하라.
   2.3 위의 내용을 ISP나 스마트폰 회사 등에 사이버불링을 알리는 데 그 증거로 사용하라.
3. 사이버불링 가해자의 이메일이나 전화번호, 식별자를 차단하라.
4. ISP나 스마트폰 회사, 인터넷 사이트 운영자 등에 사이버불링의 사건을 알려라.
5. 사이버불링이 위협적인 해에 해당되면 경찰에 신고하라.

2. 시스템에 의한 대처 방법

사이버불링 대처 방안으로 유해 정보들을 차단하는 것을 고려할 수 있다. 불법 혹은 유해 콘텐츠나 메시지를 감지하기 위해 사람이 중재하거나 혹은 시스템에 의한 자동화된 형태 등을 사용할 수 있다. 인터넷 상의 유저들이 생성하는 콘텐츠의 양은 매우 방대하기 때문에 사람이 수작업으로 분류하는 것은 거의 불가능하다고 볼 수 있다. 이에 따라 소프트웨어를 이용한 자동 모니터닝 방법들이 많이 사용되고 있다. 최근에는 사이버불링을 다루기 위한 툴과 해결책에 관한 여러 연구들이 수행되고 있는데, 그중 AMiCA 프로젝트에서는 소셜네트워크상의 사이버불링에 대응하여 시스템 차원에서 개인들을 보호하기 위한 방법들을 제안하고 있다(Dadvar, 2014).

본 절에서는 시스템에 의한 처리 방식을 크게 필터링(Filtering)/블로킹(Blocking), 모니터닝(Monitering), 검색, 익명신고 방식으로 구분하여 기술한다 (최숙영, 2014). 필터링 방식은 다운로드된 콘텐츠 중 특정 단어나 구를 제거하여 보여주는 형태이며, 블로킹은 악성매체를 포함하고 있는 곳으로 간주되는 어떤 웹사이트들로의 접근을 차단하는 것이다. 모니터링은 문자메시지 가운데 사이버불링에 관계되는 단어들을 감지하여 알려주거나 인터넷 접속 기록, 스마트폰 사용통계, 앱(App) 삭제 기록 등을 모니터링 한다. 대부분의 사이버불링을 방지하기 위해 개발된 소프트웨어들은 필터링/블로킹, 모니터링 기능을 같이 지원하고 있다. 검색 프로그램은 사이버불링의 사례들을 단어와 문구를 통해 분석하여 같은 내용의 사례들을 찾아 제공해주는 형식이다. 익명 신고 방식은 학생들이 사이버불링의 상황에 처했을 때 신분노출 우려 없이 익명으로 즉각적이고 직접적으로 신고할 수 있도록 지원하기 위한 것이다.

1) 필터링/블로킹 프로그램

국내에서 지원되고 있는 필터링/블로킹 방식으로 방송통신심의위원회가 2009년 4월부터, 교육부, 시・도 교육청과 함께 구축한 '청소년 인터넷 안전망 그린i-Net'이 있다. '그린i-Net2.0'에서는 청소년에게 유해한 인터넷 사이트를 자율적으로 차단하는 필터링 소프트웨어를 희망하는 가정에 무료로 보급하는 사업을 진행하고 있다. 이 소프트웨어들은 청소년에게 유해한 인터넷 사이트를 자율적으로 필터링하고 유해 동영상, 유해 광고 등을 차단해 줌으로써 청소년을 음란정보와 같은 유해정보로부터 보호하고 있다. 또한 '그린 i-Net2.0'에서는 인터넷 중독성의 위험에 대해 청소년에게 알리고 부모에게 자녀의 컴퓨터 사용시간을 알려주는 기능을 지원하고 있다. 〈표 10-3〉은 '그린i-Net2.0'에서 제공하고 있는 소프트웨어 종류들과 지원 기능들에 대한 특징을 보여주고 있다.

국내뿐 아니라 국외에서도 다양한 필터링/블로킹을 지원하는 소프트웨어들이 존재한다. WatchGuard Technologies에서 개발한 'WatchGuard XCS'는 이메일이나 SNS상의 사이버불링에 관한 유해 메시지를 필터링하고 우울증과 자살에 관한 문구들을 모니터링하여 알리는 기능을 제공하고 있다. 이와 유사한 기능을 가진 소프트웨어들로 'K9 Web Protection', 'Cybersitter', 'Net Nanny', 'NortonTM Online' 등이 존재한다. 또한 호주의 Net-Box Blue에서 개발한 사이버불링 예방 엔진(SecureED)이 있다. 이 엔진의 경우 교육기관에서 사용 가능하도록 개발이 된 것으로 키워드, 웹사이트 주소, 특정 카테고리에 기초해서 이메일, 페이스북, 메신저와 다른 일반 소셜 응용프로그램을 이용한 모든 통신 내용에서 유해 정보를 필터링하거나 차단할 수 있도록 하고 있다. 위와 같은 소프트웨어들은 사이버불링을 어느 정도 예방할 수 있게 한다.

〈표 10-3〉 '그린i-Net2.0'에서 제공하고 있는 소프트웨어와 지원 기능

소프트웨어	개발회사	지원 기능
i안심	Plantynet Co.	• 인터넷 음란물 종합차단 • 게임/P2P등의 프로그램 차단 • 시간대별/요일별 PC사용시간관리 • 인터넷 청정지수(안심/관심요망/위험 상태) 제공 • 각 기능별 통계 및 기간별 SMS와 이메일 통계
맘아이	JNESS	• 게임 및 PC 사용시간 제한 • 유해동영상 및 유해사이트 차단 • PC 사용화면 스크린샷 조회

		• 허용 사이트 외 모든 사이트 차단
아이눈	Everyzon	• 청소년 불법 유해 사이트 차단 • 유해 동영상 차단/검색 및 삭제 • 사용시간 관리를 통한 인터넷 중독방지 • 사용 화면 캡처 기능을 통한 PC 사용 관리
엑스키퍼	지란지교소프트	• 컴퓨터 사용시간 관리 기능 • 유해 사이트 및 게임 사이트 실시간 차단 • 유해 동영상 및 유해 유통 프로그램 검색 및 삭제 • 메신저/P2P 프로그램 차단 • 휴대폰으로 컴퓨터 사용 시간 제어 가능
컴사용지킴이	테라정보기술	• 유해정보차단 • 컴퓨터 사용시간 제한 • 사용기록 조회 및 캡처화면 제공 • 사용자 지정게임(유해) 사이트 추가/차단/해제기능 제공
아이보호나라	KSINTERACTIVE	• 유해 광고 차단 • 음란성 성인광고 차단 • 유해 사이트 실시간 차단 • 유해 동영상 자동 차단 • P2P 프로그램 차단 및 메신저 차단

2) 모니터링 프로그램

자녀들의 온라인 행위들을 제어할 수 있도록 부모들을 위해 설계된 다양한 소프트웨어들이 국내외적으로 존재한다. 이러한 소프트웨어들은 자녀들이 보내거나 받는 이메일, 메시지, 인터넷 사이트의 콘텐츠에 사이버불링에 관련된 단어들이 있는지 모니터링하고 있다가 그런 단어들이 발견이 되면 그것들을 부모들에게 알려준다. 또한 자녀들의 인터넷 활동들에 대한 히스토리를 제공하고 있다.

먼저, 국내에서 개발되어 사용하고 있는 것들을 살펴보면, '블랙스톤'에서 개발한 서비스로 '모바일가디언'이 있다. 이것은 자녀의 휴대폰에 수신된 문자메시지 가운데 사이버불링에 관계되는 단어들을 감지해서 피해 학생의 부모 휴대폰과 이메일로 실시간 알려주는 서비스이다. 청소년이 주로 사용하는 폭력적 단어와 욕설 등 1000여 개의 키워드를 추출해 부모에게 즉시 알려준다. 가해자로 의심되는 학생이 있으면 별도로 지정해 해당 발송자가 발송한 모든 문자를 확인하는 것도 가능하다. 따라서 자녀의 신변에서 일어날 수 있는 위협을 사전에 파악할 수 있다.

[그림 10-1] 모바일가디언의 주요 지원 기능

이와 유사한 어플리케이션으로 국내의 통신사마다 관련 서비스들을 제공하고 있다. SKT에서 지원하고 있는 'T청소년안심팩' 서비스가 있다. 이 서비스는 기존의 '학교폭력지킴이' 서비스를 업그레이드 한 것이다. 안드로이드 기반의 스마트폰을 사용하고 있는 학생(만 18세 이하)들에게 스마트폰을 통해 문자, 카카오톡, 마이피플 등에 학교폭력이 의심되는 문자가 수신되었을 경우 이를 발췌하여 등록된 법정대리인에게 문자와 이메일로 알려준다. 또한 자녀들의 스마트폰 사용현황이나 위치를 조회하고, 자녀들이 고민하고 있는 검색어를 감지하여 알려주는 등의 서비스를 제공하고 있다. KT는 'olleh 자녀폰 안심 서비스'를 제공하고 있는데, 이 서비스는 자녀의 스마트폰 이용 습관을 관리할 수 있는 것으로 모바일 인터넷 유해 사이트들을 차단하고 유해/성인어플 실행을 차단하는 기능을 제공하고 있다. 자녀폰에 설치된 어플별로 사용시간대를 설정하는 것이 가능하고, 자녀들이 유해사이트를 접속 시도한 통계를 제공함으로써 자녀의 스마트폰 사용을 모니터링할 수 있다. LG유플러스는 '자녀폰 지킴이' 서비스를 제공하고 있다. 다른 통신사들의 서비스와 마찬가지로 청소년 유해사이트, 유해앱 등을 차단하며 자녀스마트폰을 관리해 줄 수 있는 기능을 지원하고 있다. 스마트폰에서뿐만 아니라 PC를 통한 인터넷 접속으로도 자녀 스마트폰 관리가 가능하도록 하고 있다.

국외에서 지원되고 있는 모니터링 프로그램으로 MouseMail이 있다. MouseMail은 국내에서 지원하고 있는 '모바일가디언'이나 'T청소년안심팩' 서비스들과 같이 이메일과 휴대폰의 메시지 중에 부적절한 내용이 들어 있는지를 검사하여 그러한 것들이 존재하는 경우 그 내용을 부모들에게 전달해주는 서비스이다.

[그림 10-2] 미국 MouseMail 홈페이지 화면

국외에서도 스마트폰의 사용을 모니터링하고 트랙킹하기 위한 다양한 서비스들이 지원되고 있다. 대표적인 것으로는 mSpy, StealthGenie, SpyBubble 등이 있다. 국내에서 지원되고 있는 서비스들과 그 기능이 유사하다. mSpy는 가장 널리 사용되고 있는 서비스로서 부모들이 자녀들의 스마트폰을 이용한 방문 기록과 SNS를 통해서 이루어진 대화 내용 등을 모니터링할 수 있다. 원하지 않는 곳으로부터 걸려오는 전화를 제약할 수 있으며, 자녀의 위치를 트랙킹할 수 있는 기능 등을 지원하고 있다. 또한 Android, iPhone, iPad, Blackberry, Symbian Nokia, Windows Mobile 과 같은 다양한 운영체제 기반에서 지원되고 있다.

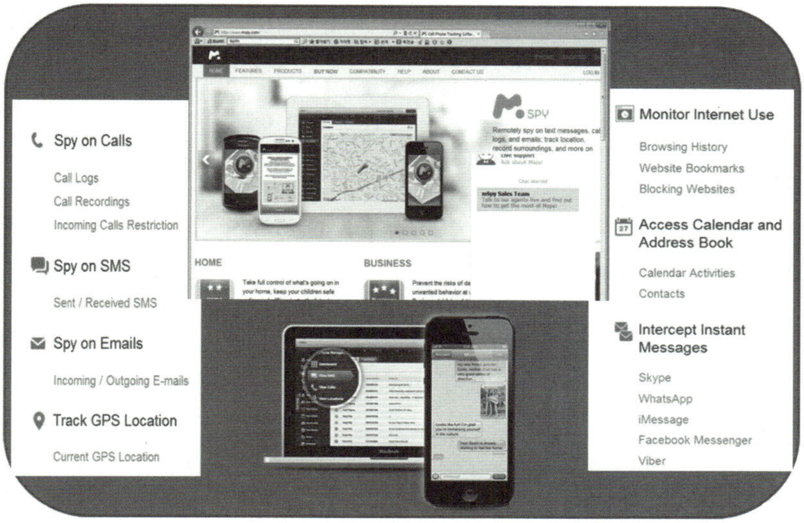

[그림 10-3] mSpy의 홈페이지 화면 및 기능

3) 검색 프로그램

A Thin Line은 MIT의 Karthik Dinakar 팀에 의해 개발된 프로그램으로, 사이버 불링의 피해자들이 경험하는 외로움과 고립감을 줄이기 위해서 만들어졌다.

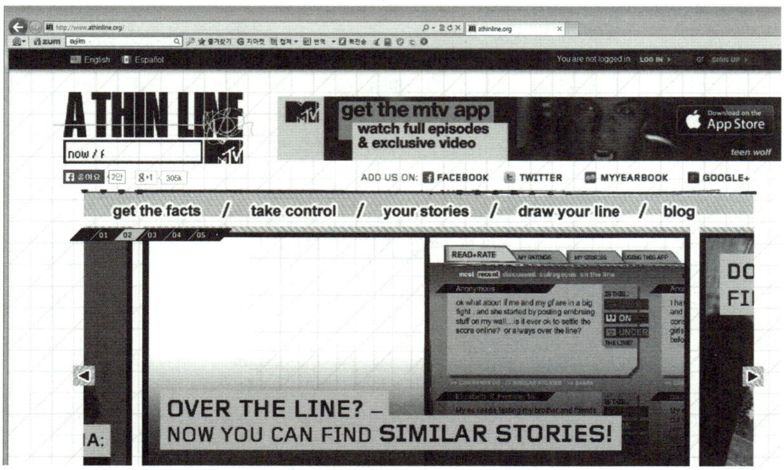

[그림 10-4] A Thin Line의 홈페이지 화면

청소년들이 무기명으로 디지털오용 및 사이버불링에 관한 자신의 이야기를 공유하거나 관심 있는 내용의 글을 읽을 때 그것들과 유사한 내용을 찾아 보여 준다. 그 알고리즘은 그 사이트로부터 5500 포스트들의 단어와 문구를 분석하고 각각을 30개의 주제들로 분석한 후 각 사람이 올린 내용과 유사한 내용을 찾아 보여주는데, 이를 통해 그러한 문제 상황에 있는 사람이 본인만이 아니라는 것을 알려주어 고립감을 줄여줄 수 있게 한다.

최근에 이와 유사하게 사이버불링의 피해자들을 도와주기 위한 프로그램들이 개발되고 있다. 그러한 프로그램들은 피해 청소년들이 그들의 고통 상황을 개선하도록 하는 것이다. 즉, 그들의 고통에 대해 공감을 표현하거나 그들이 적극적인 행동을 취하도록 격려함으로써 감정적 지원이 가능한 지능적 에이전트를 제공한다(Jacob et al., 2014).

4) 익명 신고 프로그램

익명 신고 프로그램은 학생들이 사이버불링의 상황에 처했을 때 신분 노출 우려 없이 익명으로 즉각적이고 직접적으로 신고하여 그 상황에 대해 도움을 청할 수 있도록 하는 것이다. '마스크챗'은 정보기술(IT)업체 레드퀸이 개발한 프로그램으로 발신번호를 지우고도 익명으로 대화가 가능한 신형 메신저다. 자신이 누구인지 알리지 않고도 교사, 전문상담원, 경찰 등과 실시간으로 이야기를 나눌 수 있게 함으로써 학생들은 솔직하게 자신이 처한 상황을 이야기할 수 있고 가해행동을 목격했을 때 고발할 수 있도록 한다. 특히, 사이버불링에서 방관자의 역할이 중요하다. 방관자들은 사이버불링 피해자들의 상황을 보다 좋게 할 수 있음에도 불구하고 아무것도 하지 않음으로써 사이버불링에 암묵적으로 동조하는 상황을 만들 수도 있다. 핀란드의 반불링 프로그램인 KiVa에서는 이러한 방관자들의 역할의 중요성을 인식하고, 이들이 불링을 해결하는데 적극적으로 참여하도록 지도함으로써 많은 효과가 있음을 보여주고 있다(Salmivalli & Poskiparta, 2012). 방관자들은 그들이 목격한 상황이 잘못된 것이라는 것을 알고 있으며, 이를 멈추게 하는 것이 바람직하다는 것도 알고 있다. 하지만 자신이 개입함으로써 사이버불링의 새로운 타깃이 될지도 모른다는 두려움 때문에 개입하는 것을 꺼려하고 있다. 이러한 상황에서 마스크챗을 이용함으로써 방관자들이 가해 행동을 목격했을 때 많은 고민 없이 신고할 수 있기 때문에 사이버불링의 피해를 줄일 수 있다.

3. 정리하기

본 장에서는 사이버불링에 대한 기술적 대처 방안들에 대해 기술하였다. 기술적 대처 방안은 청소년들이 사이버불링이 발생되었을 때 직접 기술적으로 대처하는 방법과 시스템에 의해서 자동으로 대처하는 방법이 있다. 사이버불링의 피해를 최대한 줄이기 위해서는 사이버불링이 발생하였을 때 학생들이 기술적으로 적절하게 대처하는 것이 요구된다. 청소년들이 사이버불링에 일반적으로 대처하는 방법으로 가해자를 차단시키거나 자신의 계정을 변경하는 것으로 나타났다. 시스템에 의해 대처하는 방법은 적절하지 않는 메시지나 이미지 등을 사전 모니터링하여 알려주거나, 유해 사이트 혹은 불쾌감을 주는 메시지들을 차단하거나 필터링하는 것으로 사이버불링을 사전에 막을 수 있다. 본 연구에서는 시스템에 의한 대처방법을 필터링(Filtering)/블로킹(Blocking), 모니터닝(Monitering), 검색, 익명신고 방식으로 구분하여 각 특징과 국내외 관련 서비스들을 기술하였다.

이러한 시스템에 의한 대처 방안들은 그 자체만으로 사이버불링을 효과적으로 막을 수 없기 때문에 기술적 대처 방안들은 다양한 측면에서의 대처방안들과 함께 보조적인 도구로서 사용되어야 할 것이다. 우선적으로는 청소년들이 정보기술을 보다 현명하게 사용할 수 있도록 지도하는 것이 필요하다. 또한 사이버불링이 발생되었을 때 청소년들로 하여금 적절한 기술적인 대처를 할 수 있도록 교육이 이루어져야 할 것이다.

참고문헌

최숙영 (2014). 사이버불링에 대한 국내외 연구 동향 및 대응 방안 연구, 한국 컴퓨터교육학회 논문지, 15(5).

Agatston, P., Kowalski, R., & Limber, S. (2007). Students perspectives on cyber bullying. *Journal of Adolescent Health*, 41(6), S59-S60.

Dadvar, M. (2014). Experts and machines united against cyberbullying. PhD thesis, University of Twente.

EC Social Networking Task Force. (2009). Safer social networking principles for the EU. European Commission, Luxembourg. Available from: https://ec.europa.eu/digital-agenda/sites/digital-agenda/files/sn_principles.pdf.

Feinberg T. & Robey, N. (2010). Cyberbullying: Intervention and prevention strategies. Retrieved on November 21, 2014, from http://www.nasponline. org/resources/bullying/cyberbullying.pdf

Jacobs, N. C., Volink, T., Dehue, F. & Lechner, L. (2014). Online Pestkoppenstoppen: systematic and theory-based development of a web-based tailored intervention for adolescent cyberbully victims to combat and prevent cyberbullying. *BMC public health*, 14, 396.

Kraft, E. & Wang, J. (2009). Effectiveness of Cyber bullying Prevention Strategies: A Study on students' perspectives. *International Journal of Cyber Criminology*, 3(2).

Hinduja & Patchin (2012). Preventing cyberbullying top ten tips for teens. Retrieved on November 21, 2014, from http://www.cyberbullying.us/ Top_Ten_Tips_ Teens_Prevention.pdf

Machackova, H., Cerna, A., Sevcikova, A., Dedkova, L., & Daneback, K. (2013). Effectiveness of coping strategies for victims of cyberbullying. Cyberpsychology: *Journal of Psychological Research on Cyberspace*, 7(3), article 5. doi: 10.5817/CP 2013-3-5

Moessner, C. (2007). Cyber bullying. trends and tunes, 6(4). Retrieved on November 21,

2014, from http://www.ncpc.org/resources/files/pdf/ bullying/Cyberbullying%20 Trends%20-%20Tudes.pdf

Salmivalli, C., Karna, A., & Poskiparta, E. (2011). Counteracting bullying in Finland: The KiVA program and its effects on different forms of being bullied. *International Journal of Behavioral Development*, 35, 405-411.

stopbullying.gov (2014). Report cyberbullying. Retrieved on November 21, 2014, from http://www.stopbullying.gov/cyberbullying/how-to-report/index.html

Subrahmanyam, K., & Šmahel, D. (2011). Digital youth : The role of media in development. Springer : New York.

Chapter 11

이원상

사이버불링 예방을 위한 법·제도적 조치

사이버불링을 예방하기 위해서는 법·제도적 조치가 적절하게 이루어질 필요가 있다. 물론 기본적으로 사이버불링에 대한 문제는 가정과 학교에서의 교육을 통한 자율적인 노력이 요구된다. 그러나 사이버불링이 보다 체계적으로 예방되고 처리되기 위해서는 법·제도적인 노력이 뒷받침될 필요가 있다. 무엇보다 사이버불링이라는 현상은 현실공간에서 발생하고 있는 불링의 연장선상에서 또는 그와 구별되어 나타나는 현상이기 때문에 아직까지 사이버불링에 대해 어떻게 대응해야 하는 것이 적절한지에 관해서는 여전히 의견이 분분하다. 그러나 사이버불링은 지금 이 시간에도 어떤 사이버공간에서 무방비 상태로 발생하고 있는지 모를 일이다. 그러므로 교육이나 캠페인 등과 같이 비교적 오랜 기간을 요구하는 예방방법과 함께 우선 중·단기적인 법·제도적 조치를 통해 대응방안을 마련할 필요가 있다. 그러므로 여기에서는 사이버불링에 대해 다른 주요 선진국들은 어떠한 법·제도를 마련하고 있는지 먼저 살펴보고, 그동안 우리나라에서 제시되었던 대안들에는 어떤 것들이 있는지, 그리고 현행 사이버불링에 대한 법·제도적 한계와 개선책은 어떤 것들이 있는지에 대해서 살펴보고자 한다.

1. 사이버불링의 법률적 개념요소

사이버불링의 법·제도적 대응방안을 살펴보기에 앞서 사이버불링의 법·제도적 조치를 위해서는 우선 사이버불링의 법적 개념을 설정하는 것이 중요한데, 이는 사이버불링의 일반적인 개념에 따라서는 법을 적용하는 것이 쉽지 않기 때문이다. 그러므로 우선 여기서는 사이버불링의 법적 개념요소를 살펴보고, 법적인 정의를 도출해 보고자 한다.[1)]

일반적으로 사이버불링은 다양한 사이버폭력 가운데 한 유형으로 흔히 사전적인 의미로 인터넷상에서 다수가 특정인을 괴롭히는 것, 또는 사이버 불링 등의 의미로 사용되고 있다. 그러나 사이버불링의 용어를 살펴보면 '사이버(cyber)'란 행위가 이루어지는 공간을 의미하며, 그 행위는 '불링'이다. 여기서 사이버불링의 행위공간인 사이버공간에 대해 일부에서는 '사이버'란 개념을 '온라인(online)' 또는 '인터넷(internet)', '버츄얼(virtual)' 등의 말과 혼용해서 사용하고 있지만, '사이버'의 개념은 그보다 넓은 의미를 가진 독자적인 개념이라고 할 수 있다. 그러므로 사이버불링이 행해지는 공간인 사이버공간은 가상공간, 유·무선 인터넷 공간, 인트라넷 공간뿐 아니라 앞으로 새롭게 만들어질 공간까지도 포함하는 개념이라고 할 수 있다(이원상, 2013).

그런데 사이버불링에서 불링이라는 개념이 다소 모호하여 아직 우리나라에서는 불링을 정확하게 표현하고 있는 용어는 없다고 할 수 있다. 관련 문헌들을 볼 때, 불링은 집단따돌림이나 집단괴롭힘, 왕따, 구박, 이지메, 폭력 등의 용어로 대체되어 사용되며, 주로 약자를 괴롭힌다는 의미로 사용되고 있다. 이에 반해 독일에서는 불링과 모빙(mobbing)이라는 개념을 구분해서 사용하는데, 불링은 주로 학교에서 청소년들 사이의 괴롭힘을 언급할 때 사용되는 데 반해 모빙은 직장에서의 괴롭힘에 사용되고 있다(이원상, 2013).

1) 예를 들어, 사기죄를 적용하기 위해서는 '사기'라는 행위의 법적 정의가 필요하다. 이는 일반인들의 경우 빌려준 돈을 갚지 않는 행위를 할 경우에도 '사기꾼'이라고 하며 돈을 갚지 않는 행위를 사기죄로 취급하기도 하고, 거짓말을 하는 사람에게도 '사기꾼 같은 놈'이라고 하여 사기죄로 취급을 한다. 그러나 법적 개념으로 볼 때, 사기죄는 고의를 가지고 타인을 기망하여 재물이나 재산상 이익을 취득하는 행위이므로 앞서 말한 행위들은 법적 사기죄가 성립되지 않는다.

사이버불링의 개념요소를 좀 더 구체적으로 살펴보자면, 개념요소는 크게 '사이버'에 해당하는 매체·수단적 특징에 따른 개념요소와 '불링'에 해당하는 폭력성과 관계된 행동관련 개념요소로 나누어 볼 수 있다. 우선 '사이버'의 개념요소로 이메일, 채팅방, 웹사이트, 인스턴트 메시지, 핸드폰, SNS 등의 의사소통 도구의 사용을 들 수 있다. 이는 전통적인 불링과 사이버불링을 구분시켜주는 개념요소라고 할 수 있다. 해당 의사소통 도구를 사용하여 사진이나 동영상, 이모티콘, 플래쉬 등을 통해 불링에 해당하는 내용을 상대방 또는 사이버공간에 전달 및 유포하는 것이다(이원상, 2013).

또한 불링의 개념요소로는 의도적 행동, 반복성, 폭력 또는 공격성, 힘의 차이 등이 있다. 불링은 우연이나 뜻하지 않은 행동이 아니라 의도적이고 목적적으로 행해지기 때문에 의도성이 중시된다. 그리고 불링은 일회적인 폭력이나 괴롭힘에 의한 것이 아니라 지속적으로 반복적인 행위로 인해 피해를 발생시키게 된다. 더 나아가 사이버공간에서는 피해자가 사이버공간에 접속해 있는 한 실시간적이고 시공의 제한 없이 불링이 반복될 수 있다. 이와 함께 폭력 또는 공격성으로 인해 가해자들의 악의가 포함되어 피해자에게 다양한 형태의 폭력 또는 공격적 행위가 표출된다. 이것이 사이버공간에서는 직접적인 물리적 행위로 발현되는 것이 아니라 사진, 동영상 등을 통해 정신적인 폭력행위로 발현된다고 할 수 있다. 그리고 힘의 차이는 가해자가 피해자에게 가해자의 힘을 보여주는 것으로 현실공간에서는 인기나 체격, 성별, 지능 등의 우월함이 불링을 유발할 수 있다. 그러나 사이버공간에서는 현실적인 힘의 차이 외에도 사이버공간에서의 능숙함이나 해킹 기술 등이 힘의 차이를 유발할 수 있다(이원상, 2013).

이런 요소들과 함께 집단성도 고려될 필요가 있다. 사이버불링은 한 사람이 지속적이고 반복적으로 불링을 행하는 것이 아니라, 다수가 의사연락을 통하거나 의사연락 없이 피해자를 대상으로 불링을 하는 경우가 대다수이기 때문이다. 따라서 집단성을 제외한 개념요소들을 보면 사이버스토킹과 큰 구분이 가지 않을 수 있다. 물론 사이버스토킹의 경우에도 여러 명이 한 명을 스토킹하는 것은 가능하지만 사이버스토킹의 일반적인 행위태양은 아니다. 이에 반해 사이버불링은 일반적으로 집단성이 중요한 행위태양이기 때문에 집단성도 개념요소로 고려될 수 있을 것이다(이원상, 2013).

다만, 사이버불링을 처벌하기 위한 규정을 만들 경우에는 앞의 개념 요소들을 보다 명확하고 제한적으로 사용할 필요가 있다. 이는 사이버불링의 처벌범위가 불필요하게 확대되는 것을 방지하기 위해서이다. 따라서 사이버불링의 개념을 보자면, 가해 행위자는 다수이고, 피해자는 개인이나 소수이며, 행위 유형은 피해자를 괴롭히거나 따돌리는 모든 행위가 포함되어야 할 것이다. 그러므로 사이버불링은 "사이버공간에서 다수가 개인이나 소수의 행위 대상을 괴롭히거나 따돌리는 일련의 행위들"이라고 할 수 있을 것이다. 따라서 개인이 개인을 불링하는 행위는 사이버스토킹 등의 개념에 포함시키면 될 것이다(이원상, 2013).

2. 해외의 사이버불링에 대한 법 · 제도적 조치

1) 미국의 사이버불링 대응 법과 제도

(1) 미국의 사이버불링 관련 법률 현황

사이버불링에 있어 가장 적극적으로 대처하는 국가로 미국을 들 수 있다. 미국의 경우 불링뿐 아니라 사이버불링에 대한 사회문제가 많이 발생하면서 많은 주에서 사이버불링에 대한 입법을 제안하거나 입법화되고 있다. 미국에서 사이버불링을 중점적으로 연구하고 있는 "사이버불링 리서치 센터"에서는 사이버불링과 관련된 미국 각 주의 입법현황을 알려주고 있다. 그에 따르면 미국에서 2014년 9월 현재 사이버불링에 대한 규정을 도입한 주들로는 아칸소주(Arkansas), 캘리포니아주(California), 하와이주(Hawaii), 매사추세츠주(Massachusetts), 뉴욕주(New York) 등을 비롯해서 총 20개 주에 이르고 있다. 또한 조지아주(Georgia), 일리노이주(Illinois), 네브래스카주(Nebraska) 등 3개 주와 연방에서는 입법안이 제출되어 있는 상황이다. 또한 비록 사이버불링이라는 용어를 사용하고 있지는 않더라도 미국의 여러 주에서는 관련 법률에서 전자통신, 괴롭히는 연락, 전자적인 행위, 전자통신상의 괴롭힘, 전자적 수단의 사용, 데이터나 컴퓨터 소프트웨어의 사용 등과 같이 우회적으로 사이버불링을 언급하고 있다(경제·인문사회연구회, 2012). 그런 가운데 현재 미국에서 사이버불링과 관련해서 법률적 차원에서 논의되고 있는 내용들을 살펴보면 다음과 같다.

먼저 미국에서는 사이버불링의 대상범위를 어느 정도로 할지에 대한 문제가 제기되었다. 이는 사이버불링이 비단 학교에서만 일어나는 것이 아니라 일반적으로 일어나기 때문이다. 따라서 사이버불링의 법률 적용범위를 학교로 한정해야 할지, 아니면 모든 사람을 대상으로 할지에 대한 논란이 많았다. 하지만 일리노이주를 제외한 대부분의 주에서는 "학생들이 공공학교에서 다른 학생들의 위협, 협박, 괴롭힘 등으로부터 자유롭게 공공교육을 받을 권리"를 지키기 위해 사이버불링을 규제하고 있으므로 사이버불링의 대상은 학생이라고 하고 있다(최유진/홍승희, 2012). 그러나 그 보호 대상이 오직 학생에 한정되어 있지는 않는데, 아칸소주를 포함해 몇몇 주에서는 교직원까지도 사이버불링의 보호대상으로 삼고 있기 때문이다. 하지만 사이버불링의 적용범위가 보다 축소될 수 있는 이유로 매사추세츠를 제외한 대부분의 주에서 사이버불링의 적용대상을 공립학교로 제한하고 있기 때문에 사이버불링 관련 규정이 적용될 수 있는 범위는 더욱 제한되어 있다(최유진/홍승희, 2012).

다음으로 미국에서는 사이버불링을 독자적인 불링의 형태로 볼 것인지, 아니면 기존의 불링의 한 형태로 볼 것인지에 따라 다소 다른 입법 형태를 취하고 있다. 미국의 일부 주에서는 사이버불링을 특별한 불링의 형태로 취급하여 별도로 명확히 규정하는 형태를 취하는 반면, 다른 주들은 우리나라의 「학교폭력예방 및 대책에 관한 법률(이하 '학폭법'이라고 함)」과 같이 기존의 불링에 대한 정의에 사이버불링 유형을 추가하는 형태를 취하고 있기도 하다(최유진/홍승희, 2012). 후자의 경우 조문에 주로 전자적 수단 등을 통해 범해지는 불링으로 정의되며, 일부 주에서는 전자적 수단의 예로 블로그나 웹사이트, 핸드폰 등과 같은 구체적인 예가 제시되기도 한다(최유진/홍승희, 2012).

앞서 살펴보았던 것과 같이 사이버불링을 어떻게 이해할지에 대한 문제와 함께 사이버불링이 발생하였을 경우 어떻게 조치해야 할지에 대한 부분도 의견이 분분하다. 모든 주에서는 사이버불링에 대한 예방정책과 발견 시에 신고할 것을 의무화하고 있으며, 그와 함께 사이버불링을 신고하는 과정에서 발생하는 위반에 대해 면책을 해주는 조문을 포함하고 있다. 그리고 교직원들에 대한 전문적인 교육을 시행해야 할 의무를 부과하고 있으며, 사이버불링과 관련된 전문인력 시스템을 구축할 것을 요구하고 있다. 하지만 무엇보다 첨예하게 대립되고 있는 사안으로 과연 사이버불링을 형법적으로 처벌해야 하는지에 대한 것이다. 현재 아칸소주, 루이지애나주, 미주리주, 네바다주, 노스캐롤라이나주 등 14개 주에서 형사처벌규정을 두고 있으며, 하와이와 뉴욕 등 5개 주에서는 입법안이 제출되어 있는 상황이다.

종합적으로 볼 때, 미국에서는 사이버불링과 관련하여 활발하게 관련 법률이 제정되었거나 제정되고 있는 상황이다. 다만, 그 적용범위가 공립학교 중심으로 이루어지고 있기 때문에 다소 제한적이라고 할 수 있다. 하지만 이는 다음에서 살펴보겠지만, 법률보다는 프로그램이나 법률 외적인 노력이 보다 활발하게 이루어지고 있다. 그러므로 비록 법률적으로는 그 제제범위가 다소 좁다고 하더라도 법률 외적인 방법을 통해 보완할 수 있게 되어 있다. 사실 미국의 몇몇 주와 일부 나라들을 제외하면 사이버불링과 관련된 법제를 발견하는 것은 쉽지 않다. 이는 아직까지도 상당수의 국가에서는 사이버불링이 사회적으로 이슈는 되고 있지만, 법제화하는 과정이 쉽지 않기도 하지만 아직까지 사이버불링 문제를 일반적인 불링의 한 형태로 파악하기 때문이다. 그러나 최근 몇 년간의 경과 과정을 살펴보면 미국의 경향은 사이버불링에 대해 법제화를 하는 주가 늘어나고 있는 추세이다.

State Cyberbullying Laws

A Brief Review of State Cyberbullying Laws and Policies

Sameer Hinduja, Ph.D. and Justin W. Patchin, Ph.D.

Updated: September 2014
Created: July 2010

	Bullying law	Include "cyberbullying"[1]	Include electronic harassment	Criminal sanction	School sanction	Requires School Policy	Include off campus behaviors?[2]
Alabama	YES	NO	YES	NO	NO	YES	NO
Alaska	YES	NO	NO	YES	YES	YES	NO
Arizona	YES	NO	YES	NO	YES	YES	NO
Arkansas	YES	YES	YES	YES	YES	YES	YES
California	YES	YES	YES	NO	YES	YES	YES
Colorado	YES[3]	NO	YES	proposed	YES	YES	NO
Connecticut	YES	YES	YES	NO	YES	YES	YES
Delaware	YES	NO	YES	NO	YES	YES	NO
Florida	YES	YES	YES	NO	YES	YES	YES
Georgia	YES	proposed	YES	NO	YES	YES	proposed
Hawaii	YES	YES	YES	proposed	YES	YES	NO
Idaho	YES	NO	YES	YES	YES	YES	NO
Illinois	YES	NO	YES	NO	YES	YES	NO
Indiana	YES	NO	YES	NO	YES	YES	NO
Iowa	YES	NO	YES	YES	YES	YES	NO
Kansas	YES	YES	YES	NO	YES	YES	NO
Kentucky	YES	proposed	YES	YES	YES	YES	NO
Louisiana	YES	YES	YES	YES	YES	YES	YES
Maine	YES	YES	YES	NO	YES	YES	NO
Maryland	YES	NO	YES	proposed 2013	YES	YES	NO
Massachusetts	YES	YES	YES	NO	YES	YES	YES
Michigan	YES	NO	YES	proposed	NO	YES	NO
Minnesota	YES	YES	YES	NO	YES	YES	YES
Mississippi	YES	NO	YES	YES	YES	YES	NO
Missouri	YES	YES	YES	YES	YES	YES	NO
Montana	NO	NO	NO	YES	NO	NO	NO
Nebraska	YES	proposed	YES	NO	YES	YES	proposed
Nevada	YES	YES	YES	YES	NO	YES	NO
New Hampshire	YES	YES	YES	NO	NO	YES	YES
New Jersey	YES	NO	YES	NO	YES	YES	YES
New Mexico	YES	NO	YES	NO	YES	YES	NO
New York	YES	YES	YES	proposed	YES	YES	YES
North Carolina	YES	YES	YES	YES	YES	YES	NO
North Dakota	YES	NO	YES	YES	YES	YES	NO
Ohio	YES	NO	YES	NO	YES	YES	NO
Oklahoma	YES	NO	YES	NO	YES	YES	NO
Oregon	YES	YES	YES	NO	YES	YES	NO
Pennsylvania	YES	NO	YES	NO	YES	YES	NO
Rhode Island	YES	NO	YES	NO	NO	YES	NO
South Carolina	YES	NO	YES	NO	YES	YES	NO
South Dakota	YES	NO	YES	NO	YES	YES	YES
Tennessee	YES	YES	YES	YES	YES	YES	YES
Texas	YES	NO	YES	NO	YES	YES	NO
Utah	YES	YES	YES	NO	YES	YES	NO
Vermont	YES	NO	YES	NO	YES	YES	YES
Virginia	YES	YES	YES	NO	YES	YES	NO
Washington	YES	YES	YES	YES	YES	YES	NO
West Virginia	YES	NO	YES	NO	YES	YES	NO
Wisconsin	YES	NO	NO	YES	YES	YES	NO
Wyoming	YES	NO	YES	NO	YES	YES	NO
STATE TOTALS	49	20	48	14	44	49	13
FEDERAL	NO	proposed-2009	proposed	proposed	NO	NO	NO
Washington DC	YES	NO	YES	NO	YES	YES	YES

[1]Indicates laws that actually include the terms "cyberbullying" or "cyber-bullying." This is compared to states that simply refer to electronic harassment or bullying using electronic means. See actual law for more details.
[2]Federal caselaw allows schools to discipline students for off-campus behavior that results in a substantial disruption of the learning environment at school. These states have simply codified that standard in state statute.
[3]See specific state info below for more details.

Please let us know if you are aware of any updates not included in this summary.

Cyberbullying Research Center www.cyberbullying.us

[그림 11-1] 미국의 사이버불링 법제화 현황

(출처: cyberbullying.us)

(2) 미국의 사이버불링 관련 방지제도

우선 미국은 사이버불링의 심각성을 인식하여 사이버불링과 관련된 많은 연구를 진행하고 있다. 이는 사이버불링의 문제를 단순히 매체의 특수성만 갖고 있는 경우로 파악하는 것이 아니라, 이미 그 자체가 독자적이고 독립적인 문제임을 인식하였기 때문이다. 특히 사이버불링의 특수성을 고려하여 사이버공간에서 사이버불링과 관련해서 어떤 노력을 기울이고 있는지 살펴볼 필요가 있다.

먼저 미국의 경우 국가 차원에서는 연방보건복지국에서 운영하는 stopbullying.gov에서 사이버불링에 대한 정보를 제공해주고 있다. 여기에서는 사이버불링이 어떤 것인지, 사이버불링을 예방할 수 있는 방법은 무엇인지, 사이버불링이 발생하였을 때 어떻게 처신하고, 도움을 줄 수 있는 기관은 어떤 것들이 있는지 등에 대한 정보를 제공해주고 있다. 또한 축적되는 정보들을 바탕으로 정책입안이나 대응방안을 마련하기도 한다. 다만, 해당 홈페이지를 보면 사이버불링을 불링의 유형 가운데 하나로 다루고 있다. 그리고 해당 사이트에서는 사이버불링과 관련된 일반적인 정보를 제공하는 차원을 크게 넘어서고 있지 못한다는 한계가 있다.

[그림 11-2] 미국 연방보건복지부의 관련 홈페이지

(출처: stopbullying.gov)

미국의 민간차원에서는 1995년에 설립된 WiredSafety에서 운영하고 있는 WiredSafety.org가 있다. 이 기관에서는 자원봉사자를 통해 일대일 도움, 사이버불링에 대한 다양한 정보, 기술적인 정보 등을 제공하고 있다. 좀 더 구체적으로 살펴보면 사이버불링 피해자에 대한 도움과 지원, 수사기관의 사이버불링 예방과 대응에 대한 조언과 도움, 수사기관 및 학생, 학부모, 교사들에 대한 사이버불링 관련 교육, 사이버불링과 관련된 최신 정보제공, 학교에서 사이버불링 관련 교육을 할 수 있도록 해주는 자료 제공 등 다양한 활동을 수행하고 있다. 특히 사이버불링 홈페이지에서는 이용자 그룹을 아동(7-10세), 10대 초반 아동(11-13세), 10대 중반 아동(14-17세), 학부모들, 교육자들, 경찰관들로 나누어 그들에게 적절한 정보를 제공해주고, 관련 법률 및 행동방법, 사이버불링 방지를 위한 툴킷(toolkit)을 제공해주고 있다. 이처럼 이용자 그룹을 세분화하여 그에 적합한 정보를 제공함으로 인해 앞서 살펴본 연방보건복지국보다는 상세하고 구체화된 정보를 제공해주고 있다.

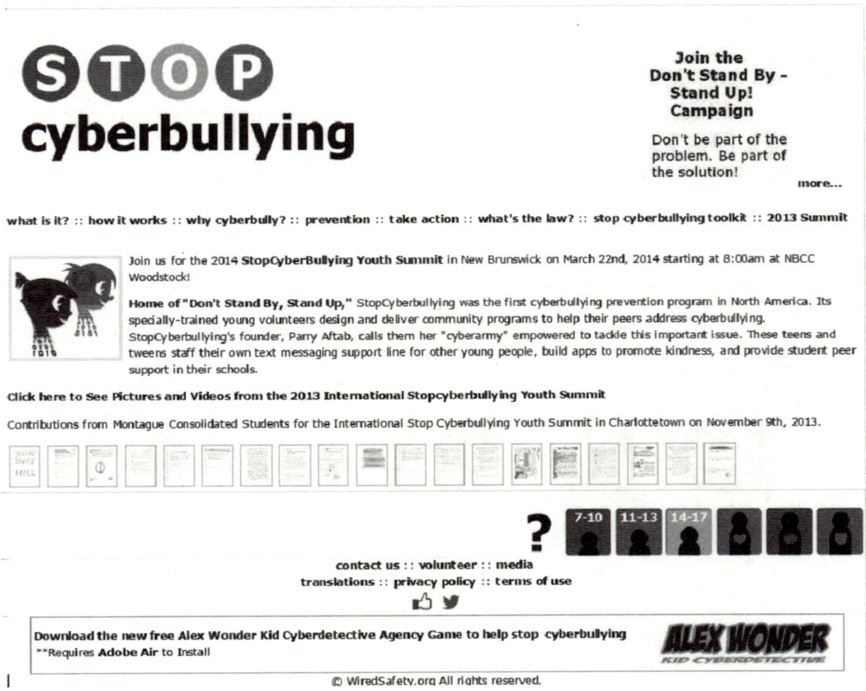

[그림 11-3] Wired Safety의 사이버불링 홈페이지

(출처: www.wiredsafety.org)

미국에서 사이버불링에 대해 전문적이고 집중적인 노력을 하는 곳으로 사이버불링 리서치 센터(Cyberbullying Research Center)가 있다. 이 리서치 센터는 Justin W. Patchin 박사와 Sameer Hinduja 박사가 운영하는 사이트로서 사이버불링과 관련된 다양한 정보를 제공해주고 있다. 특히 청소년들 사이에서 발생하는 사이버불링의 특징, 원인, 결과 등에 대한 정보를 분석하여 제공해주고 있으며, 사이버불링과 관련된 최신 이슈 및 사이버불링과 관련된 각종 자료들에 대한 정보 및 미국내 사이버불링 관련 법령에 대한 정보도 제공해주고 있다. 이처럼 사이버불링 리서치 센터가 제공해 주는 각종 정보는 국가기관뿐 아니라 학교나 학부모들에게도 매우 유용하며, 사이버불링에 대해 지속적으로 축적되는 데이터를 이용하여 사이버불링에 대한 각종 정책을 입안하거나 대응책을 마련할 수 있도록 해주고 있다.

[그림 11-4] 사이버불링 리서치 센터

(출처: cyberbullying.us)

사이버불링 리서치 센터와 같이 사이버불링의 실태와 현황 등에 대한 지속적인 정보를 수집하고, 이를 분석하고 가공하여 정부기관이나 학교 등 관련 기관에서 사용할 수 있도록 주도적인 업무를 수행할 수 있는 연구센터를 운영하는 것은 매우 중요하다고 여겨진다. 현재 우리나라는 한국정보화진흥원(NIA)이나 한국인터넷진흥원(KISA) 등이 매년 설문 등을 통해 사이버불링에 대한 정보를 취합하고 있지만, 정보의 집중과 축적이 체계적으로 되고 있지 않은 실정이다. 사이버불링은 실시간으로 발생하는 것에 비해 그에 대한 정보의 습득과 대응은 한참이 지나서야 가능한 현실에서 사이버불링에 대한 적절한 대응을 하는 것은 쉽지 않다. 그러므로 지속적인 모니터링을 통해 사이버불링에 대한 정보를 집약하고, 전문적이고 적절한 대응방안을 모색할 수 있는 전문센터의 운영이 절실하다고 할 수 있다.

2) 유럽 사이버불링 대응법과 제도

EU 차원에서는 사이버불링을 포함한 안전한 사이버 공간을 위한 대응책으로 EU의 주도로 설립된 소위 "klicksafe-Project"가 수행되고 있다. klicksafe의 운영주체는 유럽연합이며 이 프로젝트를 위해 많은 유럽국가들이 참여하고 있다. 특히 여기에 참여한 국가 내에서도 다양한 단체나 기관, 기업, 대학 등이 참여하고 있다.[2] klicksafe는 다양한 활동을 하고 있는데, 그 내용들을 보면 소셜네트워크를 통한 조언이나 의사교환, 사이버불링 관련 책, 브로슈어, 동영상 제작, 여러 기관들과

2) 독일의 경우 klicksafe에 참여하는 단체나 기관, 기업들로는 Beauftragter der Bundesregierung für Kultur und Medien, Bundeskriminalamt, Bundesministerium für Familie, Senioren, Frauen und Jugend, Deutsche Telekom AG, Deutscher Kinderschutzbund, Deutsches Kinderhilfswerk, eco - Verband der deutschen Internetwirtschaft e.V., Freiwillige Selbstkontrolle Multimedia-Diensteanbieter, jugendschutz.net, Kommission für Jugendmedienschutz, Landeszentrale für Medien und Kommunikation (LMK) Rheinland-Pfalz, Landesanstalt für Medien Nordrhein-Westfalen (LfM), Microsoft, Ministerium für Bildung, Wissenschaft, Weiterbildung und Kultur RLP, Ministerium für Familie, Kinder, Jugend, Kultur und Sport NRW, Nummer gegen Kummer, Polizeiliche Kriminalprävention der Länder und des Bundes, Stiftung Digitale Chancen, Telefónica Germany, Universität Basel - Institut für Medienwissenschaft. 또한 청소년 가족관련 국가기관, 범죄예방기관, 교육기관, NGO, 연구기관, 지역기관 등 다양한 기관들과 파트너 관계를 맺고 있다.

의 협력작업, 학교용 교재제작, 다른 상담기관에 연결, 뉴스레터 제작 등이 있다. 이처럼 EU의 경우 광범위한 네트워크를 바탕으로 그 에너지를 결집하여 사이버불링에 대응하려는 노력을 기울이고 있으며, 각 회원국들도 이에 적극적으로 동참하고 있다.

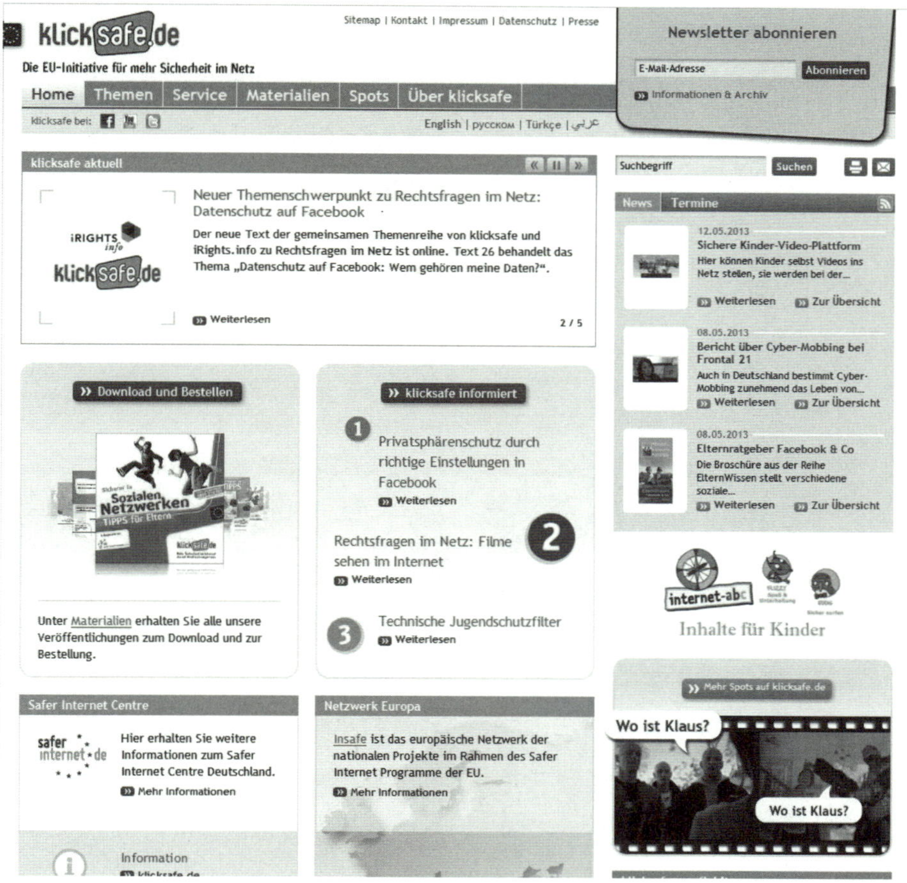

[그림 11-5] EU의 클릭세이프 홈페이지

(출처: kilcksafe.de)

유럽의 여러 국가들 가운데 사이버불링을 비롯한 사이버공간의 안전을 위해 많은 노력을 기울이고 있는 대표적인 국가로 독일이 있다. 독일에서는 유럽 27개국이 운영하고 있는 Safer Internet Centre를 지원해주며 Safer Internet Programm을 수행하는 기관으로 Safer Internet de가 있다. 특히 이 기관은 다양한 관련 기관들 및 청소년 보호 및 아동 · 청소년상담전화를 담당하고 있는 'Nummer gegen Kummer' 등과 인터넷 핫라인을 구축하고 유기적인 활동을 수행하고 있다. 이 외에도 'Jugendschutz.net'을 통해 사이버공간에서 청소년에게 해를 끼치는 사이트 등에 대한 검토와 청소년들이 건전하게 사이버공간을 사용할 수 있는 정보들을 제공해주고 있다. 그리고 'Internet-Beschwerdestelle.de'에서는 독일의 인터넷 정보연합 및 멀티미디어 제공자 자유규제 단체 등과 연합하여 불법적이거나 위해를 가하는 인터넷 경제에 대해 제보를 받고, 적절한 대처를 하도록 하고 있다. 또한 Safer internet de는 관련 문제들에 대해 매년 조사를 수행하여 관련 보고서를 작성하여 공개하고 있다.

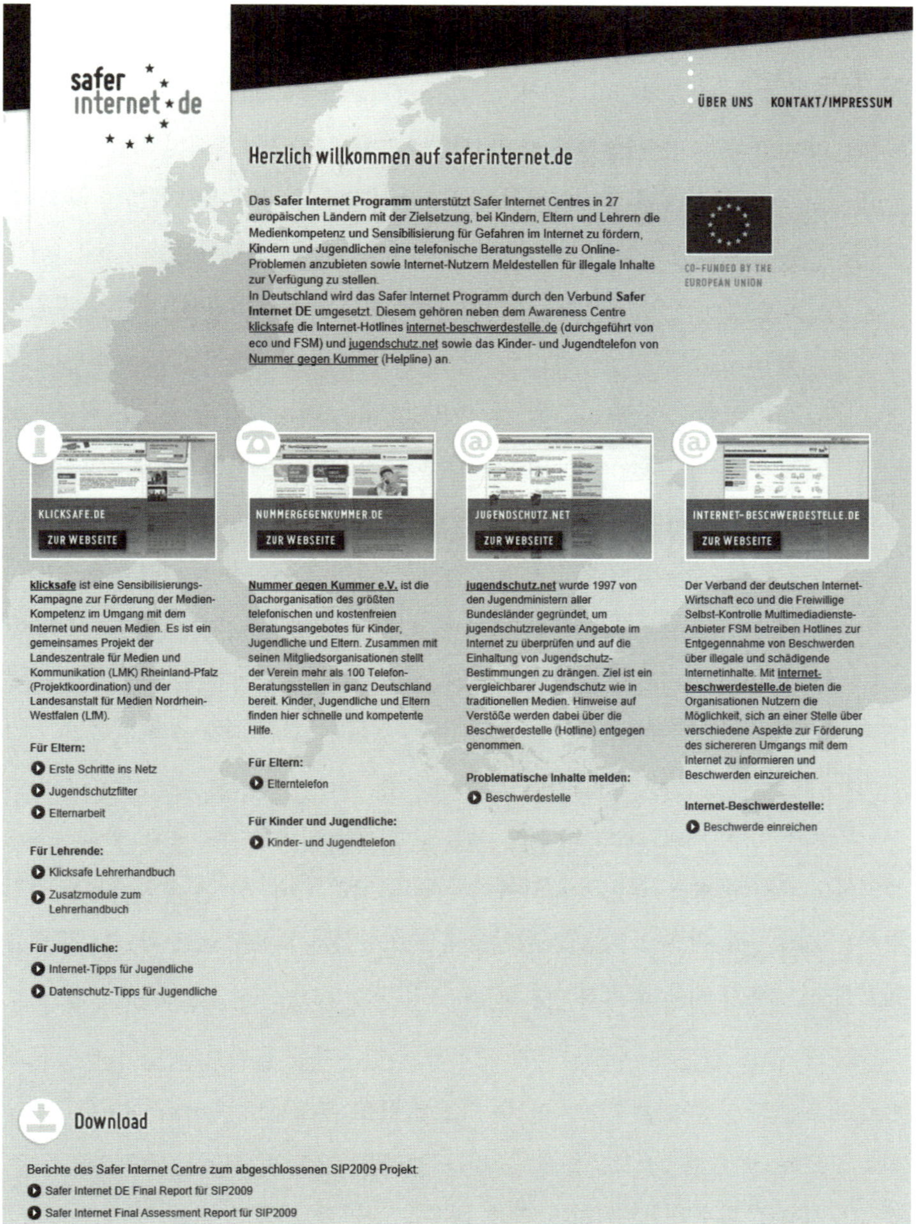

[그림 11-6] 독일의 세이퍼 인터넷 홈페이지

(출처: saferinternet.de)

3) 호주 및 뉴질랜드의 사이버불링 대응법과 제도

호주의 경우 '호주 통신미디어청(Australian Communications and Media Authority: ACMA)'이 국가적인 사이버안전과 사이버보안을 위한 교육 프로그램의 차원에서 운영하고 있는 'Cybersmart'의 홈페이지에서 사이버불링과 관련된 문제들을 다루고 있다. 특히 이 프로그램은 유아, 아동, 청소년, 부모, 교사 및 도서관 직원들을 대상으로 사이버안전과 사이버보안과 관련된 각종 정보들과 프로그램, 온라인 지원을 제공하고 있다. 이 프로그램에서 눈에 띄는 것은 각 대상 그룹에 맞게 적절한 정보와 게임, 영상 등을 제공해주고 있는 것이다. 예를 들어, 유아와 관련된 부분에서는 'Visit the Circus', 'Have some fun!', 'Hector's World' 등과 같은 구분을 통해 플래쉬 게임, 노래, 만화영화 등을 제공해주고 있다. 또한 교사 관련 부분에서는 사이버불링이나 섹스팅, 사이버 명예훼손에 대해 어떻게 교사가 구체적으로 어떻게 대처해야 하는지, 그에 대한 처리절차는 어떻게 진행되어야 하는지 등에 대한 지침을 제공해주고, 교사들에게 필요한 관련 학습자료 등을 제공해주고 있다. 또한 Cybersmart blog나 Kids Helpline, 소셜네트워크 등과 연계하여 그 활용도를 높이고 있다.

호주의 Cybersmart 홈페이지를 보면, 일반적인 정보를 제공하는 홈페이지를 넘어서서 보다 적극적이고 구체적인 정보와 대응방안들을 제공해주고 있다. 이처럼 사이버불링과 관련된 다양한 집단들에게 실질적인 맞춤형 정보와 프로그램을 제공해주는 것은 매우 효과적이라고 할 수 있다.

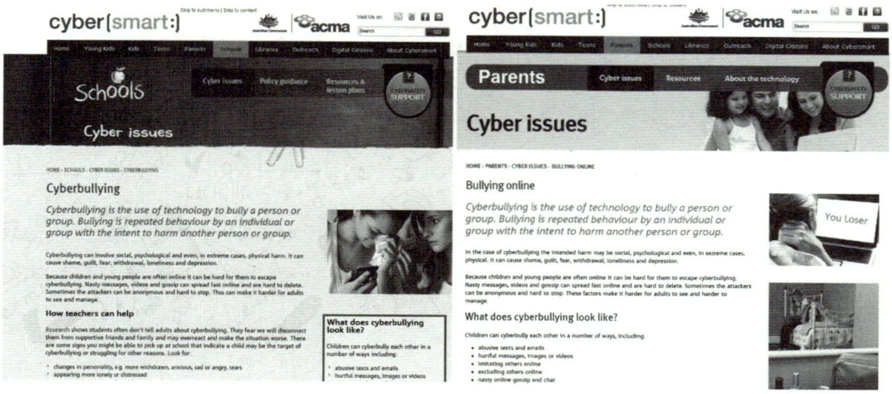

[그림 11-7] **호주의 사이버스마트 홈페이지**

(출처: cybersmart.gov.au)

뉴질랜드는 최근 사이버불링에 대한 대책에 있어서 가장 적극적으로 대처하고 있는 나라 가운데 하나이다. 뉴질랜드의 경우 형법 249~252조에 의해 사이버불링과 관련된 행위들을 처벌할 수 있다.[3] 2013년 초, 뉴질랜드 법무부는 사이버불링에 대해 최고 3년의 징역형에 처할 수 있는 법의 입법을 추진하고 있다고 밝혔다. 언론매체와의 인터뷰에서 뉴질랜드의 법무장관은 사이버 공간에서는 가해자가 시간에 제한 없이 언제나 피해자를 괴롭힐 수 있는 것이 문제가 되며, 특히 자살을 부추기는 행위는 더욱 문제가 될 수 있기 때문에 최고 3년의 징역형에 처할 수 있도록 할 것이라고 하였다. 그와 함께 사이버공간에서 매우 공격적이거나 추하고 음란한 내용, 위협하거나 허위의 내용 등을 전송 및 게시하는 경우에도 3개월의 징역형이나 2천 달러의 벌금형에 처할 것이라고 하였다. 이를 위해 새로운 전담기구 설치 및 피해자의 요청에 의해 웹사이트에 게시된 글을 삭제해 달라는 요청도 가능하게 할 것이라고 했다.[4] 그러나 아직까지 구체적인 법률조문은 발견되지 않고 있다.

3) 뉴질랜드 형법(Crimes Act 1961)에 따르면 제249조에서는 부정한 목적으로 컴퓨터 시스템에 접속(accessing computer system for dishonest purpose), 컴퓨터 시스템 방해 및 손상(damaging or interfering with computer system), 범행을 위한 소프트웨어의 제작, 판매, 배포 또는 소유(making, selling, or distributing or possessing software for committing crime), 허가 없이 컴퓨터 시스템에 접근(accessing computer system without authorisation)의 경우를 처벌하고 있다. 그러나 뉴질랜드 형법에도 현재 우리나라와 같이 사이버불링에 특화된 규정은 존재하지 않는다.

4) http://www.nzherald.co.nz/nz/news/article.cfm?c_id=1&objectid=10875273.

이와 같이 뉴질랜드의 경우 사이버불링의 처벌에 대해 매우 적극적인 행보를 보이고 있지만, 그것을 예방하기 위한 활동도 병행하고 있다. 뉴질랜드에서는 사이버공간에서의 문제들에 대해 'netsafe(www.netsafe.org.nz)'가 다양한 활동을 벌이고 있다. netsafe는 독립적인 비영리 단체로 온라인 기술을 신뢰성 있고 안전하며 책임감 있게 사용하는 것을 증진시키기 위해 만들어졌다. 그러나 정부기관, 교육기관, 법률관련 기관, 산업기관, 지역단체 등 다양한 기관들과 파트너십을 유지하며, 사이버불링, 사이버보안, 전화사기 등과 관련된 다양한 문제들에 대해 관심을 가지고 다양한 활동을 벌이고 있다. 그 가운데 사이버불링 관련 홈페이지에서는 사이버불링과 관련된 다양한 정보들을 청소년, 부모, 교사로 구분하여 그 수준과 입장에 맞추어 제공하고 있다. 그리고 해당 내용을 정리하여 워드파일이나 PDF파일로도 제공해주고 있으며, 경우에 따라서는 DVD로 제작하여 제공해주기도 한다.

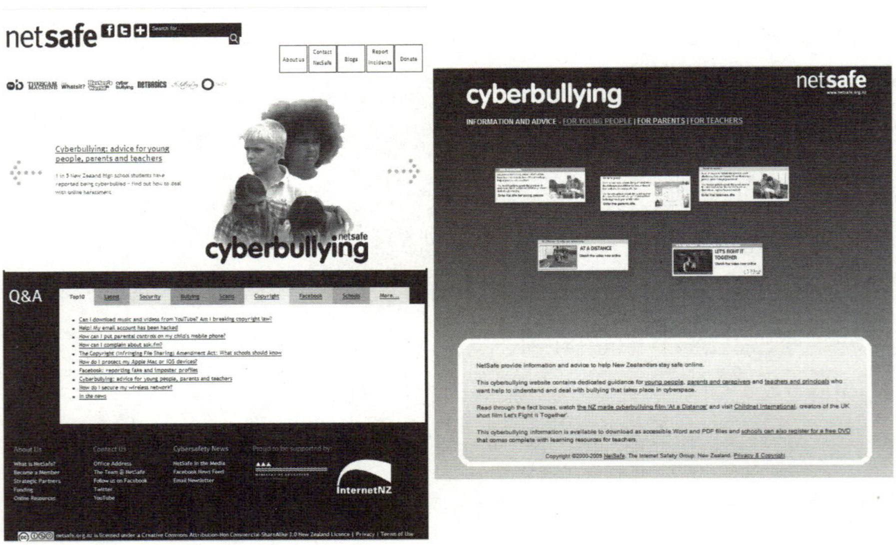

[그림 11-8] 뉴질랜드 사이버불링 관련 홈페이지

4) 기타 국가들

앞서 살펴본 국가들 외에도 여러 국가들이 사이버불링과 관련된 법률이나 대응 방안들을 마련하고 있다. 호주의 경우 지난 2012년 빅토리아 주에서 사이버불링에 대해 최고 10년의 징역형을 선고할 수 있는 규정을 제정하였으며, 인도의 경우에도 "정보기술법(Information technology Act 2008)"에서 사이버남용(cyber-abuse)에 대한 문제를 다루고 있는데, 제72장 프라이버시 및 비밀침해죄에서 사이버불링 행위와 관련된 규정을 두고 있다(Debbie Roome, 2013). 사우스 아프리카의 경우에도 새로운 "괴롭힘 방지법안(Protection from Harassment Bill)"을 통해 사이버공간에서 타인을 조롱, 비방, 위협 또는 괴롭히는 행위인 사이버불링을 처벌할 수 있도록 하고 있고, 영국도 비록 사이버불링이 현재에는 독자적인 범죄유형으로 구분되어 있지는 않지만, "괴롭힘 방지법(Protection from Harassment Act)", "악의적인 통신에 대한 법률(Malicious Communications Act 1988)", "통신법(Communications Act 2003) 제127조"와 "공공질서법(Public Order Act 1986) 등을 통해 처벌이 가능하다.

3. 우리나라의 사이버불링 대응 법 · 제도와 개선점

1) 사이버불링 대응 방안들

사이버불링이 사회적으로 문제가 되기 시작하면서 다양한 대응방안들이 제시되었다. 특히 사이버불링은 종합적인 행위들이 집합된 형태의 행위유형이기 때문에 다양한 학문분야에서 각각의 원인들을 분석하였고, 그에 따른 다각적인 해결책을 제시한 것이다. 정한호 교수의 논문(정한호, 2012)에 보면, 2005년부터 2012년까지 제시되었던 다양한 방안들이 정리되어 있다. 따라서 해당 논문의 표의 내용을 바탕으로 좀 더 관련 내용을 보충하게 되면 다음과 같은 표가 만들어질 수 있을 것이다.

<table>
<tr><th>방안 제시</th><th>출처</th></tr>
<tr><td>① 수사기관의 단속, 처벌 활동 강화
② 사이버 폭력 피해구제를 위한 분쟁조정기구 설치
③ 사이버 모욕죄 신설
④ 인터넷 실명제 도입
⑤ 인터넷서비스제공자(ISP)의 책임강화
⑥ 포털사업자의 윤리척도 평가</td><td>정완(2005)</td></tr>
<tr><td>① 사이버 공간 자체로부터 차단
② 인터넷 실명제
③ 콘텐츠 통제
④ 서비스 시스템 구조의 변형</td><td>장근영(2006)</td></tr>
<tr><td>① 실명제 도입
② 처벌조항의 신설
③ 사회문화적 차원의 노력과 윤리교육의 필요성
④ 중간관리자의 책임 법제화
⑤ 개인 가해자 중심의 대처</td><td>이성식(2006)</td></tr>
<tr><td>① 사이버 공간 자체 내에서의 공동체적 정신의 형성과 확립을 통해서 자체적인 사회통제의 메커니즘 확보
② 교육프로그램 실시
③ 정책수립(국가, 사회집단)
④ 현실사회의 문제 해결</td><td>신동준/이명진(2006)</td></tr>
<tr><td>① 사이버 폭력 정보에 대한 ISP 책임 법제화
② 표준이용약관 혹은 운영지침 제시
③ 사업자별 차등 규제
④ 분쟁조정제도 도입
⑤ 사이버 폭력 대응 연계시스템 강화
⑥ 사업자 자율규제 장치</td><td>서경원(2006)</td></tr>
<tr><td>① 인터넷 업체의 자율규제 강화
② 청소년과 학부모 간의 애착관계 강화</td><td>성동규/김도희/이윤석/임성원(2006)</td></tr>
<tr><td>① 개인수준의 윤리 의식 및 통제력 강화 교육
② 부모의 관리와 유대
③ 사회문화적 수준의 누리꾼 참여에 의한 통제
④ 처벌의 확실성과 엄격성</td><td>이성식(2008)</td></tr>
<tr><td>① 정부 대책: 건전한 인터넷 이용질서 확립, 정보보호기반 조성 등 대책 제시
② 불법 누리꾼에 대해 글쓰기 기능 제한 및 차단 조치
③ 사이버공간 통제와 표현의 자유의 적절한 조화점 모색
④ 이용자의 대처능력 강화
⑤ 시민단체 및 유관기관을 통한 홍보, 계몽활동 강화
⑥ 제한적 인터넷 실명제 도입과 ISP의 책임강화</td><td>김계원/서진완(2009)</td></tr>
</table>

방안 제시	출처
① 명예훼손, 모욕 행위 가능성 등에 대한 적극적인 홍보 ② 각종 캠페인이나 교육 프로그램 개발을 통한 자율적인 개선	이정기/우형진(2010)
① 비행을 먼저 접한 청소년에 대하여 비행의 우호적인 정의를 갖지 못하게 하는 교육정책 ② 사이버공간에서의 적절한 놀이문화를 조성하여 가해자의 부정적 일탈이나 피해를 줄일 수 있는 프로그램의 개발	남재성/장정현(2010)
① 부모와의 대화개방성을 높이기 위한 부모-학생 대상 캠페인 ② 언어폭력 예방교육 ③ 휴대폰 예절 등에 대해 교육 ④ 가정교육	이정기(2011)
① 성별을 고려한 차별적인 예방 노력	김경은/윤혜미(2012)
① 실정법상의 사이버모욕죄의 신설 ② 인터넷실명제의 도입 ③ ISP의 책임의식 강화 및 형사처벌을 위한 관련입법 ④ 누리꾼의 자정노력과 피해예방을 위한 체계적인 교육 및 홍보	박종렬(2012)
① 피해 학생을 대상으로 한 인지적 정서조절 전략	정여주/김동일(2012)
① 정보통신기기의 올바른 사용을 위한 홍보활동 ② 기술적 대응방안 마련 ③ 사이버폭력 가해자 및 피해자 치료를 위한 기반시설 확충(사회적 환원 차원에서 정보통신관련 산업에서 기금마련) ④ 법제도 및 정책적 지원 필요	정한호(2012)
① 가정에서의 인터넷 교육의 강화 ② 학교에서의 사이버 교육의 강화 ③ 정부에서의 사이버 교육의 강화 ④ 셧다운제 기능 강화 ⑤ 인터넷 윤리 과목의 활성화 ⑥ 인터넷 윤리 전문 교사 육성	이윤배(2013)
① 학폭법에서의 개념정의 개정 ② 무관용 정책의 변경 ③ 과도한 처벌기록 요구 변경 ④ 가해자와 피해자 간의 '힘의 불균형 관계' 고려	임상수(2013)

이제까지 제시되었던 대안들을 살펴보면 여러 가지가 있지만, 대체로 크게 관련 처벌규정의 신설, 가정 및 학교에서의 인터넷 윤리교육 강화, ISP의 책임 강화, 기술적 방법에 의한 해결 등으로 구분해 볼 수 있다. 그리고 제시되었던 대

안 가운데 몇몇 대안들은 시간이 흐르면서 그 의미를 상실하게 되었는데, 인터넷 실명제의 경우 헌법재판소의 위헌판결로 인해 더 이상 사용될 수 없게 되었으며, 스마트폰의 사용증대로 인해 포털사업자에 대한 통제는 큰 힘을 발휘할 수 없게 되었다. 이처럼 사이버불링에 대한 대응 방안은 시대 상황에 따라 변화하고 달라진다.

2) 현재 사이버불링 대응의 한계점

(1) 현행 사이버불링 관련 법률과 한계점

사이버불링에 대한 법적 대응의 주안점은 주로 처벌에 있다. 이는 사이버불링이 가져오는 해악이 크기 때문에 사이버불링 행위를 한 가해자에게 그에 상응하는 책임을 물어야 한다는 이유에서이다. 그러므로 앞서 살펴본 해외 여러 나라들도 사이버불링에 대해 '무관용 원칙'을 적용하여 엄격히 처벌하는 경향을 보이고 있다. 이는 우리나라도 예외는 아니다. 다만, 학교에서의 사이버불링에 대한 문제는 우선 학교의 문제처리 메커니즘이 우선시되어야 할 것이며, 그 처리가 한계에 부딪히는 상황에서 일반적인 형사절차가 진행될 필요성이 있다. 이는 학교폭력의 일환으로 나타나고 있는 사이버불링의 가해자 및 피해자가 학생이라는 것에 기인하며, 학생은 과도기적 과정을 겪고 있으며, 인격이 성숙해가는 과정에 있기 때문에 개선될 수 있다는 믿음의 표시이기도 한 것이다.

우리나라의 경우 사이버불링과 관련된 행위들은 형법이나 「정보통신망 이용촉진 및 정보보호 등에 관한 법률」(이하 '정보통신망법'이라고 함), 「경범죄처벌법」 등을 통해 처벌될 수 있다. 예를 들어, 사이버불링의 유형가운데 가장 많이 발생하고 있는 사이버모욕이나 사이버 스토킹, 사이버 명예훼손, 사이버 성폭력, 프라이버시 침해 등은 형법상의 모욕죄나 경범죄처벌법 규정, 정보통신망법상의 사이버 명예훼손죄 등을 통해 처벌할 수 있다. 다만, 우리나라 법률에는 아직까지 사이버불링이 가지고 있는 지속성과 집단성, 따돌림 등과 같은 고유한 특성들이 고려된 처벌규정은 존재하지 않기 때문에 정확히 사이버불링의 개념규정이나 그를 처벌하는 규정은 존재하고 있지 않았다.

하지만 최근 학폭법이 개정되면서 사이버불링의 법률적 개념에 대한 규정이 학폭법에 포함되었다. 학폭법은 학교에서 발생하는 폭력과 관련된 문제들을 해결하기 위한 내용을 담고 있고 사이버불링과 관련해서 1차적으로 관련을 가지고 있는 법률이기 때문에, 사이버불링에 있어서도 중요한 역할을 수행해야 하므로 학폭법에 선도적으로 관련 규정이 도입된 것이라고 할 수 있다. 그에 따르면 '사이버 따돌림'이란 인터넷, 휴대전화 등 정보통신기기를 이용하여 학생들이 특정 학생들을 대상으로 지속적, 반복적으로 심리적 공격을 가하거나, 특정 학생과 관련된 개인정보 또는 허위사실을 유포하여 상대방이 고통을 느끼도록 하는 일체의 행위"를 의미한다(동법 제2조 제1의3호). 그러나 이 개념정의에서는 크게 2가지 부분에서 문제점이 지적될 수 있다. 하나는 사이버불링의 개념요소에는 적극적인 행위인 '괴롭힘'과 소극적인 행위인 '따돌림'이 포함되어 있는데, 해당 규정에는 '사이버 따돌림'이라고 규정하고 있음에도 불구하고 '괴롭힘'에 대한 요소만 반영하고 있다는 것이다. 이는 사이버불링의 개념을 반쪽으로 만드는 것이므로 '따돌림'의 요소가 반영될 수 있도록 개정될 필요가 있다(김봉섭/이원상/임상수, 2013). 다른 하나는 동법률에서 규정하고 있는 '사이버 따돌림'과 관련된 제재조항이 없다는 것이다. 앞서 살펴본 바와 같이 미국의 경우 학교에서 발생하는 사이버불링과 관련해서 각 주마다 독자적인 제재 규정을 마련하고 있다. 그러나 학폭법에서는 사이버불링 제재를 위한 독자적인 규정은 없기 때문에 사이버불링의 특성이 적용되지 않은 채 다른 일탈행위들과 동일한 절차에 의해 처리되게 된다. 물론 입법이유서를 보면 학폭법에서 '따돌림'이나 '사이버 따돌림'에 대한 정의규정을 도입한 이유는 해당 행위를 처벌하기보다는 학교폭력의 정의를 좀 더 구체적으로 하여 학교폭력에 대한 예방 및 대책의 실효성을 보장하기 위해서라고 하는데, 단지 정의 규정만을 통해 그것이 가능할 수 있을지는 의문이다. 이는 현행 학폭법의 학교폭력에 대한 문제 해결시스템이 사이버불링 문제를 적절히 해결하기 어려운 구조를 가지고 있기 때문이다.

학폭법에 따르면, 학교폭력 예방을 위해 '학교폭력대책위원회'[5], '학교폭력대책지역위원회', '학교폭력대책지역협의회'[6], '학교폭력대책자치위원회'[7]를 두도록 하고 있다. 또한 학교에서는 별도의 전문상담교사를 배치하고 학교폭력문제 전담기구를 구성하도록 하고 있다. 그런데 문제는 학폭법에서 설치하고 있는 '학교폭력대책위원회', '학교폭력대책지역위원회', '학교폭력대책지역협의회'는 매우 추상적이고 정책적인 부분에 치중하는 조직이기 때문에 사이버불링이 발생할 경우 실질적인 역할을 할 수 있을지 의문이다. 그렇다면 '학교폭력대책자치위원회'가 사이버불링에 대해 실질적인 업무를 수행하여야 하는데, 이는 자신의 학교 내에서 자신의 학생들 사이에 발생하는 사이버불링에 한정해서 관련 문제를 해결할 수밖에 없다는 제약이 발생하게 된다. 그런데 사이버불링은 시간적, 공간적 범위를 벗어나서 발생할 수 있기 때문에 '학교 내'라는 물리적인 공간은 사이버불링에 있어 아무런 역할을 하지 못하며, 더욱이 사이버불링은 자기 학교 내에서 자기 학교 학생들 사이에 발생하는 일반적인 학교폭력과 구분이 된다. 따라서 이처럼 사이버불링은 기본적으로 학교라는 울타리를 넘어서서 발생하기 때문에 학교 밖에서의 사이버불링에 대응하는 방안을 모색하는 것이 매우 중요하다고 할 수 있다. 예를 들어, 학교에 다니지 않는 청소년에게 학교에 다니는 학생이 사이버불링을 당한 경우 학교에서는 가해 청소년에 대해서 어떠한 역할도 할 수 없으며, 단지 피해 학생에 대한 대응만 가능한 상황이다. 다른 예로 학교 밖에서 학교에 다니지 않는 청소년들 사이에 사이버불링이 발생할 경우 학폭법은 학교 내외에서 학생을 대상으로 발생한 폭력범죄를 염두에 두고 있기 때문에(동법 제2조) 학폭법은 어떠한 역할도 할 수 없다. 결국 사이버불링의 범위는 학교차원을 벗어나는 반면 학폭법에 규정하고 있는 사이버불링은 실질적으로 학교 내의 문제만을 처리할 수 있는 구조를 가지고

5) 국무 총리실 소속(동법 제8조)으로 학교폭력 관련한 기본계획을 수립 · 평가, 학교폭력과 관련하여 관계된 중앙행정기관이나 지방자치단체의 장이 요청하는 사항에 대한 심의, 학교폭력 대책위원회의 상급기관으로서의 역할을 담당하도록 하고 있다.

6) 학교폭력대책지역위원회(동법 제9조)와 학교폭력대책지역협의회(동법 제10조의 2)는 시나 도에 설치되고, 해당지역의 학교폭력에 대한 자료를 교육감 및 지방경찰청에 요구할 수 있으며, 상담 · 치료 · 교육기관 지정에 대한 대책을 교육감에 건의할 수 있다.

7) 학교에서 학교폭력 예방 및 심의를 위하여 설치되며(동법 제12조), 학교폭력의 예방 및 대책수립을 위한 학교체제의 구축, 피해학생 보호방안 강구, 가해학생 선도 및 징계, 피해학생과 가해 학생 간 분쟁조정 등을 심의한다(제12조 제2항).

있기 때문에 학폭법의 역할에 한계가 드러나게 되는 것이다. 그러므로 이런 점들을 고려할 때, 사이버불링과 관련해서 현행 학폭법의 규정은 적절한 대안이 될 수 없기 때문에 새로운 대응방안 모색이 필요하다.

또한 학교에서는 별도로 전문상담교사를 배치하도록 규정하고 있지만 이것은 의무조항이 아니다. 그러므로 전문상담교사의 배치가 지속적으로 가능할 수 있을지 의문이다. 실제로 전문상담의 경우 교사들의 잡무들로 인해 학생상담이 뒷전으로 밀리고 있는 실정이며,[8] 교과부가 발표한 대로 2013년 학교폭력 위기학생 관리 전문 상담교사를 1천 명 증원한다고 하였는데[9] 그럼에도 그 수는 매우 부족하다고 할 수 있으며, 그 수가 다 채워졌는지도 확실하지 않다. 더욱이 사이버불링의 경우 일반적인 학교폭력과 다른 특성을 가지고 있기 때문에 단지 전문상담교사를 배치하는 것으로는 불가능하고, 사이버불링에 대한 이해를 가진 전문상담교사가 배치되어야 한다. 이처럼 현행 학폭법은 사이버불링에 대해 충분한 해결수단을 가지고 있지 못하기 때문에 결국 사이버불링의 문제는 학교 내의 문제처리 해결방법에 따라 해결할 수 있는 문제가 아니라, 일반적인 형사절차에 따라 해결될 수밖에 없는 구조를 갖게 된다.

(2) 사이버불링의 실태조사 및 현황파악 필요성

사이버불링에 대한 예방이나 대응책을 마련하기 위해 중요한 것은 사이버불링의 실태 및 현황을 정확히 파악하는 것이다. 다만, 사이버불링은 매우 은밀하게 행해지기 때문에 사이버불링이 외부에서 인식되는 경우는 1) 피해자가 2차 피해(예를 들어, 자살기도)나 가해(예를 들어, 가해자 공격), 2) 피해자가 상담기관에 상담의뢰 또는 3) 가해자·피해자에 대한 설문조사 등을 통해서 파악될 수 있다. 1)의 경우는 주로 언론 매체를 통해 사건·사고로 나타나는 경우가 많고, 2)는 청소년폭력예방재단[10]이나 WEE 센터,[11] 열린의사회[12] 등과 같은 청소년 상담기능을 수

---

8) http://news.naver.com/main/read.nhn?mode=LSD&mid=sec&sid1=102&oid=001&aid=0006156962.
9) http://www.imaeil.com/sub_news/sub_news_view.php?news_id=816&yy=2013.
10) 청예단은 학교폭력의 심각성을 시민사회에 알리고, 학교폭력 예방과 치료를 위한 활동을 목적으로 설립된 비영리공익법인(NGO)이다. 구체적인 활동 내용에 대해서는 청예단 홈페이지 (http://www.jikim.net/) 참조.

행하고 있는 기관들에 의해 파악될 수 있으며, 3)의 경우는 한국정보화진흥원(NIA)이나 한국인터넷진흥원(KISA) 등에서 매년 행하고 있는 청소년 대상 설문조사를 통해서 알 수 있다. 물론 이 외에도 학교나 가정에서 교사나 부모들이 사이버불링에 대한 사실을 알 수도 있으며, 수사기관에 의해 직접 파악되는 경우도 있다. 그러나 이런 정보들은 서로 연관성이 없이 따로따로 관리되고 있기 때문에 사이버불링에 대한 전체적인 실태나 현황, 구체적인 사례 등을 효과적이고 효율적으로 파악할 수 없다. 그로 인해 사이버불링에 대한 대책을 마련함에 있어서도 왜곡된 정보나 뒤쳐진 정보에 의존할 수밖에 없게 된다. 그러므로 사이버불링에 대한 정보를 체계적으로 수집하고, 각 기관이나 단체에 산개해 있는 정보를 통합하며, 우리나라 및 다른 나라들의 사이버불링에 대한 정책이나 법령 등을 취합해서 제공해 줄 수 있는 사이버불링 관련 전문센터가 마련되어야 할 것이다. 그 모델이 될 수 있는 것이 앞서 살펴본 미국의 '사이버불링 리서치 센터'이다. 그런데 사이버불링은 다분히 해당 국가의 정보기술발전 정도와 사이버문화, 학교문화 등과 관련을 맺고 있다. 그래서 한국에서의 사이버불링은 미국에서의 사이버불링과 양적 · 질적으로 구분되는 점이 있다. 그러므로 한국형 사이버불링 리서치 센터의 설치에 대한 내용이 법제도화되어 우리나라의 사이버불링에 대한 정보를 축적하고, 그를 바탕으로 우리나라에 적합한 사이버불링 정책 및 대책이 마련되어야 할 것이다.

(3) 사이버불링 예방교육 구체화 및 보호자의 역할 강화

학교폭력의 원인과 대책에 대해 연구한 다양한 논문에서는 가정의 역할이 매우 중요하다고 하고 있다. 이는 사이버불링에서도 마찬가지이다. 앞서 살펴본 바와 같이, 사이버불링은 매우 은밀하게 이루어지기 때문에 가해와 피해에 있어 가정에서의 보호자의 역할이 매우 중요하다. 따라서 사이버불링에 대한 대책을 크게

11) Wee 센터는 학교, 교육청, 지역사회가 연계하여 학생들의 건강하고 즐거운 학교생활을 지원하는 다중의 통합지원 서비스망을 의미한다. 구체적인 활동 내용에 대해서는 Wee 센터 홈페이지(http://www.wee.or.kr/home/main.php) 참조.

12) 열린의사회는 국내진료사업, 해외진료사업, 긴급구호사업, 무료수술사업, 복지사업, 협력사업 등을 수행하고 있는 민간의료봉사단체이다. 구체적인 활동 내용에 대해서는 열린의사회 홈페이지(http://www.opendrs.or.kr/home/) 참조.

예방과 사후처리로 나누어 볼 때, 보호자도 두 부분에서 중요한 역할을 수행해야 한다. 그런데 현행 학폭법에서는 학교폭력의 해결에 있어 보호자의 역할을 과거보다는 중시하고 있지만, 충분하지는 않다고 생각된다. 그 이유는 다음과 같다. 우선 예방의 경우를 살펴보면, 학폭법 제15조 제2항에서는 "학교의 장은 학교폭력의 예방 및 대책 등을 위한 교직원 및 학부모에 대한 교육을 학기별로 1회 이상 실시하여야 한다"고 규정하고 있다. 이를 위해 동조 제4항에서는 "학교폭력 예방교육 프로그램의 구성과 운용계획을 학부모가 쉽게 확인할 수 있도록 인터넷 홈페이지에 게시하고, 그 밖에 다양한 방법으로 학부모에게 알릴 수 있도록 노력"하도록 하고 있다. 그리고 동법 시행령 제17조 제6호에서는 "학부모에 대한 학교폭력 예방교육은 학교폭력 징후 판별, 학교폭력 발생 시 대응요령, 가정에서의 인성교육에 관한 사항을 포함"하도록 하고 있다. 그러나 학기별로 1회 이상 학부모를 대상으로 교육을 실시하는 것은 현실적으로 결코 쉽지 않다. 즉, 해당 규정은 취지는 좋지만, 현실적으로 적용이 쉽지 않다. 또한 학기별 1회 정도의 교육으로 보호자들에게 학교폭력의 경각심을 심어 주는 것 또한 쉽지 않다. 더욱이 사이버불링을 비롯한 학교폭력의 위험은 언제나 도사리고 있다. 그러므로 형식적인 예방교육 보다는 예를 들어 호주의 'Cybersmart' 프로그램과 같이 사이버공간 등을 통해 보다 실질적인 프로그램을 마련하는 규정이 도입되어야 할 것이다.[13)]

또한 학폭법 제20조의4 제1항에 따르면 "국가·지방자치단체 또는 교육감은 학교폭력 예방 업무 등을 효과적으로 수행하기 위하여 필요한 경우 정보통신망을 이용할 수 있다"라고 규정되어 있다. 이는 학교폭력 예방, 특히 사이버불링에 대한 예방 업무를 실효적이고 효율적으로 수행하기 위해 매우 필요한 제도라고 할 수 있다. 그리고 동조 제3항에서는 "그 밖에 정보통신망의 이용 등에 관하여 필요한 사항은 대통령령으로 정한다"라고 규정하여 정보통신망을 통한 학교폭력 예방 업무에 대해 필요한 사항을 대통령령에 위임하고 있다. 그런데 동법 시행령 제31조를 살펴보면, 단지 학교폭력 예방 업무를 위탁할 수 있는 기관 및 단체의 요건만

13) 물론 동법 시행령 제17조 제4호에서는 "강의, 토론 및 역할연기 등 다양한 방법으로 하고, 다양한 자료나 프로그램 등을 활용하여야 한다"라고 규정되어 있으나 이는 집체교육을 염두에 두고 있는 규정이라고 할 수 있다.

규정되어 있다. 이는 결국 정보통신망을 이용한 학교폭력 예방 업무를 다른 기관 및 단체에 위탁하여 시행하라는 것을 의미한다. 물론 해당 분야에 전문성을 지닌 기관 및 단체에 위탁하는 것이 잘못되었다는 것은 아니다. 그러나 학교차원에서 시행할 수 있는 부분과 위탁을 해야 하는 부분을 좀 더 세분화하고 구분하여 예방 활동을 할 필요가 있다. 이는 외부기관 및 단체가 수행할 수 있는 예방 업무는 일반화 될 수 있기 때문에 해당 학교의 상황에 최적화 되지 못할 염려가 있기 때문이다. 그러므로 해당 규정의 내용을 좀 더 세밀하게 규정할 필요가 있다.

그뿐 아니라 사후처리에 있어서도 미흡한 부분이 있다. 학폭법 제17조 제9항에 따르면 “자치위원회는 가해학생이 특별교육을 이수할 경우 해당 학생의 보호자도 함께 교육을 받게 하여야 한다”라고 규정되어 있으며, 동법 제22조에서는 “제17조 제9항에 따른 자치위원회의 교육 이수 조치를 따르지 아니한 보호자에게는 300만 원 이하의 과태료를 부과”하도록 하고 있다. 그런데 이를 보면 단지 보호자에게 교육 받게 한다는 내용과 그에 따르지 않을 경우 과태료를 부과한다는 내용만이 규정되어 있는 것에 반해, 어떤 내용을 교육하여야 하는지에 대해서는 전혀 알 수 없다. 동법 시행령에서도 관련 내용이 발견되지 않는다. 따라서 보호자에 대한 교육도 단순히 형식적인 이수로만 끝날 수 있을 여지가 생긴다. 그러므로 가해자의 보호자에 대한 교육의 필요성을 고려하여 보다 세밀한 규정이 필요하다고 생각된다.

또한 동법 제20조의3에서는 “제2조 제1호에 따른 정보통신망을 이용한 음란·폭력 정보 등에 의한 신체상·정신상 피해에 관하여 필요한 사항은 따로 법률로 정한다”라고 규정되어 있다. 제2조 제1호는 학교폭력에 대한 정의규정이다. 특히 동 조문은 정보통신망을 통한 피해에 초점이 맞추어져 있기 때문에 사이버불링의 피해와도 연관이 있다. 그런데 본 조문에서는 필요한 사항을 따로 법률로 정하도록 규정되어 있는 것에 반해, 동법 시행령과 다른 관련 법률들을 살펴보아도 해당 규정을 찾을 수 없다. 그러므로 동 조문과 관련해서 정보통신망을 이용한 음란·폭력 정보 등으로 인해 발생하게 되는 신체 및 정신적인 피해와 관련된 법률 규정이 속히 마련되어 사이버불링으로 인한 피해자의 보호에 좀 더 적극적인 노력을 기울여야 할 것이다.

(4) 사이버불링 관련 기술적 대책의 필요성

① 기술적 대처 현황

사이버불링의 경우 기술지배성의 특징을 갖고 있기 때문에 그 대책에 있어서도 기술적 대책을 고려해 볼 수 있다. 다양한 기술적 수단들이 고려될 수 있지만, 현재 활용되고 있는 기술적 대책을 살펴보고자 한다. 국내에서 사이버불링과 관련된 기술적 방안으로 나온 것들로 크게 민간부문에서 제공하고 있는 '모바일가디언'과 '마스크챗', 서울경찰청에서 제공하고 있는 '117CHAT' 등이 있다. 모바일가디언은 주로 부모님들을 대상으로 하여 부모님이 학교폭력 관련 사실을 알 수 있고, '마스크챗'은 교사가 직접 관련 내용을 알아 대처하는 것에 유용할 수 있으며, '117CHAT'은 스쿨폴리스와 직접 연결이 되기 때문에 경찰의 직접적인 대응이 가능할 수 있다.

먼저 학교폭력 가운데 인터넷 채팅, 이메일, 휴대전화 등과 같이 사이버불링을 통해 발생하는 것을 방지하기 위한 대책으로 '모바일가디언'이라는 것이 있다. 모바일가디언은 민간 기업에서 제공하는 서비스로 크게 1) 자녀의 학교폭력 의심 문자 실시간 감지, 2) 자녀 고민 관련 인터넷 검색 감지, 3) 자녀의 실시간 위치정보 확인, 4) 예약 시간 자녀위치 자동 알림 기능, 5) 자녀 위급상황 시 보호자 문자 통보, 위치확인, 주변상황 자동 녹음, 6) 자녀 유해 App 설치 내역 확인 등과 같은 서비스를 제공해 준다. 그 가운데 사이버불링과 관련해서는 아이들이 수신한 문자메시지 가운데 학교폭력이 의심되는 문자키워드가 포함된 문자내용을 부모의 휴대폰과 이메일로 실시간 전달해 준다.[14] 물론 아이들의 모든 문자들이 고스란히 부모에게 알려지는 것이 아니기 때문에 사생활 침해에 대한 우려도 다소 작다고 할 수 있다.

14) 학교폭력 의심 문자 키워드는 학교 내외에서 학생간 발생할 수 있는 상해, 욕설, 폭행, 감금, 협박, 약취·유인, 명예훼손·모욕, 공갈, 강요·강제적인 심부름 및 성폭력, 따돌림 등과 관련된 문자키워드를 의미한다고 한다.

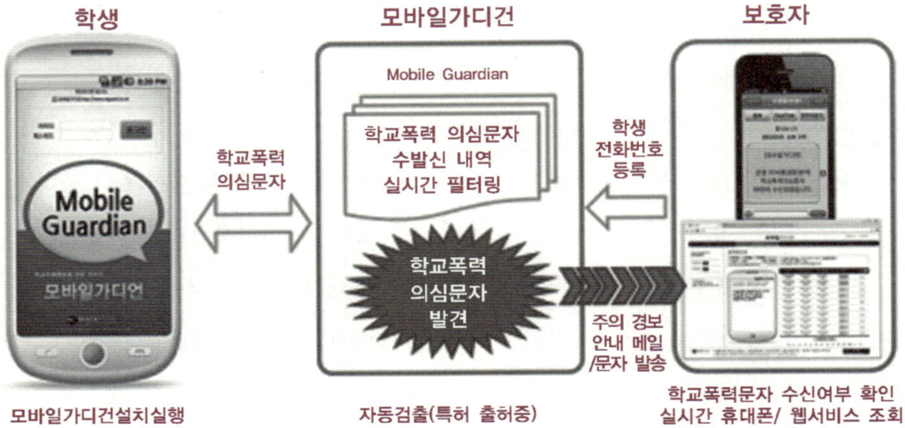

[그림 11-9] **모바일가디언의 작동원리**

(출처: www.mguardian.co.kr((구)모바일가디언 사이트)

또한 한 정보기술업체에서 개발한 익명의 메신저 애플리케이션인 '마스크챗(Mask Chat)'도 사이버불링에 효과적인 도구일 수 있다. '마스크챗'은 기본적으로 1대1채팅이 가능한 의사소통 도구이지만, 카카오톡 등과는 달리 익명으로 채팅을 가능하게 해주는 어플리케이션이다. 실제로 2013년 2월부터 4월 초까지 충북의 A고등학교 700명이 참여하여 해당 애플리케이션을 사용한 결과 폭력 및 따돌림을 포함하여 155건의 실시간 메시지가 교사들에게 전달되었고, 그로 인해 교사들이 문제발생을 막을 수 있었다고 한다(동아일보 2013.4.22 기사). 이는 익명을 통해 피해자가 자신의 피해상황을 직접 교사 등 다른 사람들에게 알릴 수 있도록 해주며, 방관자(bystander)들에게도 피해 없이 문제상황을 다른 사람에게 알릴 수 있는 통로를 마련해주기 때문이라고 할 수 있다.

[그림 11-10] 마스크챗 애플리케이션

(출처: www.maskchat.co.kr)

서울경찰청에서는 스마트폰 이용하여 서울지역의 경찰관과 학생들이 익명으로 실시간 신고나 상담을 할 수 있는 '117CHAT'이라는 어플리케이션을 개발하였다. 이를 통해 117센터는 경찰청과 교육부, 여성가족부 등 관계부처들과 합동으로 24시간 채팅 상담을 하고 있다. 실제로 2013년 7월에는 해당 어플리케이션이 출시된지 한 달 만에 24건에 대해 경찰 수사가 착수되기도 하였다(해럴드 경제 2013.7.8. 기사). 다만, 해당 어플리케이션은 서울 지역에서만 실효성이 있기 때문에 다른 지역에서는 사용될 수 없다는 문제점이 있다.

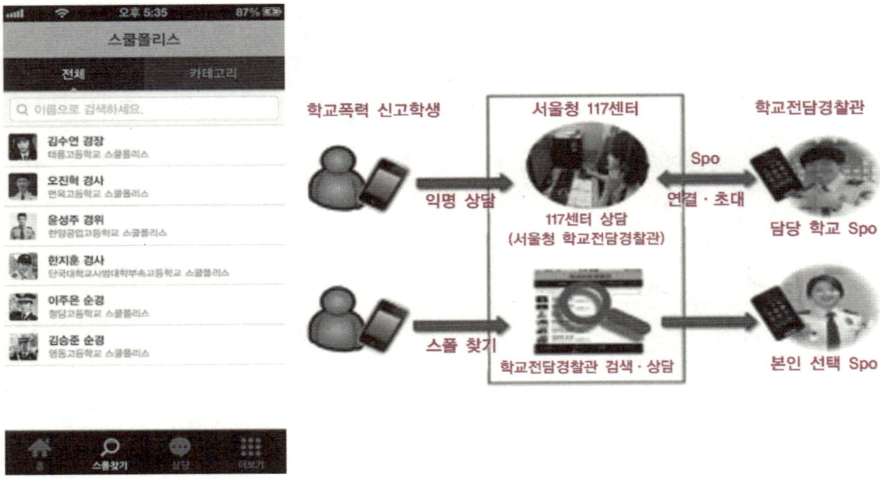

[그림 11-11] 117CHAT 어플리케이션 및 작동체계

(출처: 해럴드 경제신문 2013.7.8.)

② 기술적 현황의 문제점과 개선방안

사이버불링은 학교폭력의 특성을 갖고 있음과 동시에 사이버공간의 특성도 갖고 있다. 그와 함께 사이버범죄가 가지고 있는 익명성, 기술지배성, 집단성, 무경계성, 전파성 등의 특성도 함께 가지고 있다(이원상, 2003). 그러므로 사이버불링에 대한 대응에 있어서도 사이버공간 및 사이버범죄와 관련된 이론들이 영향을 미치게 된다. 대표적인 예로 로렌스 레식은 사이버공간을 규제할 수 있는 요소로 시장, 법, 사회규범, 코드(code)를 제시한다(로렌스 레식, 2006). 이 가운데 '코드'는 사이버공간의 구조를 의미하며, 사이버공간을 규제하는 데 있어 매우 중요한 역할을 하게 된다. 따라서 사이버범죄가 가지고 있는 기술지배성이나 사이버공간의 규제요소인 코드를 고려해 볼 때, 사이버불링의 문제는 기술적 대응책이 우선적으로 고려될 수 있다. 이를 위해서는 사이버불링에 대한 기술적 대응에 대한 체계적인 계획이 필요하다.

그런데 사이버불링에 대한 우리나라의 대응방안 체계는 다소 미흡한 점이 보인다. 우선 사이버불링에 대해 가장 적극적으로 대응하는 것이 주로 기업이라고 할 수 있다. 앞서 살펴본 바와 같이, 사이버불링과 관련된 어플리케이션은 주로 기업에 의해 만들어지고 있다. 물론 기업에 의해서라도 기술적인 대응책이 마련되는 것은 매우 다행스러운 일이라고 생각되지만, 기업에 의존한 기술적인 대응책은 한계가 있기 마련이다. 또한 '117CHAT'와 같이 서울경찰청이 주도하여 기술적인 대응책을 마련한 것도 매우 고무적이라고 할 수 있다. 그러나 앞서 설명한 바와 같이 해당 기술은 서울에서만 활용이 가능하기 때문에 다른 지역에는 적용될 수 없는 문제점이 있다. 그러나 비록 '117CHAT'가 전국적으로 사용될 수 있다고 하더라도 그 사용에는 제약이 따른다. 대다수 학생들은 경찰과 직접 접촉하는 것에 대해 상당히 부담을 가질 수 있기 때문이다. 그러므로 행자부, 교육부, 법무부뿐 아니라 다른 관련 기관 및 단체와 유기적으로 연결이 가능할 수 있는 입체적인 접근 방법이 모색되어야 할 것이다. 즉, 사이버불링의 기술적 대응방안을 일부 부처나 기관, 단체 등에서만 마련하는 것이 아니라 보다 융합적이고 통합적으로 범부처, 기관, 단체 차원에서 계획하고 만들어져야 할 것이다. 물론 그것을 주도하는 주체는 하나일 수 있다. 다만, 그 주체는 사이버불링의 기술적 대응방안을 위한 플랫폼을 제공해주고, 다른 부처나 기관, 단체 등이 그 플랫폼을 함께 사용할 수 있도록 하는 방안을 모색해 볼 수 있을 것이다. 물론 이에 대한 구체적인 모델에 대해서는 좀 더 심도 깊은 논의가 필요하다.

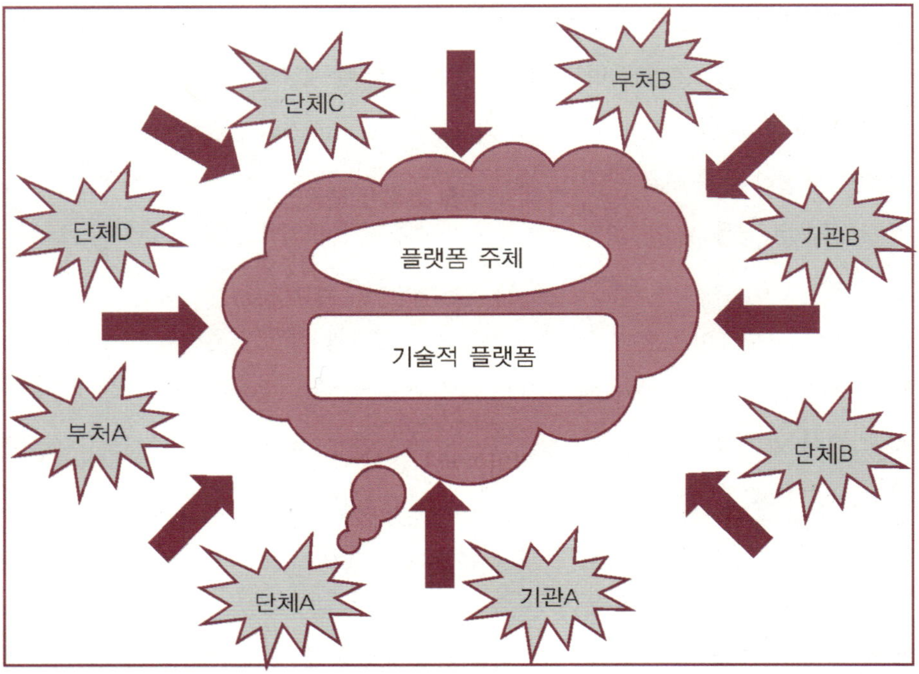

[그림 11-12] **사이버불링의 기술적 대응방안 모델**

그러나 여러 부처와 기관, 단체 등이 공동으로 참여하여 기술적 플랫폼을 마련하기까지는 많은 시간과 노력이 소요된다. 그러므로 비록 충분하지 않지만, 현재 제공되고 있는 기술들을 가능한 한 최대한 활용할 수 있는 방안을 고려해야 할 것이다. 그러므로 '117CHAT'의 사용 범위를 전국으로 확대하거나 'MASK CHAT'과 같은 프로그램을 각급 학교에서 보다 적극적으로 활용할 수 있도록 노력해야 할 것이다.

참고문헌

김경은, 윤혜미 (2012). 청소년의 사이버폭력에 관련된 생태체계변인의 영향, 청소년복지연구 제4권 제1호.

김봉섭, 이원상, 임상수 (2013). 사이버불링에 대한 이해와 대응방안, 정보문화이슈리포트 13-01호, 한국정보화진흥원.

경제·인문사회연구회 (2012). 학교폭력 위기 단기 응급처방.

남재성, 장정현 (2011). 청소년의 사이버폭력 피해에 관한 연구 한국범죄심리연구 제7권 제3호.

로렌스 레식(김정오 번역) (2009). 코드 2.0, 나남출판.

박종렬 (2012). 사이버폭력의 피해자 지원에 대한 개선방안, 한국컴퓨터정보학회논문집 제17권 제1호.

서경원 (2006). 사이버폭력의 실태 및 대응방안, 법학연구 제9권 제2호.

성동규, 김도희, 이윤석, 임성원 (2006). 청소년의 사이버폭력 유발 요인에 관한 연구, 사이버커뮤니케이션학보 통권 제19호.

신동준, 이명진 (2006). 사이버폭력과 그 대책: 자율적 통제의 가능성을 중심으로, 사이버커뮤니케이션학보 통권 제20호.

이가윤 (2013). 청소년의 사이버폭력에 관한 연구, 한국컴퓨터정보학회 동계학술대회 논문집 제21권 제1호.

이성식 (2006). 사이버 언어폭력의 원인과 방지대책, 형사정책 제18권 제2호.

이성식 (2008). 청소년 사이버범죄 유형별 원인 및 통제요소에 관한 통합적 연구, 한국형사정책연구원.

이원상 (2013). 스토킹 처벌규정 도입에 대한 고찰, 형사정책연구 제24권 제2호.

이원상 (2013). 형법적 관점에서의 사이버불링(Cyberbullying)에 대한 소고 - 개념 및 청소년 사이버불링을 중심으로, 형사정책 제25권 제3호.

이원상 (2003). 사이버 범죄에 있어서 형법의 역할과 시스템적 대처방안, 석사학위 논문.

이윤배 (2013). 인터넷 역기능 예방을 위한 인터넷 윤리 교육 개선 방안, 한국정보통신학회논문지 제17권 제6호.

이정기 (2011). 청소년의 성향적 휴대폰 이용동기와 중독, 언어폭력에 관한 탐색적 연구

언론과학연구 제11권 제2호.

이정기, 우형진 (2010). 사이버 언어폭력 의도에 관한 연구 사이버커뮤니케이션학보 제27권 제1호.

임상수 (2013). 사이버불링에 대한 법률적 대응책의 허와 실 - 학교폭력법의 사이버 따돌림을 중심으로, 윤리연구 제91호.

장근영 (2006). 청소년 사이버 폭력의 현황과 대응방안 연구, 청소년행동연구 제11권.

정여주, 김동일 (2012). 청소년의 사이버폭력 피해 경험과 정서조절, 상담학연구 제13권 제2호.

정완 (2005). 사이버폭력의 피해실태와 대응방안, 피해자학연구 제13권 제2호.

정한호 (2012). 학교현장에서 발생하는 사이버폭력 실태와 대처방안에 대한 고찰, 소년보호연구 제20호.

최유진, 홍승희 (2012). 사이버불링에 관한 미국의 법제분석, 한국법제연구원.

사미르 힌두자, 저스틴 패친(조아미 외 공역) (2012). 사이버폭력, 정민사.

Debbie Roome (2012). Cyber-Bullying is Never All right: Dealing with the pain of cyber-abuse, CreateSpace Independent Publishing Platform.

Part 4

사이버불링 대응

제4부에서는 가정과 학교에서 사이버불링에 어떻게 대응해야 할 것인지를 다루고 있다. 12장은 가정에서 부모가 자녀의 사이버불링에 어떻게 대응해야 할지를 구체적으로 제시하고 있다. 따라서 가정에서 사이버불링에 대한 이해와 인식을 높이고, 자녀의 사이버불링 징후를 신속히 발견하여 대처할 수 있도록 하며 또한 자녀의 사이버윤리의식을 향상, 사전 사후 효과적으로 예방하고 대응할 수 있도록 여러 방안을 제시하고 있다. 13장에서는 사이버불링에 대한 학교에서의 대응 방안들을 살펴보고 있다. 특히 사이버불링에 대한 국내외 문헌을 종합하여 사이버불링 발생 시 학교에서 취할 수 있는 대응방안을 정책적, 교육적 그리고 기타 노력으로 나누어 살펴보고 있다.

이유미

Chapter 12

가정에서의 대응

청소년폭력예방재단 2013년 학교폭력 실태조사 결과 학교폭력 피해 유형 중 '사이버폭력을 당했다'가 14.2%로 나타나 2012년 4.5%에 비해 급증한 것으로 나타났다. 또한 학교폭력을 당한 장소를 묻는 질문에 11.0%로 2012년 8.4%에 비해 2.6% 증가한 것으로 나타났다. 사이버 공간 중에서도 '의사소통 메신저'가 41.6%, 'SNS'가 34.5%, '게임홈페이지'가 10.6%로 조사되어 대부분의 학생들이 메신저와 SNS를 통해 사이버폭력 피해를 당한 것으로 나타났다. '사이버폭력'을 당했다고 응답한 비율은 중학교 1, 2, 3학년 각각 18.8%, 16.4%, 16.2%로 1순위에서 3순위까지 모두 중학생이었다. 이중 학교폭력을 당하고도 여전히 도움요청하거나 신고하지 못하는 학생이 49.2%로 전년도에 33.8%로 나타난 것에 비해 감소하였다. 신고하지 못하는 이유로는 소용없다고 여기는 것으로 나타나 가정이나 학교에 대한 신뢰가 낮고 또한 대부분 가정에서는 사이버불링에 대한 이해나 인식이 미비하고 발생 후 대응방법도 모르는 실정이라 청소년들의 사이버불링의 피가해 및 방관 실태는 더욱 심각해지고 있다. 또한 사이버불링은 오프라인 학교폭력과도 중첩되어 발생되고 있어, 온오프라인 학교폭력 피해에 시달리거나 가해를 시공간 제약없이 지속적으로 하는 사례가 빈번하다.

이에 본 장에서는 가정에서 사이버불링에 대한 이해와 인식을 높이고, 자녀의 사이버불링 징후를 신속히 발견하여 대처할 수 있으며 또한 자녀의 사이버윤리의식을 향상, 사전 사후 효과적으로 예방하고 대응할 수 있도록 알아보고자 한다.

1. 사이버불링의 현황

1) 학교폭력 피해유형 중 사이버불링의 급증가

최근 청소년폭력예방재단(이하 청예단) 전국학교폭력 실태조사에 의하면 학교폭력 피해유형을 분석한 결과 '욕설이나 모욕적인 말을 들었다'가 24.6%로 가장 많았으며, 다음으로 '사이버폭력을 당했다' 14.2% 등의 순으로 조사되었다. 인터넷과 인터넷을 사용할 수 있는 각종 정보통신 매체의 발달과 이에 따른 청소년들의 이용 증가로 사이버공간에서의 사이버불링 피해는 급속도록 증가하고 있다. 사이버불링은 최근 학교폭력 피해 유형 중 '욕설이나 모욕적인 말을 들었다(언어폭력)' 및 '집단적으로 따돌림을 당했다(집단따돌림)' 등의 피해유형과 밀접히 연관되어 온오프라인 학교폭력이 발생하고 있으며, 시간과 공간상의 제약을 받고 있지 않으며 청소년들의 집단폭력 및 따돌림의 유형으로 일상화되고 있는 실정이다. 그 중 가장 자주 빈번하게 발생하는 피해로는 사이버 공간에서 '욕설이나 모욕적인 말을 들었다' 43.7%, '악성 댓글 등 비슷한 피해를 당했다' 18.6%, '위협이나 협박을 당했다' 15.9%, '나의 신상정보가 유포되었다' 4.6%, '성적 메시지나 사진 동영상, 음향 등을 받았다' 1.3% 순으로 나타났다.

〈표 12-1〉 2012년, 2013년 학교폭력 피해유형

항목	2012년	2013년
욕설이나 모욕적인 말을 들었다	27.3%	24.6%
사이버폭력을 당했다	4.5%	14.2%
집단적으로 따돌림을 당했다	12.5%	13.7%
맞았다	18.0%	13.3%
괴롭힘을 당했다	13.2%	12.9%
말로 협박이나 위협을 당했다	13.9%	10.8%
돈이나 물건 등을 빼앗겼다	7.6%	6.4%
성적인 놀림과 접촉 피해를 당했다	3.0%	4.1%
합 계	100%	100%

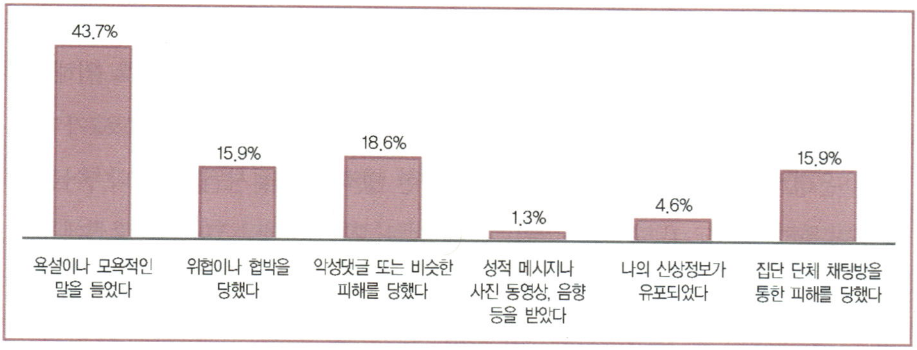

[그림 12-1] **2013년 사이버폭력 피해유형**

청소년들의 온라인 사용 빈도 증가는 점차적으로 사이버 공간으로의 놀이문화 변화, 의사소통 수단으로 온라인 메신저, 인터넷 카페, SNS(Social Networking Sites) 등을 사용하고 있으며, 자칫 올바르지 않은 사이버 공간에서의 소통은 오해와 갈등을 일으키고 심하게는 타인을 고의로 지속·반복적으로 괴롭히는 수단으로 사용되는 등 악용되는 사례가 증가하고 있으며 이로 인한 피해와 폐해 또한 이어지고 있다.

청소년들은 사이버 공간에서의 폭력이 직접 신체적으로 폭행이 일어나거나 대면하여 욕설을 하지 않는다는 점을 이유로 단순한 장난으로 여기며 학교폭력이 아니라고 인지하는 경우가 많다. 그러나 사이버불링은 학교폭력의 유형 중 하나이며 이는 피해자로 하여금 심각한 심리적 고통을 유발한다. 대부분의 가정에서는 사이버불링에 대한 인식도 미미하며 발생할 경우 제대로 대응하지 못하여 심리정서적 피해와 손상뿐만 아니라 정신적 휴유증, 학업중단 및 성적 저하, 우울감, 자살충동 및 시도에 이르기까지 심각하게 나타나고 있다. 사이버 공간에서의 폭력도 엄연한 폭력행위가 될 수 있음을 알리는 것이 중요하다.

2. 가정에서 알아야 할 사이버불링의 특징과 피해

1) 가정에서 알아야 할 사이버불링의 특징

부모와의 친밀도가 떨어질수록 사이버불링을 더 당하는 것으로 나타났다(Accordino & Accordino, 2011)고 하고 부모 및 가족들이 사이버불링에 대해 어떻게 이해하고 대처하는지도 사이버불링 피해에 영향을 주고 있다. 가정에서 사이버불링을 올바르게 대처하기 위해서는 무엇보다 사이버불링에 대한 이해와 인식이 부족하다. 가정에서도 적극적으로 사이버불링에 대해 사소하게 여기지 않도록 관심을 가지는 노력이 필요하다.

- 정보통신매체 기술을 사용하여 사이버불링이 발생할 수 있다.
- 사이버 공간에서는 시간적, 공간적 제약이 없다.
- 누구나 사이버불링의 가해자 또는 피해자, 방관자가 될 수 있다.
- 익명성으로 인해 급속히 피해자에 대한 욕설 및 모욕행위가 전파될 수 있다.
- 신속하게 확산된 메시지와 사진, 신상정보는 바로 출처를 밝히거나 삭제가 어렵다.
- 각종 정보통신매체의 발달로 학교폭력 및 사이버불링 유형이 진화된다.
- 또래 청소년들 간의 집단화현상이 가속화된다.
- 사이버불링 피해가 현실 일상생활의 집단따돌림 또는 신체폭행으로 발전한다.
- 청소년들은 일상적인 놀이매체로 인식하고 심각성을 잘 느끼지 못한다.
- 가정에서도 자녀의 사이버불링 피・가해를 알아차리기 어렵고 알아도 대처가 쉽지 않다.
- 사이버불링은 대면 폭력이 아니어서 가해행위에 대해 반성이 어렵다.
- 사이버불링에 비적절하게 대처할 시 피・가해를 구분하기 어렵다.
- 사이버불링 피해자는 부모 및 교사에게 적극적으로 도움을 요청하지 않는다.
- 부모 및 가족들은 심각성을 잘 모른다.

2) 가정에서 알아야 할 사이버불링의 피해

성장하는 청소년기의 또래들로부터의 공격, 무시, 차단, 비난 또한 관계로부터 배재, 배척되었다는 느낌은 우울, 불안, 좌절, 자존감에 깊은 상처와 상실을 가지게 한다. 또한 사이버 공간에서 발생하고 성인들과 단절된 청소년 문화에서는 피해사실이 쉽게 노출되기도 어려울 뿐더러, 피해를 당하는 청소년 자신조차도 벗어나려는 적극적인 노력을 하기가 어렵다.

- 사이버불링 피해가 발생함에도 불구하고 잘 대응하지 못해 지속적으로 당할 위험이 높다.
- 부모, 교사, 친구에게 도움을 잘 요청하지 않아 가해를 차단하기 어렵다.
- 불안감을 느끼고 부정적인 심리변화를 겪는다.
- 자존감이 떨어지고 슬픈 감정을 경험한다.
- 사이버불링의 심리적, 정신적 피해를 입증하기가 어렵다.
- 사이버불링 피해로 인해 수업시간 집중 저하, 학업성적 저하, 등교거부, 복수 충동 등 문제행동으로 이어질 가능성이 높다.
- 사이버 공간에서의 블링이 현실에서의 집단따돌림, 괴롭힘, 위협 및 협박 등의 피해를 경험한다.
- 자존감 저하, 우울감, 슬픔, 분노, 좌절 등 부정적인 감정을 경험한다.
- 스스로를 자책하고 책망한다.
- 자살 충동 또는 극단적인 선택을 하는 심각한 위해요인이 되기도 한다.
- 사이버불링 가해로 인해 자신도 모르는 사이에 타인에게 지워지지 않는 상처를 입힌다.
- 사이버불링 방관으로 인해 자신도 피해자 또는 가해자가 되기도 한다.

"..죽고 싶어요..."

"아이들이 카톡 단체방에서 제 욕을 하고 있어요. 반 전체 아이들이 저를 초대하고 저에 대해 나쁜 말을 해요. 그냥 욕만 하는 게 아니라 절 죽이겠다고 협박도 해요. 처음엔 반 애들만 그랬는데 이제는 저도 모르는 다른 반 애들이나 아예 다른 학교 애들까지 그래요. 알지도 못하는 애들한테 왜 그런 욕을 들어야 하는지 전 진짜 모르겠어요. 처음에는 저도 같이 욕하고 그랬어요. 근데 이제는 제가 감당할 수가 없어요. 너무 많은 아이들이 절 욕하고 그냥 나가버려요. 너무 괴롭고 매일매일 머리가 아파요. 진짜 저 혼자밖에 없는 것 같고. 죽고 싶어요...."[1)]

* 자살충동: 2012년 청예단 학교폭력실태조사에 따르면 학교폭력을 경험한 학생들 중 44.7%가 폭력의 고통으로 인해 자살을 생각해 본 적이 있는 것으로 응답했다. 2011년 31.4%에 비해 13.3% 증가한 수치로 최근 학교폭력으로 인하여 자살이라는 극단적인 생각을 하는 청소년들이 점차 많아지고 있음을 알 수 있다.
* 집단성: 스마트폰, 인터넷 등 사이버정보와 매체에 쉽게 접근하고, 누구나 참여할 수 있다는 이유로 사이버불링은 더 확대되고 있다.
* 일상성: 사이버불링을 하는 데 특별한 이유가 없고 '장난', '재미'라고 인식하는 학생이 많다. 그저 놀이처럼 여겨지는 사이버불링의 일상화는 매우 위험하다.

"너무 힘들어서 학교에 가기 싫어요!"

"우리 반 친구들이 저의 안티카페를 개설했어요. 그 카페에 들어가 봤는데, "OO는 정말 더러워, 너무 재수 없어."라는 글들이 있었어요. 처음에는 글만 올렸는데, 이제는 포토샵으로 제 사진을 변형시켜서 이상한 사진까지 올리고, 그걸 보고 다들 비웃고 그래요. 악플도 줄줄이고... 애들한테 그러지 말라고 해도, 연예인 안티카페도 있는데 왜 그러냐며 점점 더 심해지기만 해요. 학교에서도 계속 그러니까 학교에도 정말 가기 싫어요!"

* 파급속도성: 사이버불링의 파급력은 기존의 집단따돌림이나 폭력보다 훨씬 빠르다. 이로 인한 피해자의 피해와 불안은 더욱 증가한다.
* 익명성: 드러나지 않는 곳에서 이루어지는 폭력은 더욱 공격적이며 무분별한 폭력으로 이어지게 된다.

"어떻게 해야 할지 모르겠어요."

"애들이 스마트폰을 뺏어가서 하루 종일 가지고 놀고, 유료게임도 마음대로 해요. 그러다보면 배터리가 금방 닳아서 충전기를 제가 챙겨가야 돼요. 와이파이가 끊기면 또 때리거든요. 제가 싫다고 하면 뺏어서 억지로 켜고. 반 애들 전체가 다 공유해요. 전 정말 싫은데. 어떻게 해야 할지 모르겠어요."[2)]

* 학교폭력의 수단화: 스마트폰 등 정보화기기가 학교폭력을 일으키는 수단의 하나로 사용되고 있다.
* 폭력진화성: 사이버폭력은 단순히 보이는 폭력이 아니라 정보통신매체를 통한 은밀한 폭력으로 유형이 진화하고 있다.

---

1) 사이버불링 중 하나인 '떼카'. SNS(카카오톡 등)의 그룹채팅에서 여러 명이 괴롭히고 싶은 친구를 초대한 후 일시에 욕설을 하고 한꺼번에 채팅방에서 나가버리는 등 괴롭히는 행위를 말한다.
2) 학교폭력 중 하나인 와이파이 셔틀. 무선 랜서비스 지역을 지칭하는 것으로 와이파이가 안 되는 환경에서 특정인의 3G, 4G를 공유하여 다른 사람이 사용가능하도록 와이파이와 같은 환경을 만들어주는 기능인 핫스팟을 켜도록 강요하고, 피해학생의 핫스팟을 켜서 가해학생은 무료로 와이파이를 사용할 수 있다.

3) 가정에서 알아야 할 사이버불링 피해 유형

사이버불링은 메일, 게시판, 미니홈페이지, 인터넷 쪽지, 소셜네트워크서비스, 휴대폰 문자, 모바일 메신저 등을 이용하여 특정인을 집단적으로 비방, 모욕, 욕설, 악성댓글, 사진게재, 관계차단 등의 형태로 발생한다.

사이버불링을 당한 피해학생들이 자주 겪는 피해 유형은 다음과 같다.

- 원하지 않는데 계속 이메일이나 쪽지 보내기
- 원하지 않는데 블로그, 미니홈피 방문하기
- 욕설, 비속어 사용한 악성댓글
- 모욕적인 언사 및 인신공격성 발언
- 확인되지 않은 사실이나 유언비어 유포
- 원하지 않는데 동영상이나 사진 전송
- 채팅할 때 없는 사람처럼 무시한다.
- SNS 등으로 집단적으로 욕을 한다.
- 인터넷, 스마트폰, SNS 등에서 입장하면 다 퇴장
- 개인정보 및 비밀을 유포

단순한 장난, 재미와 경계가 모호하고 사이버 공간에서 일어나는 따돌림이라 폭력의 흔적이나 증거를 확보하기가 어렵고 가정에서도 대수롭지 않게 사소하게 여기는 경향이 있어 지속적으로 피해를 당할 위험이 높다. 사이버 공간에서의 욕과 비방이 발단이 되어 실제로 싸움으로 확대되거나 집단적으로 사이버 공격당하는 사례가 급속히 증가하고 있다.

3. 사이버불링 사례

청소년들 간의 사이버불링의 가해 유형은 사이버 모욕, 사이버 스토킹, 명예훼손, 사이버 성폭력이며, 피해 유형으로는 특정인에 대해 모욕적인 언사나 욕설 등을 인터넷 게시판, 채팅, 카페 등에 올리는 행위, 특정인에 대해 허위 글이나 개인의 사생활에 관한 사실을 인터넷, SNS, ○○○톡 등을 통해 불특정 다수에게 공개하는 행위, 성적 수치심을 주거나 위협하는 내용, 조롱하는 글, 그림, 동영상 등을 정보통신망을 통해 유포하는 행위로 초중고에 이르기까지 다양한 형태로 발생하며, 주로 여학생들 사이에서 빈번하게 나타난다.

1) 사이버 공간에서의 피해가 학교 생활의 따돌림으로 이어지는 사례

(1) 사이버불링 당한 후 도움을 요청하지 못하는 사례

① **가해학생** : 초 5(여) B, C, D

② **피해학생** : 초 5(여) A

③ **사건상황** : 학급 내 3명과 친하던 중 수련회 다녀온 후부터 집단으로부터 소외되기 시작하면서 친구들이 채팅방으로 불러 욕설을 하고 다들 나가버림. 그러던 어느 날 친구들이 A가 자고 있는 사진을 찍어 채팅방에 올리고 **스토리 게시판에 올린 후 여러 명의 다른 학생들이 '얼굴이 어떻게 이렇게 생겼냐', '코가 돼지코 같다' 등의 외모를 지적하는 댓글을 달기 시작함. 이에 속상한 A는 놀림을 당하는 것이 싫고 자신의 사진이 부끄러워 삭제해 달라고 해도 B, C, D 학생 및 부모들도 별로 심각하게 여기지 않고 '친구들끼리 노는 건데 뭘 그러냐'는 식으로 미온적으로 대처함.

④ **내담자의 심각성** : 학급의 다른 학생들이 자신의 사진을 보며 놀리고 다른 학급의 학생들도 보고 자신을 바보라고 놀릴 것 같아 불안하고 두려우며 자신의 탓으로 자책하며 학교 가기를 거부하고 있음. 평상시에 부모와의 대화나 여가시간도 부족하여 도움을 요청하기가 어렵고 어찌할 바를 몰라함.

⑤ **상담지원** : 불안하고 두려운 마음에 대해서 공감과 위로를 해주고 자칫 자

기 비난으로만 이어지지 않도록 자신의 긍정적인 성격부분과 도움을 요청하려고 상담신청한 것을 칭찬하고 격려해줌. 사이버 공간에서의 욕설과 사진을 고의적으로 게재하고 괴롭히는 행위는 사이버불링임을 이해시키고 가해행위를 중단하기 위해서는 부모 및 교사에게 도움을 요청할 것을 안내하고 이런 일로 속상하고 괴로운 마음을 부모에게 이야기하는 것은 부끄러운 일이 아님을 이해시킴. 또한 이후에도 유사하게 사이버불링을 당하거나 복수하지 않도록 인터넷 사용 에티켓과 사이버 대응 수칙에 관해서 알려줌.

(2) 사이버 공간에서의 대화가 학교폭력 신체폭행으로 확대된 사례

① **가해학생** : 중3(여) 12명

② **피해학생** : 중2(여) 6명

③ **사건상황** : 중2 여학생 6명이 메신저 채팅방에서 대화가 오가든 중 A는 선배인 중3 학생에 관해 험담을 하고 이후 이 사실을 안 중3 여학생 B는 친구 11명과 후배 6명을 불러 사이버상에서 자신의 험담을 하고 다녔다고 2시간 동안 구타함. 6명 중 3명은 입원을 하는 등 신체적 부상이 크고 나머지 상처가 경미한 학생들은 부모에게도 말을 하지 않고 있던 중 한 명이 부모에게 알려 경찰에 고발하게 됨.

④ **사건 심각성** : 피해자 부모들은 진심어린 사과와 치료비 보상을 요구하고 가해자 부모 모두가 와서 사과해야 한다고 주장하는 반면에, 가해자측 부모는 먼저 선배 욕을 하고 다녀서 이런 일이 발생했다고 반성의 기미를 보이지 않음.

⑤ **학교 대처** : 신고를 받은 학교는 6개 학교가 연루된 관계로 공동 학교폭력 대책자치위원회를 구성하여 개최하고 해당 학생들에게 조치를 취함. 피해학생들의 치료비를 배상하지 않고 있어 손해배상 합의에 관해서는 분쟁조정을 안내함.

2) 사이버 공간에서 자신의 글이나 사진 공개 후 사이버불링으로 이어지는 사례

(1) 사진 공개 후 악성댓글과 단체 협박성 공격

① **가해학생** : 중 2(여) 20여 명

② **피해학생** : 중 2(여)

③ **사건상황** : ○○스토리에 A 자신의 사진을 올린 후 '눈 찝은 년', '눈 째뿔라' 등의 모욕하는 댓글이 올라옴. 이에 속상한 A는 자신의 속상한 심정을 글로 적어 올림. 이후 자신의 글과 사진을 B가 캡쳐해서 다른 ○○스토리에 올리게 되고 순식간에 문자, 전화, ○○톡이 끊임없이 울림. A가 쓴 글 중 '내가 너희 아버지 돌아가시고 수업도 듣는둥 마는둥 필기도 하는둥 마는둥 하며 위로해줬는데 나한테 이럴 수가 있느냐'가 발단이 되어 주변에서 돌아가신 분까지 들먹이며 글을 쓰느냐고 비난과 질책을 받게 됨. 이후 약 20여 명이 채팅방을 별도로 만들어 A에 관해서 욕설과 험담이 오가고 모르는 사람으로부터도 ○북 메시지, 전화, 문자, 쪽지 등을 받게 됨.

④ **내담자의 심각성** : 사용하던 모든 메신저, 채팅방, SNS를 탈퇴하고 너무 무섭고 떨리고 분하다며 불안을 호소함. 반복적으로 자신에게 비난했던 악성 댓글이 떠올라 잠을 청하기가 어렵고 자신의 탓인 거 같아 힘들어함.

⑤ **상담 지원** : 친구에게 서운한 마음을 직접 이야기하지 못하고 사이버 공간에 게재한 것이 발단이 되어 일이 커진 것에 대해 공감해주고 이 사실을 누가 알고 있는지, 부모님에게 도움을 청했는지를 물어보고 일어난 사실과 자신의 심정을 잘 이야기할 수 있도록 돕고 부모님도 올바로 대처할 수 있도록 상담기관의 도움을 받을 것을 알려줌. 이후 발생할 문제에 관해선 증거자료 확보와 6하원칙에 맞게 내용을 정리할 것을 안내함.

3) 집단 사이버불링 후 복수 및 자살충동을 느끼는 사례

(1) 집단 사이버불링 후 신체 이상 증세 및 자살충동 사례

① 가해학생 : 중 2(남녀)

② 피해학생 : 중 2(여)

③ 사건상황 : A와 B는 D에게 메시지 폭력을 직접하고 다른 친구 C에게도 문자 욕설을 하게 시키고 D를 앞에 두고 큰소리로 욕설과 비하감을 주는 말을 하는 등 따돌림을 주도하였음. 한 학기 이상 학급의 남녀학생들은 방관하거나 또는 함께 집단따돌림을 하고 사이버 공간에서 뒷담화, 욕설, 모욕, 무시, 비하 등 정신적으로 괴롭힘을 가함. 2학기 들어 하교 후 집밖을 나가지도 않고 외부활동을 꺼려하고 가족 외식도 거절하며 자주 가해자들이 자신에게 했던 욕설과 말들이 머릿속에 맴돌아 힘들어하던 중 죽고 싶다는 자살충동을 3회에 걸쳐 느끼게 되었음. 학교에도 자신의 심정을 말할 친구가 없고, 가정에서도 자신의 상태를 이야기하자니 부모님이 난리 치실 거 같아 답답해하던 중 자주 아프다는 자녀의 표현과 증세로 인해 병원을 방문하게 되어 사실을 알게 됨.

④ 내담자의 심각성 : 목, 어깨 등의 통증, 팔저림, 어지러움증 및 두통 호소에 따른 진단을 받음. 또한 지속적인 사이버불링과 집단따돌림으로 인한 우울, 불안, 대인기피, 자존감 저하 등의 증세를 보이고 적응장애 진단을 받게 됨. 자주 죽고 싶다고 호소함.

⑤ 가정에서의 대처 : 자녀가 지속 반복적으로 사이버불링과 집단따돌림을 당하고 있는 징후를 알아차리지 못하고 자주 멍하고 성적만 떨어지는 것에 대해 야단만 쳤음. 학교 또한 한 학기 이상 학급에서 피해를 당하고 있는 사실을 미처 인지하지 못했음. 사실을 알고 난 후 자녀에 대한 치료와 학교측에 신고하여 학교폭력대책자치위원회를 개최하고 가해학생들에 대한 조치가 내려졌지만, 한 학기 이상 지속적으로 집단적으로 가해진 사이버불링에 대한 조치가 너무 미흡하고 경미하여 결과가 부당하다고 여겨 학교폭력대책지역위원회에 재심을 신청함.

(2) 집단 사이버불링 후 복수충동 사례

① **피해학생** : 중 3(남)

② **가해학생** : 중 3(남)

③ **사건상황** : A학생은 이전부터 B학생을 만만하게 여기고 괴롭혔으며 잦은 폭력으로 인해 담임교사로부터 주의를 받음. A는 스마트폰에 사진꾸미기 어플을 다운받아 쉬는 시간에 B의 사진을 찍어 얼굴을 합성하고 친구들에게 전송하고 싸우는 게임어플을 다운받아 게임 속에서 맞는 사람의 얼굴을 B의 얼굴로 바꾸고 "직접 때리진 못하지만 이렇게라도 때리고 싶다"는 폭언을 지속적으로 하고 선생님만 없으면 널 이렇게 때릴 것이다라며 협박을 통해 수치감을 느끼게 함. 수차례 하지 말라고 이야기했지만 폰도 자신의 소유이며 내가 즐기는 게임인데 무슨 상관이냐고 이야기함. 이에 B학생의 부모는 직접적인 신체적 폭행은 아니지만 어떻게 상대 학생에게 주의를 줄 수 없는지에 대해 막막함을 느끼고 있으며, 어떻게 대처해야 할지 몰라 어려움을 겪고 있으며 자녀가 이번 사건으로 인해 매우 수치심을 느끼고 상대 학생에게도 복수하고 싶은 마음 등 분노감을 가지고 있는 것에 대해 상담을 요청.

④ **내담자의 심각성** : B학생은 직접적인 폭행은 아니지만 마치 자신이 맞는 듯한 아픔을 느꼈으며, 자신의 사진이 그렇게 사용되고 있으며 놀림감이 되고 있다는 생각에 심리 · 정서적으로 위축되어 있음. A에 대해 자신도 똑같이 때려주고 싶다는 분노를 느끼며 A학생을 때려 죽이고 싶다는 등의 이야기를 자주 하고 충동적으로 상대학생에게 폭력을 가할 가능성을 보이고 있음.

⑤ **상담지원내용** : B학생 부모상담을 통해 직접적인 폭행이 아니더라도 이는 학교폭력에 해당이 되며, 사이버불링 및 괴롭힘으로 볼 수 있음을 알리고 사이버상의 폭력 또한 아이에게 큰 상처가 될 수 있음을 알림. 우선은 자녀의 심리적 안정이 가장 중요하므로 이후 유사한 일이 재발하지 않도록 신속히 대처해야 하며, 욕설메시지나 문자에 대해 자칫 자녀도 유사하게

대처하지 않도록 지도하고 인터넷상에서 게시판이나 공개적인 비방 또는 사진, 욕설 내용은 증거자료로 캡처하거나 사진을 찍어 보관하고 학교측에서도 학생들 간의 단순한 장난이나 게임으로 사소하게 여기고 사안처리 하지 않도록 사이버불링도 엄연한 폭력이며 치명적인 상처를 남김을 알려드림.

4) 도움을 요청했음에도 불구하고 지속적으로 사이버불링 당하는 사례

(1) 사이버불링 후 담임교사에게 도움 요청한 사례

① **피해학생** : 중 1(남)

② **가해학생** : 중 1(남)

③ **사건상황** : 학기초부터 A에게 메시지로 욕을 보내는 것을 부모가 알게 됨. '걸레', '얼굴이 멍게'라는 등의 표현과 부모에 대한 욕설이 이어지는 중 학교로 찾아가 담임한테 알리고, 또 이런 일이 일어나면 학교폭력대책자치위원회 개최를 요청하겠다고 했음에도 불구하고 두 번이다 더 발생하고 B의 모에게 알렸더니 미안하다고 다음부터 이런 일 없게 하겠다고 함. A는 아토피가 있는데 B가 더러운 얼굴로 쳐다보지 말라고 하는 등의 말을 듣고 어느 날 집에서 A가 자다가 화장실가서 우는 걸 보게 됨. A의 모가 현재 건강이 안 좋은 상태라 어머니가 걱정할까봐 말을 못하고 혼자만 참고 있었음. B의 책상에 A가 앉아 있다가 책을 잠깐 들췄는데 야한 여성사진 두 장이 있어 그걸 떨어뜨렸다가 B 책상 서랍에 넣어놨는데, 이후 소문이 와전되어 A가 가지고 있던 사진을 일부러 B의 서랍에 넣었다고 헛소문이 나고 다수의 학생들이 '돼지우리에서 살아라, 지 애비 애미 닮아서…' 등의 욕설을 학급 채팅방에서 함.

④ **내담자의 심각성** : A가 아토피로 인해 외모에 자신도 없고 위축되어 있는데 놀림을 받고 괴로우며, 건강상태가 좋지 않은 어머니에게 혹시라도 걱정을 끼칠까 걱정하고 있음. 무엇보다도 학급의 다른 학생들도 자신에게 욕을 하는 아이들의 편인 것 같아 자신감도 없고, 학교도 가기 싫어지고 잠

을 이루지 못함.

⑤ **상담지원내용** : 우선은 A가 어머니 걱정으로 인해서 학교폭력 피해를 말하지 못한 것에 대해 많이 힘들어했을 것이라고 말해주고 공감, 경청해줌. 학기 초부터 발생한 피해를 9월이 되었음에도 지속되고 있는 사실에 대해 미리 초반에 해결되지 못한 이유를 물어보고 지금이라도 추후 계속 아이가 힘들어지지 않도록 학교에 사이버불링 사실을 알리고 신고할 것을 안내함. ㅇ톡으로 욕설 보내오는 것에 대해 자료를 보관하고 학교폭력 전담기구에서 증거자료로 제출할 수 있음을 알려줌. 재발방지 차원에서 사이버불링에 대처할 수 있도록 대처법을 안내함.

(2) 불면증에 시달리고 힘든데 도움을 요청하기가 무서운 사례

① **피해학생** : 중 2(남)

② **가해학생** : 중 2(남) 반 전체

③ **사건상황** : A와 B는 중2 남학생으로 같은 반이며, 평소에 티격태격 시비를 거는 사이였다. 어느 날 A는 반 학생들이 함께 있는 그룹채팅방에 학생 C가 올린 연예인 사진을 보고 그 연예인 별로라고 하며 자신은 그런 스타일이 싫다고 이야기했다. 그러자 B는 A에게 "네가 뭘 아는데 까부냐 XX아"면서 욕을 하였다. A는 그냥 그 연예인이 자신의 스타일이 아니라는 의견을 말한 것뿐이라고 답을 하자, B는 "너 같은 찐따가 스타일이 어디 있냐 ㅋㅋ 오늘 들은 이야기 중에 젤 어처구니없다"며 계속적으로 욕을 했다. 그러자 그룹채팅방에 있던 다른 친구들도 A의 말에 동조하면서 자신을 비웃기 시작했다.

그 이후로 그룹채팅방에 A의 사진을 올리면서 "넌 내 스타일 아니야 임마"라고 비웃는 친구들이 생기면서 반 친구들로부터 따돌림을 당하기 시작하였다. A는 그룹채팅방에서 지속적으로 놀림과 언어폭력을 당해서 퇴장을 했음에도 불구하고, 반 친구들은 계속해서 A를 그룹채팅방으로 초대하여 심한 욕설을 보냈다.

④ **내담자의 심각성 :** A는 이 사안에 대해서 선생님이나 부모님에게 말하면 B를 포함한 반 친구들에게 보복을 당할 것 같아서 두렵다. 요즘 스마트폰 알람이 울릴 때마다 화들짝 놀래며, 학생들이 또 어떤 욕을 할까 걱정하면서 힘겨운 날들을 보내고 있다. 또, 밤마다 내일은 어떻게 버텨야 하나 생각하며 불면증에 시달리면서 ○톡 알림음과 학생들이 욕을 하는 것이 환청으로 들린다.

4. 가정에서의 사이버불링 대응

1) 예방적 대응

부모 및 가족들이 자녀들의 인터넷 사용에 관해 관여하지 않거나 방치할수록 피해자가 되거나 가해자가 될 수도 있다. 부모들의 관심을 가지고 자녀의 인터넷 사용을 지도할 때 사이버불링을 예방하고 치료할 수 있다.

부모 및 가족들은 사이버불링에 대한 이해를 바탕으로 심각성과 대처법을 미리 숙지하여 자녀가 사이버불링의 피·가해자 또는 방관자가 되지 않도록 올바른 언어사용과 적극적인 인성교육과 동시에 대인관계 기술, 갈등예방 기술 등 나아가 사이버 공간에서 자신의 개인정보를 보호하는 방법, 잘못된 정보와 신뢰할 수 있는 정보에 대한 분별력, 타인을 존중하고 배려하는 법에 대해 알리고 인터넷상의 긍정적 의사소통과 인터넷 윤리의식을 함양할 수 있도록 지도하고, 잘못 사용했을 경우 결과에 따른 책임감과 위험성을 이해시키도록 하여야 한다.

(1) 가정에서의 자녀양육

인터넷 이용량이 많아질수록 사이버공간에서의 소통이 증가함에 따라 이로 인한 문제 소지의 발단이 될 가능성도 높다. 이에 자녀의 인터넷 사용에 대한 부모의 감독, 자녀와의 애착관계는 자녀의 사이버불링 피해 및 가해행위를 막을 수 있는 주요한 요인이다. 평상시에 자녀와 원만한 가족유대관계를 가지는 것은 사이버불링 및 괴롭힘을 예방할 수 있다.

- 자녀와 하루 일과에 대해 이야기 나눌 수 있는 시간을 가진다.
- 가족 내 규칙을 정할 때에는 자녀의 의사를 최대한 존중하며 개방적인 마음으로 경청하며 진행한다.
- 자녀를 정서적 · 신체적으로 방임하지 않는다.
- 자녀에게 양육태도와 부모의 역할에 대해 주기적으로 자가 진단을 해 본다.
- 부모는 자녀의 친구관계에 대해 관심을 가지고 대화를 나눈다.
- 아동기 · 청소년기에는 친구와의 관계가 중요하다는 점을 상기하며 원만한 관계를 가지도록 북돋워준다.
- 등 · 하굣길에 일주일에 한 번 정도는 동행하도록 노력한다.
- 가족 그룹 채팅방을 활용하여 자녀와 자주 소통한다.
- 자녀의 사이버상 프로필과 메시지를 주의깊게 보고 대화를 나눈다.
- 자녀가 참여하고 있는 소셜네트워킹 사이트를 알고 청소년 문화를 이해하며 자녀와의 소통에 힘쓴다.
- 평상시에 괴롭힘이 발생하면 부모, 교사, 친구에게 사실을 알리고 도움을 받으라고 지도한다.
- 인터넷 사용 시 상대측의 가해행위를 원하지 않는다는 의사를 분명히 밝히라고 한다.
- 원하지 않는 메일이나 쪽지, 메신저 등에는 답변하지 말고 보복대응하지 말라고 지도한다.
- 온라인 대화 시 상대방의 무리한 요구(사진 전송 및 개인정보 요구 등)에 응하지 않도록 한다.
- 사이버불링의 증거를 바로 삭제하지 말고 저장하라고 한다.
- 사이버불링에 대해 적절하고 단호한 대처를 함으로써 이에 대한 위험성을 주의시킨다.

(2) 사이버불링 징후 발견

가정에서 자녀가 인터넷 혹은 스마트폰 사용 등으로 인한 사이버불링 발생을 감소하고 미연에 방지하기 위해서는 자녀들의 스마트폰 이용에 대한 관심과 지도 감독이 요구되며 자녀와의 대화, 관찰, 사용규칙 등을 정하는 것이 효과적이며 평상시에 사이버불링 피해 징후를 발견할 수 있다(청예단, 2013).

- 불안한 기색으로 정보통신기기를 자주 확인하고 민감하게 반응한다.
- 단체채팅방에서 집단에게 혼자만 반복적으로 욕설 및 비방 등 공격을 당한다.
- 용돈을 많이 요구하거나 온라인 도구의 사용요금이 지나치게 많이 나온다.
- 부모가 자신의 정보통신기기를 만지거나 보는 것을 극도로 싫어하고 민감하게 반응한다.
- 온라인에 접속한 후 혹은 문자메시지나 메신저를 본 후에 당황하거나 정서적으로 괴로워 보인다.
- 사이버상에서 이름보다는 비하성 별명이나 욕으로 호칭되거나 야유나 험담이 많이 올라온다.
- SNS의 상태 글귀나 사진의 분위기가 갑작스럽게 우울하거나 부정적으로 바뀐다.
- 컴퓨터 혹은 정보통신기기를 사용하는 시간이 지나치게 많다.
- 잘 모르는 사람들이 자녀의 이야기나 소문을 알고 있다.
- 자녀가 SNS계정을 탈퇴하거나 아이디가 없다.

(3) 청소년 사이버불링 예방 수칙

청소년들의 사이버 공간에서 글이나 사진, 동영상 등을 올리기 전에 상대방의 입장에서 먼저 생각하게 하고 만일 상대방이 기분이 나쁘다면 바로 사과를 하는 등 사이버불링을 예방하고 타인을 존중하고 개인정보를 함부로 유출하지 않는 등 사이버불링 예방 수칙을 알려주고 있다(한국정보화진흥원, 2013).

- **(상대방의 입장을 먼저 생각하라)** 사이버공간에서 글이나 사진, 동영상 등을 올리기 전에 상대방이 어떻게 받아들일지를 먼저 생각한다.

- **(상대방을 존중하라)** 사이버공간에서 상대방을 존중해야 나도 존중받는다는 사실을 명심한다.
- **(사과하라)** 사이버공간에서 내 말과 행동 때문에 상대방이 기분 상했다고 하면 바로 사과한다.
- **(신중해라)** 사이버공간에서는 한 번 뱉은 말은 주워 담을 수 없으니 늘 신중하게 활동한다.
- **(필요한 경우에만 공개해라)** 사이버공간에서는 꼭 필요한 경우에만 나의 개인정보나 사진을 공개한다.
- **(정직해라)** 사이버공간에서 자신의 나이, 성별, 신분 등을 속이려 하지 않는다.
- **(상대방을 보호해라)** 사이버공간에서 상대방의 프라이버시나 명예를 지켜준다.
- **(음란물 등을 배포하지 말라)** 사이버공간에서 음란한 사진이나 영상을 보여주거나 배포하지 않는다.
- **(욕설 등을 사용하지 말라)** 사이버공간에서 장난이라도 욕설이나 비속어 또는 오해할 수 있는 표현을 사용하지 않는다.
- **(거짓된 내용을 유포하지 말라)** 사이버공간에서 거짓된 내용이나 개인의 사생활에 대한 내용을 함부로 올리거나 퍼 나르지 않는다.
- **(외모나 신체에 대해 비난하지 말라)** 사이버공간에서 다른 사람의 외모나 신체에 관한 농담이나 비난을 하지 않는다.

2) 가정에서의 사후적 대응

자녀가 사이버불링에 피해를 당한 경우 피해를 최소화하고 재발하지 않도록 초동대처를 제대로 하는 것이 필요하다. 자칫 과잉대응하거나 또는 사소하게 여기고 방치하면 2, 3차 피해로 이어지거나, 피해를 당한 자녀가 가해자가 되거나 가해를 방치할 경우 상대방의 피해가 심각해지고 자신의 자녀 또한 이후 피해자가 될 수 있음을 명심해야 한다. 가정에서는 사이버불링에 대한 이해와 인식을 바탕으로 자녀를 지도하고 또래 간의 관계 개선과 중재 및 학교와의 긴밀한 협조로 사이버불링을 효과적으로 대응할 수 있다.

(1) 발생 시 자녀에 대한 사이버불링 대응

자녀의 사이버불링 피해사실을 알게 되면 당황스럽고 흥분하거나 감정이 지나치게 격앙되어 자녀에게 상처주는 말과 행동을 하거나 감정적으로 대응할 시 학교측과의 긍정적 해결을 위한 소통도 어려워지기 쉽다. 자녀의 피해 정도를 최소화하고 가해에 대한 책임을 지는 자세가 필요하며, 대다수의 사례는 쌍방 피가해를 구분하기가 어렵고 상호 피가해가 중첩된 경우도 많이 발생하고 있다. 부모의 적절한 지지와 유대관계, 지도 감독은 자녀가 자신의 피해를 회복하고 가해를 반성하며 올바른 대인관계를 형성하는 데 도움이 된다. 또한 부모의 적절한 중재역할은 또래관계에 긍정적 또는 부정적인 영향을 미친다.

- 사이버불링 피해 사실을 인지했을 경우 흥분하지 말고 침착하게 대응한다.
- 사이버불링에 대하여 확대해석하거나 과잉대응하지 않는다(바로 학교나 다른 부모에게 이야기하기, 피해자 혹은 가해자를 비난하기, 사이버 폭력이 가능한 매체를 없애버리기 등).
- 사이버불링에 대해 미온적인 대응을 하지 않는다(아무 일도 아니라는 듯 반응하기, 무시하기 등).
- 사이버불링이 발생한 것에 대하여 자녀를 위로하고 어떻게 해결하는 것이 좋을지 함께 의논한다.
- 자녀가 수치심이나 자책하지 않도록 심리 정서적으로 충분히 안정시킨다.
- 절대 자녀의 탓으로 여기거나 부모에게 알리지 않았다고 야단치지 않는다.
- 자녀가 사이버 협박에 '아니요'라고 분명히 말하도록 한다.
- 상대방의 사이버불링에 바로 보복하려 시도하지 말고 사이버 공간을 벗어나도록 한다.
- 욕설이나 협박성 문자나 메시지에 자녀도 같이 욕설이나 비방 등으로 대응하지 않도록 한다.

- 가해자와의 온・오프라인 상에서의 접촉을 하지 않도록 한다.
- 사이버불링의 피해가 발생했을 경우 사이버상의 폭력이나 괴롭힘의 증거를 확보한다.
- 사이버불링의 피해와 심각성을 설명하기 위해서 증거자료를 확보한다.
- 사이버불링을 입증할 글, 그림, 음성, 동영상 파일 등을 증거자료로 확보한다.
- 인터넷의 게시판이나 카페 또는 채팅방의 공개적인 비방이나 욕설 등 내용을 그대로 저장 또는 보관한다.
- 증거자료 없이 가해당사자들에게 사실을 확인하거나 사과를 받기 어렵다.
- 특정사이트의 외부 게시물은 업체에 문의하여 증거 확보 후 삭제를 요청한다.
- 자녀가 사이버 게시물에 자주 접촉할수록 심리적 외상이 커진다.
- 사이버불링 역시 심리적인 외상이 있을 수 있으므로 전문가의 도움을 받는다.
- 필요시 상담기관, 의료기관, 법률기관의 전문적 도움을 받는다.
- 자녀의 상처 회복 및 반성을 위해 상담 및 치료, 교육을 간과하지 않는다.
- 인터넷 매체로부터 자녀를 격리, 보호한다. 이때 강제로 매체를 뺏지 않는다.
- 사소한 갈등과 오해로 밝혀질 경우 또래 화해조정의 기회를 가질 것을 자녀에게 물어본다.
- 사이버불링 가해행위에 대해 학교 측에 사실 조사를 요청한다.
- 학교폭력으로 신고 시 구체적인 정황과 매체, 사이버 폭력의 내용을 상세하게 정리하여 알린다. 이때 감정적으로 흥분하거나 사실을 확대해석하지 않도록 주의한다.
- 자녀의 심리정서적 안정과 안전하게 학교생활에 적응하는 것이 가장 중요한 것임을 기억한다.
- 자녀의 교우생활 등에 관심을 가지고 충분한 대화와 함께하는 시간을 가진다.
- 117 학교폭력 신고센터로 신고하고 신속하게 문제해결을 위한 안내를 요청한다.
- 1588-9128 학교폭력 상담전화로 자녀의 심리적 고충 및 문제해결을 위한 상담을 문의한다.

• 기타 사이버불링 전문기관 및 학교폭력 전문상담기관에 상담과 도움을 요청한다.

(2) 발생 시 학교에 대한 사후적 대응

사이버불링 또는 학교폭력 발생 후 부모 및 가족의 태도는 피가해 및 방관학생에게 미치는 영향이 크다. 또한 부모 및 가족의 학교 측에 대한 입장과 갈등해결 방법으로는 담임교사에게 도움요청, 학교폭력전담기구에 사안조사, 학교폭력대책자치위원회 개최 요청 등으로 학교폭력 사안처리를 할 수 있다.

• 담임교사에게 사이버불링 상황을 알리고 도움을 요청한다.
• 확인되지 않은 사이버불링이나 학교폭력 사안에 대해서 확대하거나 개인정보를 함부로 발설하지 않는다.
• 담임교사에게 구체적 사실을 6하원칙에 맞게 알리고 증거자료도 확보하였음을 알린다.
• 담임교사와 학교 측에 가해 학생의 보복으로부터 자녀의 안전을 위한 지도를 요청한다.
• 혹시 또 다른 학교폭력 또는 사이버불링 사실이 없는지 확인을 요청한다.
• 학급 또는 주위 학생 중 가담하거나 알고도 방관한 학생들이 없는지 목격자 유무 등 사실 확인을 요청한다.
• 담임교사에게 가해학생을 바로 불러 야단치는 등 행위를 자제할 것을 당부한다.
• 섣불리 학급 전체에 본 사건을 공개하지 말 것을 요청한다.
• 강제로 피가해 학생들을 불러 모아 화해시키지 말고 한 명씩 개별면담할 것을 요청한다.
• 상대측 보호자나 학교 측에 감정적으로 대응하지 않는다.
• 상대측 보호자 측에게 동의 없이 개인정보 및 전화번호 유출을 하지 않도록 당부한다.

- 보호자 동의 없이 자녀가 상대측 보호자를 만나지 않도록 요청한다.
- 자녀를 위해서 가해학생의 반성과 사과가 중요함을 알린다.
- 사소한 갈등과 오해로 밝혀지고 당사자들이 원할 경우 또래 화해조정으로 관계개선을 노력한다.
- 자녀의 심리정서적, 대인관계적 상태와 피해의 정도를 알린다.
- 학교에서 유사한 피가해가 발생하지 않도록 협조를 요청한다.
- 학교폭력 사안처리 절차에 관해 물어본다.
- 피해학생 보호에 관련 법률의 규정과 지원의 범위에 대한 정보제공을 받는다.
- 피해학생의 긴급보호를 요청하는 경우, 학교의 장은 자치위원회 요청 전에 심리삼담 및 조언, 일시 보호 및 그 밖에 피해학생의 보호를 위한 필요한 조치를 인정해줄 수 있다.
- 피해학생의 결석이 피해학생 보호조치(「학교폭력예방 및 대책에 관한 법률」 제16조 제1항) 등 보호가 필요한 경우 학교의 장이 인정하는 경우 그 조치에 필요한 결석을 출석일수에 산입할 수 있다(「학교폭력예방 및 대책에 관한법률」 제16조 제4항).
- 보호조치를 받았다는 사실 자체가 성적 평가 등에서 불이익이 적용하지 않도록 해야 한다.
- 분쟁조정 시 학교측에 비밀보장을 요청한다.
- 학교폭력대책자치위원회 개최 시 반드시 피해학생 및 보호자는 의견진술의 기회를 가지고 입장표명을 하도록 한다.
- 학교폭력대책자치위원회 조치결과에 이의가 있을 시 재심을 청구할 수 있다.
- 학교폭력 관계자들의 감정적 대립과 당사자들의 비협조적인 태도로 원만한 대화와 합의과정이 늦어지지 않도록 주의한다.

참고문헌

김봉섭, 이원상, 임상수 (2013). 사이버불링에 대한 이해와 대응방안. 한국정보문화진흥원.

이유미 (2006). 가해학생 특별교육 프로그램. 문용린, 김준호, 임영식, 곽금주, 최지영, 박병식, 박효정, 이규미, 임재연, 정규원, 김충식, 이정희, 신순갑, 진태원, 장현우, 박종효, 장맹배, 강주현, 이유미, 이주연, 박명진 공저, 학교폭력 예방과 상담. 학지사.

이유미, 임재연, 강주현, 김태희, 김충식 (2008). 학교폭력 위기개입과 전략. 문용린, 임재연, 이유미, 강주현, 김태희, 김충식, 김현수, 김영란, 이정옥, 박종효, 이진국, 신순갑, 최지영, 김미란, 리하르트 귄터, 최정원, 장맹배, 이기숙, 김미연, 홍경숙, 장현우 공저, 학교폭력 위기개입의 이론과 실제. 학지사.

이유미 (2011). 소리없는 폭력, 사이버왕따 진단과 해법 세미나(2011.12.15.) 자료집, 한국정보화진흥원.

이유미 (2012). 인터넷윤리 강화를 위한 세미나(2012.6.14.) 자료집, 방송통신위원회.

이유미 (2013). 사이버폭력 진단 및 대응세미나(2013.6.20.) 자료집. 방송통신위원회.

이유미 (2013). 정보문화 포럼 정책세미나(2013.6.25.) 자료집. 정보문화포럼.

이유미 (2014). 학교폭력 분쟁조정의 실제. 이규미, 지승희, 오인수, 송미경, 장재홍, 정제영, 조용선, 이정윤, 유형근,이은경, 고경희, 오혜영, 이유미, 김승혜, 최희영 공저, 학교폭력 예방의 이론과 실제. (재) 청소년폭력예방재단 학교폭력문제연구소 편. 학지사.

청소년폭력예방재단 (2011). 전국학교폭력실태조사 연구.

청소년폭력예방재단 (2012). 전국학교폭력실태조사 연구.

청소년폭력예방재단 (2013). 전국학교폭력실태조사 연구.

청소년폭력예방재단 (2013). 사이버폭력 이해와 대처 안내책자.

청소년폭력예방재단 (2013, 2014). 학교폭력 상담사례.

청소년폭력예방재단 (2014). 전국학교폭력실태조사 발표 배포용(2014.5.21.) 사례집.

신나민

Chapter 13

학교에서의 대응

본 장에서는 사이버불링에 대한 학교에서의 대응 방안들을 살펴보고자 한다. 사이버불링은 학교 안팎에서 모두 일어날 수 있지만, 기본적으로 또래 관계 문제에 기인한다는 점에서 교우 관계가 형성되는 학교 장면에서의 대응은 필수적이다. 학교는 모든 학생들이 공포나 위협으로부터 자유롭게 학교를 다닐 기회를 제공해야 할 책임이 있기 때문이다(Beate & Hall, 2010). 특히 국내의 사이버불링은 전통적인 학교폭력과 밀접한 관련이 있고 또 그 연장선으로 이해되기 때문에 학교의 전반적인 환경을 개선하는 측면에서 사이버불링에 대응할 필요가 있다(정한호, 2012). 연구에서도 학교, 가정에서의 폭력피해경험이 많은 학생일수록 사이버 공간에서의 가해 위험이 높았고(김경은, 윤혜미, 2012) 특히 신체적 폭력피해경험이 많은 학생일수록 사이버불링의 가해 정도가 높아지는 경향이 있었다(김종길, 2013). 또한 학교폭력 피해, 가해 경험 모두 사이버불링 피해경험을 증가시키는 것으로 나타나 국내의 사이버불링은 물리적인 학교폭력의 변형된 형태로 이해해야 한다는 주장을 지지해 준다(조윤오, 2013). 외국에서도 사이버불링에 대한 대응을 학교안전(school safety)을 위한 종합적인 기획에 포함해야 한다는 제안이 있다(Willard, 2007). 특히 미국에서는 학교에서의 마약, 알콜, 총기소지에 대한 무관용 정책(zero tolerance policy)이 학교폭력과 사이버불링에까지 엄격하게 적용되어야 한다는 입장이 강하다(임상수, 2013).

본 장에서는 사이버불링에 대한 국내외 문헌을 종합하여 사이버불링 발생 시 학교에서 취할 수 있는 대응 방안을 정책적, 교육적 그리고 기타 노력으로 나누어 살펴보고자 한다. 정책적 대응으로는 학교 차원에서의 규범 제정과 사이버불링 전담위원회 운영을 들 수 있고, 교육적 대응으로는 학교가 학생, 교사, 학부모, 직원들을 대상으로 사이버불링에 관한 교육 프로그램을 제공하는 것이 있다. 기타 노력으로는 학군 내의 타 학교와의 공동노력과 지역경찰서 및 미디어전문 기관과의 연계 등을 들 수 있다.

1. 정책적 대응

1) 사이버불링에 관한 학교규범 제정

학교 차원에서 사이버불링에 대응하기 위해 일관된 정책을 가지고 있는 것은 학생들이 학교가 안전한 곳이라고 인지하고 학교와 교사를 신뢰하는 데 도움을 줄 수 있다. 실제로 미국의 경우에는 National Crime Prevention Council과 Wireless Foundation이 공동으로 발간한 리플릿에서 학교가 학생들의 사이버불링에 대해 엄격한 규칙을 가지도록 권고하고 있다(이창호, 신나민, 2014). 한 조사 연구에 따르면, 36.1%의 학생들이 자기 학교는 사이버불링에 대한 정책을 가지고 있다고 응답한 반면, 15.4%가 가지고 있지 않다고 응답했으며, 48.6%는 알지 못한다고 응답하였다(Hoff & Mitchell, 2009).

국내의 경우는 각 학교에서 사이버불링에 대한 정책을 별도로 갖고 있지는 않다. 하지만 대부분의 학교에서 전통적인 학교폭력에 대한 대응으로써 학교폭력대책자치위원회(이하 자치위원회)를 운영하고 있으며, 사이버불링은 학교폭력의 일종으로 인식, 처리되고 있다. 이는 두 가지 이유에 연유하는 듯하다. 하나는 법적으로 사이버불링은 「학교폭력예방 및 대책에 관한 법률」 제2조 제1항에서 사이버 따돌림, 즉 "정보통신망을 이용한 음란 · 폭력정보 등에 의해 신체 · 정신 또는 재산상 피해를 수반하는 행위"로 정의되어 일반적 학교폭력 사안의 처리와 구분되어 진행되지 않기 때문이다. 따라서 사이버불링에 대한 학교의 대응은 일차적으로 기존의 학교폭력의 처리 및 대응 방안을 따르며, 이 과정에서 사이버불링의 특수성을 고려하는 것이 가장 현실적인 방안이 될 것이다. 일반적인 학교폭력 사안 처리는 [그림 13-1]과 같은 과정을 따른다.

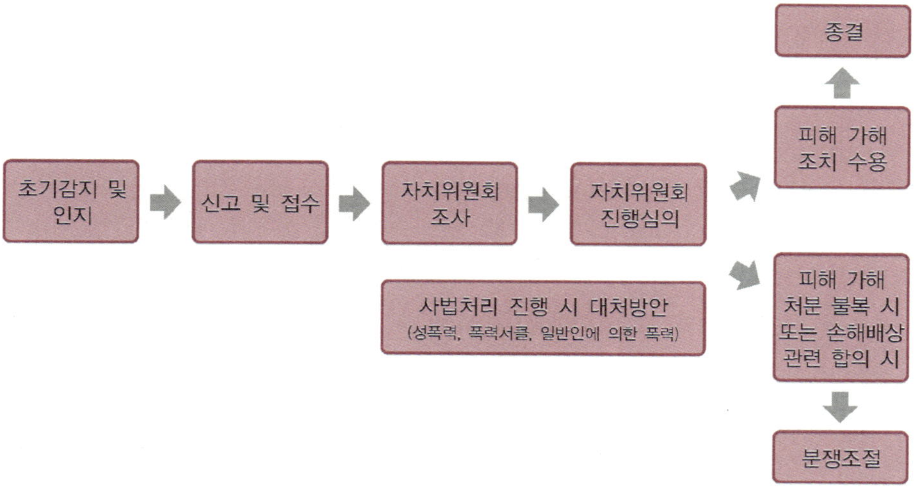

(출처: 김성훈 외, 2013:74, 원자료: 박옥식 외, 2012:252.)

[그림 13-1] 학교폭력 사안처리 과정

다른 하나는 교사와 학생 모두 사이버불링을 심각한 학교폭력의 일환으로 인식하지 않기 때문이다. 많은 학생들이 '재미' 혹은 '장난으로' 사이버 언어폭력을 시작한다고 하였으며, 권력에 동조하기 위해 사이버폭력에 가담하는 경우도 흔한 것으로 나타났다(Parris et al, 2011; Yoon et al., 2011). 하지만 사이버불링도 그 피해 정도가 우울, 불안, 자신감 저하 등의 심리적 문제로부터 자살에 이르기까지 심각하게 나타나고 있어 물리적 학교폭력 못지 않게 심각한 것으로 나타났다(Marees & Petermann, 2012; Tokunaga, 2010). 따라서 사건 발생 시에는 관련 교사 및 전담기구가 상호 협력하여 신속하게 증거를 수집하고 조사에 착수해야 할 것이다. 자치위원회 구성원들의 역할은 〈표 13-1〉과 같다.

〈표 13-1〉 자치위원회 구성원의 세부역할

담임교사	학교폭력 전담기구	관리자(학교장)
- 관련학생 관찰 - 학생들의 감정상태 파악 - 심리적 지지 및 안정추구	〈교감〉 - 학교폭력 전담기구 운영 총괄 〈책임교사〉 - 학교폭력 신고서 관리 및 접수 - 담임교사, 상담교사 등의 협조를	- 전담기구, 책임교사, 담임교사 등의 지도 및 감독 - 필요시 피해추정 학생, 긴급보호 및 가해추정학생 우선출석 조치 등 긴급조치

- 학생 보호자 연락 - 사안조사 등 협력	얻어 사안파악 - 학교폭력, 진행사황 등을 기록하고 증인 및 증거자료 확보 후 자치위원회에 보고 〈전문상담교사〉 - 관련 학생 관찰 및 면담 - 관련 학생과의 상담 - 학생들의 상태에 대한 소견 제시 〈보건교사〉 - 피해학생 피해상황 파악	

(출처: 교육부, 2013:8.)

사이버불링의 특수성 가운데 하나는 인터넷이나 SNS 등 소통매체의 활용과 관련된다는 것이다. 「학교폭력 예방 및 대책에 관한 법률」에서 규정하는 '사이버 따돌림'에는 다음과 같은 행위가 포함된다(정세영 외, 2012: 18).

- 특정인에 대해 모욕적 언사나 욕설 등을 인터넷 게시판, 채팅, 카페 등에 올리는 행위
- 특정인에 대한 허위 글이나 개인의 사생활에 관한 사실을 인터넷, SNS, 카카오톡 등을 통해 불특정 다수에 공개하는 행위
- 성적 수치심을 주거나, 위협하는 내용, 조롱하는 글, 그림 등을 정보통신망을 통해 유포하는 행위
- 공포심이나 불안감을 유발하는 문자, 음향, 영상 등을 휴대폰 등의 정보통신망을 통해 반복적으로 보내는 행위

따라서 학교는 일반적 학교폭력과는 달리 소통 매체나 테크놀로지를 통해 이루어지는 사이버불링에 대해서 좀 더 구체적으로 학교규범을 명시할 필요가 있다. 이 때 고려해야 할 사항들을 정리하면 다음과 같다.

- 인터넷이나 모바일 기술을 가지고 행해지는 괴롭힘도 학교폭력에 포함됨을 학교규정에 분명히 명시하여야 한다.

- 학교 바깥에서 일어나는 불링의 경우에도 그것이 학생들의 학교생활과 안전에 악영향을 미친다고 판단이 되면 학교가 개입할 권리를 가진다는 조항을 넣도록 한다(Beate & Hall, 2010).
- 사이버불링에 관한 정책은 기술 발전에 따라 지속적으로 업데이트되어야 한다.
- 사이버불링 발생 시에는 법적 처벌에 대한 규정 및 부모의 개입, 사용된 미디어에 대한 기술적 분석 및 증거 확보 등이 필요하다. 이 때 자문이나 컨설팅을 받을 수 있는 교사나 전문가 혹은 기관의 연락처를 확보해 두도록 한다.
- 학교 내 사이버불링 전담위원회를 구성하도록 한다.

2) 사이버불링 전담위원회 운영

사이버불링은 일반 학교폭력과 다른 대응책을 요구할 수 있으므로 발생 시 원활한 대처를 위해서는 학교 내에 별도로 사이버불링 전담위원회를 운영할 필요가 있다. 이 위원회에는 테크놀로지 사용에 능숙한 교사, 학부모, 학생, 지역주민 가운데 사이버불링에 관심 있는 전문가, 상담가 등이 참여할 수 있다(Willard, 2007). 이 운영위원들이 사이버불링 사안마다 모두 모일 필요는 없다. 하지만 학교 당국은 사이버불링과 관련된 위험 상황에 대해 일정한 절차를 수립해 두어야 하고, 사이버불링 위원들은 가장 우선적으로 대응 방안을 강구하는 데 동원되어야 할 것이다. Willard(2007)는 사이버불링 상황 검토 및 대응책을 논함에 있어 다음 네 가지 사항들이 선행되어야 함을 제안한다.

- 즉각적 위협에 대처: 온라인 자료들이 폭력이나 즉각적인 위험을 제안하는 것처럼 보인다면 학교 당국은 즉시 법적 집행과 보호 처방을 개시해야 한다. 그리고 후속적으로 증거를 수집하는 단계도 필수적으로 수반되어야 한다.
- 증거 수집: 증거 수집은 모든 증거를 보존하는 것을 포함한다. 여기에는 사이버불링 가해자의 정체를 파악하는 것 그리고 추가적인 유해 자료들을 수색하는 것이 포함된다.

- 폭력 혹은 자살 조사: 학교 당국은 수집된 증거들이 타인이나 자신을 위해할 가능성이 있는지를 검토해야 한다. 그리고 폭력이나 자살의 위험은 자료를 올린 학생이나 피해를 당한 학생 모두에게서 올 수 있음을 인식해야 한다.
- 사이버불링 가해자 조사: 학교가 사이버불링 가해자에게 직접적으로 응대할 수 있는지도 조사되어야 한다. 또한 해로운 자료들이 어떤 목적으로 포스팅되었는지도 파악해야 하며, 이를 위해 관련자들 간의 협의를 거쳐 사건의 '근원적 원인'을 찾아야 한다.

2. 교육적 대응

1) 학생교육

(1) 기본적 대응을 위한 교육

사이버불링 발생 시 학교는 가해자 처벌이나 피해자 보호 등의 직접적인 개입뿐만 아니라 학생들이 스스로 그 사태에 어떻게 대응해야 하는지를 교육할 필요가 있다. 실증적 연구에 의하면 13~15세 학생들은 사이버불링 문제를 스스로 해결하고자 하는 경향이 강했으며, 이 경향은 좀 더 나이든 학생들(16~17세)에서는 더 강하게 나타났다(Stacey, 2009). 이는 사이버불링을 교사나 부모 등 성인에게 잘 보고하지 않는 원인과도 관련이 있다. 대부분의 청소년들은 부모들에게 이 사실이 알려질 경우 매체 사용을 차단당하는 것에 대해 우려하며, 성인들이 문제를 더 확대시키는 것을 두려워하여 사이버불링을 잘 보고하지 않는 것으로 나타났다(Yoon et al., 2011). 하지만 피해를 당한 학생들의 대응 양식에 대한 교육은 미흡한 상황이다.

학생들이 사이버불링에 대응하기 위한 가장 기본적인 절차들로서는 다음 SSBT 모델이 유용할 것으로 보인다(Snakenborg, Van Acker, Gable, 2011).

- Stop: 가해 학생에게 어떤 형태로든 대응하지 않아야 한다. 어떤 응답이나 보복도 상황을 악화시키기 때문이다.

- Save: 이메일, 텍스트 메시지, 사진, 기타 증거 자료들을 저장해 두어야 한다. 이는 발신자를 파악하거나 기소, 그리고 메시지를 차단할 때 필요하다.
- Block: 인터넷이나 모바일 서비스에서 제공하는 수신 차단 기능을 사용한다.
- Tell: 신뢰할 만한 성인(부모, 교사, 연장자인 형제들)에게 사건에 대해 말해야 한다. 이러기 위해서는 집, 학교에서 불링에 대해 말할 수 있는 분위기가 조성되어 있어야 한다.

(2) 교육방법에 대한 고려

효과적인 교육적 노력을 위해서는 사이버불링 대응에 관한 교육 내용뿐만 아니라 교육 방법에도 관심을 가질 필요가 있다. 즉, 사이버윤리의식 강화 및 윤리적인 미디어 사용에 대한 교육적 노력이 실효성을 거두기 위해서는 학교에서 미디어 교육을 실행하는 방법을 개선하고, 교사들의 노력이 좀 더 정교하게 고안될 필요가 있다. 중, 고등학생 1,026명을 대상으로 사이버폭력 현황 및 가해, 피해 변인을 조사한 연구에 따르면, 인터넷 사용에 대한 조언이나 교육을 받은 경험이 사이버폭력 피해나 가해 경험에 영향을 주지 못하는 것으로 나타났다(신나민, 안화실, 2013). 이러한 결과는 사이버윤리의식이나 윤리적 미디어 사용을 위한 교육적 노력들이 사이버불링 예방이나 대응에 있어 실제적인 효과를 내지 못하고 있음을 암시한다.

최근에 이루어진 연구에 따르면 학생들의 사이버윤리교육이나 미디어 사용에 대한 교육방법은 대부분 '영상을 보는 것'에 치중되어 있었고, 학생들의 집중도는 낮은 편으로 나타났다(이창호, 신나민, 2014). 심지어 영상에서 사이버불링을 당한 학생이 자살하는 장면을 보면서 학생들이 웃음을 터뜨렸다는 인터뷰 내용도 있었다(ibid: 108 인터뷰 6). 이러한 연구 결과는 학교에서 실시되는 사이버불링 대응 교육의 실효성을 위해서 교사나 교육 실시자가 학생이 영상시청만 하도록 방치할 것이 아니라 좀 더 진지하고 적극적으로 개입할 필요가 있음을 시사한다. 실증적 연구에 따르면, 사이버불링 가해 학생의 29.9%가 사이버불링 관련 교육을 받은 경험이 없다고 응답하였으며, 1회 교육을 받았다는 응답이 7.7%, 2회가 24.8%, 3회가 7.7%, 4회 이상이 17.9%로 나타났다(신나민, 안화실, 박정도, 2013).

그리고 안전한 인터넷 사용에 대한 교육 방법으로는 비디오영상물 시청이 37.3%, 전문상담기관 강사의 강의가 29.3%, 학교교사의 강의가 19.8%, 가정통신문이나 유인물 교육이 14.7%, 경찰관의 교육이 6.9%와 기타가 6%인 것으로 나타났다. 하지만 학생들이 교육 방법으로 가장 효과적이라고 꼽은 방법은 전문상담기관 소속 강사의 교육이었으며(46%), 비디오영상물 시청교육(22.2%), 경찰관 교육(11.1%), 학교교사의 교육(9.5%), 가정통신문이나 유인물을 통한 교육(7.9%), 기타(3.2%) 등이 그 뒤를 이었다(신나민, 안화실, 박정도, 2013). 이를 종합하자면, 학교에서 실시되는 안전한 인터넷 사용에 관한 교육 방법으로는 비디오 영상물 시청이 가장 높은 비율을 차지했으나, 학생들이 가장 효과적이라고 생각하는 방법은 전문상담기관의 강사가 실시하는 교육인 것으로 나타났다. 그리고 가정통신물이나 유인물 같은 방법은 효과 면에서 상대적으로 낮게 인지되고 있었다.

(3) 또래교육 강화

일반적으로 학교폭력 발생 시 피해 학생들은 부모나 교사보다 친구로부터 도움 받는 것을 선호하는 경향이 있다(가상준, 김강민, 임재형, 2013; Stacey, 2009). 사이버불링의 경우에도 이와 비슷한 양상이 예상된다. 하지만 사이버불링에 관여하지 않은 학생이 피해를 당한 또래를 도와주는 방법에 대한 교육은 미흡한 실정이다. 기존에 학교폭력 예방을 위해 개발된 '또래조정프로그램'이나 '멈춰프로그램' 등에 대해서도 학생들이 실제로 알고 있는 비율은 매우 낮았다(가상준, 김강민, 임재형, 2013). 이 밖에도 청소년을 위한 사이버불링 예방 및 대응을 위해서는 다음과 같은 프로그램들을 참고해 볼 수 있다(최숙영, 2013; Snakenborg, Van Acker & Gable, 2011)

- iSAFE Internet Safety Program
- The Cyber Bullying: A Prevention Curriculum
- Sticks and Stones: Cyberbullying

- The Anti-Defamation League
- 호주의 Cybersmart
- 핀란드의 KiVa

또래교육에 있어 또 하나 주목해야 할 점은 사이버불링 폭력의 상호성이다(김경은, 윤혜미, 2012). 최근 전국 규모의 사이버불링 연구 결과, 사이버불링 피해를 예언하는 가장 강력한 변인은 사이버불링 가해 경험이었고, 사이버불링 가해를 예언하는 가장 강력한 변인은 사이버불링 피해 경험이었다(이창호, 신나민, 2014). 이 결과가 암시하는 것은 사이버불링 피해자와 가해자는 결국 같은 서클 속에서 교류하는 집단이며, 사이버불링에 연루되지 않은 집단보다 더 많은 공통점을 갖는다는 것이다. 따라서 사이버불링 피해와 가해 학생들을 구분하여 교육하는 것도 필요하지만 이들을 함께 중재 프로그램에 참여시키는 것도 고려해보아야 할 것이다. 이런 방법은 서로에 대한 이해 증진 및 또래 관계 개선에 도움을 줄 수 있을 것이다.

2) 교사교육

학생뿐만 아니라 교사도 사이버불링을 대응하는 데 필요한 지식, 기술, 태도를 갖추어야 하므로 학교는 이에 적절한 교육 기회나 자원을 제공할 필요가 있다. 청소년의 사이버불링은 대부분 또래 관계에서의 따돌림이나 괴롭힘, 질투, 미움 등에 기인하므로 사이버불링의 예방과 대응을 위해서는 학생지도를 직접 담당하는 담임 교사의 역할이 아주 중요하다. 따라서 학교는 교육기회의 제공과 이 교사들이 사이버불링 가해, 피해 학생 지도 시 참고할 수 있는 지침이나 매뉴얼을 제공해야 할 것이다. 교사교육에 필요한 자료로는 한국정보화진흥원(NIA)과 한국인터넷진흥원(KISA)이 각각 개발한 사이버 따돌림과 사이버 폭력에 관한 교사연수 프로그램과 교재를 참고해 볼 수 있다(이창호, 이경상, 2013).

현재 학교폭력에 관한 사안은 대부분 학생지도부 혹은 학생부 교사가 전담하고 있으나 학생들은 오히려 담임 교사의 적극적인 개입과 중재를 원하는 것으로 나타났다. 사이버불링 예방을 위한 학생들의 제안 가운데는 '교사가 카톡방에 초대되었으면 좋겠다', '담임선생님이 약한 학생들을 좀 더 챙겨주었으면 좋겠다' 등의 내용이 포함되어 있었다(이창호, 신나민, 2014). 문제는 일반 교사들이 전통적 학교폭력뿐만 아니라 사이버불링을 예방하고 적극적으로 대응하기 위해서는 교과 수업 이외에 좀 더 많은 시간과 노력을 학생지도에 투입해야 한다는 점이다. 이러한 교사들의 노력을 유도하기 위해서는 사이버불링의 심각성에 대한 교사 인식 제고를 위한 연수교육을 실시할 뿐만 아니라, 모범적인 실천을 보여주는 교사들을 발굴하여 포상 혹은 승진 시 가산점수를 부여하는 등의 보상 체계를 강화할 필요가 있다.

3) 부모교육

사이버불링은 학교라는 장소에 제한 받지 않고 일어날 수 있는 사안이므로 사이버불링에 적절히 대응하기 위해서는 가정에서의 부모 역할도 아주 중요하다. 따라서 학교는 사이버불링에 대해 기본적으로 인지하고 있어야 할 사안에 대해서 부모대상 교육을 실시할 필요가 있다. 이를 위한 부모교육에는 다음 내용이 포함되어야 할 것이다.

- 평소 자녀와 인터넷, 휴대폰 사용 및 그 역효과에 대해 논의할 수 있는 분위기를 만들어야 한다(Beate & Hall, 2010).
- 자녀의 사이버불링에 대한 피해에 대해서는 그 부모가 법적, 경제적 책임을 갖는다는 점을 명시해야 한다. 특히 부모의 경제적 책임은 자녀의 사이버불링을 중지시키는 데 가장 강력한 동기가 될 수 있다(Willard, 2007). 예를 들어, 하와이 주에서는 자녀가 사이버불링을 저지를 경우, 그 부모에게 100달러에 해당하는 벌금을 물게 되어 있다(이창호, 이경상, 2013).
- 사이버불링에 대한 구체적인 정보를 제공하기 위하여 학부모들에게 뉴스레

터나 워크숍을 제공한다. 여기에는 자녀들이 온라인에서 보내는 시간을 제한하고 모니터링해야 한다는 내용과 사이버불링 상황에 닥쳤을 때 학교와 증거자료를 공유해야 한다는 협조 사안도 명시해야 한다(Perren et al, 2012).

- 부모의 가장 큰 역할은 어떤 경우에든 자녀를 조건 없이 지지해주고 자녀에게 건전한 가치관을 제시하며 일관된 규율로 양육하는 것임을 상기시킨다(최숙영, 2013).

또한 학교는 부모의 양육태도가 사이버불링에 간접적인 영향을 줄 수 있음을 알릴 필요가 있다. 연구에 따르면, 자녀의 학업 스트레스가 심할수록 사이버 비행이 증가하며 학업 스트레스는 부모의 양육태도와 사이버 비행의 두 변인을 매개하는 변수로 작용할 수 있다(김경호, 차은진, 2014). 부모 및 교사와의 낮은 애착관계가 자기통제력과 사이버비행을 매개할 수 있다는 연구도 부모의 역할 및 자녀와의 건강한 관계에 대한 인식을 제고하게 한다(정혜원, 정동우, 2012). 학교에서 실시하는 부모교육에서는 이러한 연구 결과들을 학부모들에게 지속적으로 제공하여 사이버불링의 예방과 대응에 부모들이 적극적인 역할을 할 수 있음을 상기시켜야 한다. 왜냐하면 대부분의 부모들은 자신의 자녀에게 어떤 문제가 발생하기 전까지는 학교에서 제공하는 정보에 거의 주의를 기울이지 않기 때문이다(Willard, 2007).

4) 직원교육

교사뿐만 아니라 학교 내의 전 직원들이 사이버불링에 대해 인지하고 있어야 하며, 이를 위해서는 학교가 전 직원을 대상으로 연수나 세미나를 개최할 필요가 있다(Beate & Hall, 2010). 이 직원에는 행정직원을 비롯하여 학교에서 근무하는 모든 성인이 포함되어야 한다. 외국의 경우, 이 스탭 훈련(staff training)은 교사를 포함하여 상담가, 행정직원, 자원, 설비관리자 등 모든 직원을 대상으로 실시하는 전문적 교육을 의미한다(Willard, 2007). 국내의 경우에는 학교폭력과 같은 생활지도 사안이 주로 담임이나 학생부 교사가 담당하는 업무로 인식되고 있다. 하지만 사이버불링과 같은 학생 간의 문제에 대해서는 학내의 어떤 성인에게도 자유롭게 보고하고 논의할 수 있는 학교 풍토나 분위기가 조성되어야 한다. 이를 위해서는 학내의 교직원이 모두 노력해야 하며 이런 노력을 위한 직원교육은 학교가 직접 개발, 운영하거나 전문가 초청 형식 등 다양한 방식으로 실시될 수 있다. 이런 노력들을 통하여 학교 내의 불링 이슈에 대해서는 모든 직원이 그 대응 방식에 대해 기본적인 사항을 공유하게 되는 것이다.

3. 기타 노력들

1) 학군 내 다른 학교와의 연계

사이버불링 대응에 있어 학교는 단위 학교 내에서의 자체적인 노력뿐만 아니라 학군 내의 다른 학교와 대응책을 공유할 필요가 있다. 현재 학교폭력의 경우 가해자 처벌 방안의 하나로 전학 등의 조치를 취할 수 있으나(교육부, 2013:9), 사이버불링의 경우에는 공간적 제약을 그리 받지 않으므로 불링을 멈추게 하기 위해서는 더 세심한 노력이 필요하다. 따라서 학군 내의 학교장들은 공동의 정책 채택이나 협의를 통하여 더 효과적으로 자신의 학교 학생들을 사이버불링으로부터 보호하고 피해에 대해 적절하게 대응할 수 있을 것이다. 예를 들어, 미국 일리노이 주의 경우 공립학교 교장들이 사이버불링 반대 정책을 공동으로 채택하였으며, 이 정책에는 사안의 경중에 따라 다양한 형태의 대처 방안들이 명시되어 있다(Beate & Hall, 2010). 보통 학교에서 취해지는 대응책 가운데 가장 빈번히 취해지는 방안은 가해자와 피해자가 만나서 이야기하는 것이고, 가장 덜 취해지는 방법은 외부 기관과의 카운슬링이라고 한다(Roaskamp, 2009).

2) 지역사회와의 연계

사이버불링 대응에 있어 학교는 지역사회의 자원으로부터 도움을 받는 것도 고려해 볼 수 있다. 특히 지역 경찰서와는 긴밀한 협조 관계가 필요하다. 지역 경찰은 피해 학생의 법적 대응에 관련된 문제뿐만 아니라 학생, 학부모 교육에도 직접적인 도움을 줄 수 있다. 예를 들어, 학교는 '사이버경찰'을 학교에 초대하여 사이버불링에 대응할 수 있는 방법에 대해 학생과 부모들에게 이야기해 달라고 부탁할 수 있다(Beate & Hall, 2010). 미국의 경우에는 대부분의 주가 사이버불링을 발견하였을 시에는 반드시 신고해야 한다는 사항을 의무 조항으로 명시하고 있어(이주형, 안순철, 2013), 학교와 지역 경찰 간에는 긴밀한 협조 체계를 갖추고 있는 것으로 보인다.

3) 미디어기관과의 연계

학교는 또한 청소년을 대상으로 미디어교육을 실시하는 기관의 상담요원 및 기타 자원들을 활용할 수 있도록 미디어교육기관과의 파트너십을 구축할 필요가 있다. 국내의 경우, 학교에서의 미디어교육이 독립교과가 아니라 통합교과형태로 이루어지며 주로 영상매체나 NIE 활용교육에 치중해온 반면(김기태, 2007), 학교 밖에서의 미디어교육은 공모전, 캠프, 수용자 참여 라디오방송 등 다양한 형태로 전개되고 있다(한겨레신문, 2013). 이러한 유연한 교육방법과 형태에 사이버윤리교육을 접목시킨다면 학교에서의 교육보다 더 큰 파급 효과를 얻을 수 있을 것이다. 이런 시도는 학생들에게 정보화의 부정적인 측면만을 강조하거나 주입식, 강의식 방법으로 윤리적 행위를 무조건적으로 종용하는 기존 정보통신윤리교육의 한계(박성우, 김영기, 2003; 추병완, 2003)를 극복하고 사이버불링을 예방하고 대응하는 데 도움을 줄 수 있을 것이다. 학교 밖 미디어교육은 한국언론재단, 한국콘텐츠진흥원, 한국인터넷진흥원, 방송통신위원회 등의 정부기관과 지자체, 그리고 각종 청소년단체의 프로그램들을 참고해 볼 수 있다.

4. 정리하기

사이버불링은 국가나 문화를 넘어 보편적으로 발생하고 있는 정보통신매체의 역기능이라고 볼 수 있다(Sakellariou, Carroll & Houghton, 2012). 따라서 청소년 간의 사이버불링을 '척결'되어야 할 문제라기보다는 일종의 청소년 문화나 비행의 하위 영역으로 보고 발생 시 적절히 대응하여 재발되는 경우를 막는 것이 보다 현실적인 노력이 될 것이다. 이를 위하여 학교에서는 사이버불링에 관련된 정책을 수립하고 이 사안을 기술적, 법적, 사회심리적 측면에서 전문적으로 다룰 수 있는 운영위원회를 구성하고 있어야 한다. 또한 학생 스스로가 사건발생 시 적절히 대응할 수 있도록 행동 방침을 알고 있어야 하며 교사, 학부모, 학교 직원들이 이 사안에 접했을 때 어떤 지원과 도움을 주어야 하는지도 인지하고 있어야 한다. 이를 위해 학교는 학생, 교사, 학부모, 직원교육을 전문적이고 정기적으로 실시해야 할 것이다. 본 장은 이런 노력을 위해 고려할만한 기본적인 사항들을 제시하였으나 지면상 상세한 교육 프로그램과 방법에 대해서는 다루지 못하였다. 보다 상세한 내용은 다음의 참고문헌을 일별하시기 바란다.

참고문헌

가상준, 김강민, 임재형 (2013). SNS 사용문화가 청소년의 학교폭력 및 사이버폭력에 미치는 영향, 분쟁해결연구, 11(1), 159-208.

교육부 (2013. 10). 학교폭력 사안처리 및 초기대응절차.

김경은, 윤혜미 (2012). 청소년의 사이버폭력에 관련된 생태체계변인의 영향. 청소년복지연구, 14(1), 213-238.

김기태 (2007). 한국 미디어교육의 성격 분석 및 논의. 한국언론정보학회, 37호, 139-167.

김성훈, 신나민, 이효정 (2014). 학교폭력의 이론과 실제. 동국대학교 사범대학.

김종길 (2013). 청소년의 폭력피해경험과 학업스트레스가 사이버불링에 미치는 영향. 한국범죄심리연구, 9(1), 47-68.

김경호, 차은진 (2014). 부모의 양육태도가 초중등생의 사이버 비행에 미치는 영향: 학업스트레스의 매개효과와 학교급의 조절효과. 청소년학연구, 21(2), 27-54.

박성우, 김영기 (2003). 초등학교 정보통신윤리 교육의 실태분석 및 개선방안, 한국스쿨넷학회. 2003, 1권, 147-156.

박옥식, 유형우, 이유미, 조숙현, 조희원, 김용수 (2012). 중등학생 지도를 위한 학교폭력 예방의 이해 및 실제. 청소년폭력예방재단.

신나민, 안화실, 박정도 (2013). 청소년의 사이버불링 실태 파악 및 예방교육을 위한 기초연구. 한국교육학회 춘계 학술대회 발표집.

임상수 (2013). 사이버불링에 대한 법률적 대응책의 허와 실. 윤리연구 제 91호, 107-125.

이주형, 안순철 (2013). 학교폭력 예방을 위한 사이버불링(Cyberbullying)에 대한 연구 : 미국의 법적 대응의 특징과 법제 도입을 위한 검토를 중심으로. 분쟁해결연구, 11(1), 133-157.

이창호, 신나민 (2014). 청소년 사이버불링 실태 및 대응방안 연구. 한국청소년정책연구원.

이창호, 이경상 (2013). 소셜미디어 이용시간이 청소년의 사이버불링에 미치는 영향 탐구: 네트워크 특성을 중심으로. 한국청소년정책연구원.

정세영 외 (2012). 학교폭력 사안처리 가이드북. 교육과학기술부.

정한호 (2012). 학교현장에서 발생하는 사이버폭력 실태와 대처방안에 대한 고찰. 소년보호연구, 20호, 205-241.

정혜원, 정동우 (2012). 청소년의 자기통제력이 사이버비행에 미치는 영향: 부모애착, 교사애착의 매개 및 조절효과를 중심으로. 청소년학연구, 19(9), 1-23.

조윤오 (2013). 청소년의 사이버불링 피해실태 및 피해 유발 요인 연구. 한국공안행정학회집, 53호, 303-328.

추병완 (2003). 사이버윤리교육의 새로운 접근 모색. 사이버 커뮤니케이션 학보, 제11호.

최숙영 (2013). 사이버불링 예방 및 대응을 위한 교육적, 기술적 대응방안. 학교폭력 2.0 사이버불링 실태와 해법 세미나.

한겨레신문 (2013). annenim.tistory.com/222

Beale, A & Hall, K. (2010). Cyberbullying: What school administrators (and Parents) can do, The Clearing House: A Journal of Educational Strategies, Issues and Ideas, 81(1), 8-12.

Hoff, D. & Mitchell, S. (2009). Cyberbullying: causes, effects, and remedies, Journal of Educational Administration, 47(5), 652-662.

Marees, N. V., & Petermann, F. (2012). Cyberbullying: an increasing challenge for schools. School Psychology International, 33(5), 467-476.

Parris, L., Varjas, K., Meyers, J., & Cutts, H. (2011). High school students' perceptions of coping with cyberbullying. Youth Society,

Paul, S., Smith, P. & Blumberg, H. (2012). Revisiting cyberbullying in schools using the quality circle approach, School Psychology International 33(5), 492-504.

Perren, et al. (2012). Coping with cyberbullying: A systematic literature review, Final report of the COST IS 0801 Working Group 5, University of Zurich, Switzrland

Roskamp, T. J. (2009). Cyberbullying in illinois public schools. Dissertation Abstracts International Section A: Humanities and Social Sciences Vol 70(5-A), 1509.

Sakellariou, T., Carroll, A., Houghton S. Rates of cyber victimization and bullying among male Australian primary and high school students. School Psychology International 2012; 33(5): 533-549.

Snakenborg, Van Acker, & Gable. (2011). Cyberbullying: Prevention and intervention to protect our children and youth, Preventing School Failure: Alternative Education for Children and Youth, 55(2), 88-95.

Stacey, E. (2009). Research into Cyberbullying: Student Perspectives on Cybersafe Learning Environments. Informatics in Education-An International Journal, Vol 8_1), 115.

Tokunaga, R. (2010). Following you home from school: A critical review and synthesis of research on cyberbullying victimization, Computers in Human Behavior, 26, 277-287.

Willard, N. E. (2007). The authority and responsibility of school officials in responding to cyberbullying. Journal of Adolescent Health, 41, S64-65.

Yoon, J., Bauman, S., Choi. T., & Hutchinson, A. (2011). How south Korean teachers handle an incident of school bullying. School Psychology International 32(3) 312-329.

찾아보기

저자소개

안 성 진

성균관대학교 박사

현 성균관대학교 컴퓨터교육과 교수

주요 논문

〈A Study on creative problem solving founded on computational thinking〉

〈창의적 문제해결 과정 기반의 정보통신윤리교육 교수-학습과정 연구〉

〈사회현상학 관점에서의 인터넷역기능 분류체계 표준화 연구〉

주요 저서

『인터넷윤리』

『Computational Thinking과 창의적 문제해결방법론』

『산업기술보호론』

이 창 호

텍사스주립대학교 언론학 박사

현 한국청소년정책연구원 연구위원

주요 논문

〈소셜미디어이용정도 및 이용동기가 사회자본에 미치는 영향: 개방형/폐쇄형 소셜미디어비교〉 (2014)

〈소셜미디어이용시간이 청소년의 사이버불링에 미치는 영향 탐구: 네트워크특성을 중심으로〉 (2013)

〈청소년의 정치, 사회적 참여에 영향을 미치는 요인 분석: 탈물질주의 가치와 소셜미디어를 중심으로〉 (2012)

주요 저서

『스마트미디어의 이해』(2014, 공저)

『소셜미디어의 이해』(2014, 공저)

『저널리즘의 이해』(2013, 공저)

『정보사회의 이해』(2011, 공저)

조 윤 오

뉴욕시립대학교(CUNY) 존제이 형사사법대학 박사(Ph.D.)

현 동국대학교 경찰행정학과 교수

주요 논문

〈청소년의 사이버불링 피해 실태 및 피해 유발 요인 연구〉 (2013)

〈사이버불링 피해가 청소년의 자살생각에 미치는 영향〉 (2013)

주요 저서

『범죄학』 (2013)

『피해자학』 (2012)

오 인 수

펜실베니아주립대학교 상담자교육 전공 철학 박사

현 이화여자대학교 교육학과 부교수

주요 논문

〈성별에 따른 유형별 공격성과 전통적 괴롭힘 및 사이버 괴롭힘 가해의 관계〉 (2014)

〈사이버 괴롭힘과 오프라인 괴롭힘에 영향을 미치는 요인 비교 분석〉 (2012, 공동)

〈초등학생 온라인 괴롭힘의 실태 및 오프라인 괴롭힘과의 비교분석〉 (2011)

주요 저서

『가해, 피해, 주변학생을 위한 프로그램』 (2014, 공저)

『학교폭력예방의 이론과 실제』 (2014, 공저)

김 봉 섭

경희대학교 언론학 박사

현 한국정보화진흥원 정보화역기능대응부장

주요 논문

〈페이스북 이용자의 고독감에 영향을 미치는 요인에 관한 연구〉 (2014, 공동)

〈사이버불링 발생과 정보매체활용 간의 상관분석〉 (2013, 공동)

〈윤리적 관점에서의 인터넷중독에 대한 시론적 접근〉 (2013)

〈소셜미디어 이용자 유형에 따른 소셜미디어 이용동기 및 활동 유형에 대한 차이 연구〉 (2013, 공동)

주요 저서

『정보윤리의 이해와 실천』 (2010, 공저)

『현대사회와 언론』 (2006, 공저)

김 경 희

이화여자대학교 문학 박사

현 한림대학교 언론정보학부 교수

주요 논문

〈트위터의 뉴스미디어로서의 가능성〉 (2013)

〈주부들의 심리적 · 사회적 특성이 인터넷과 모바일폰 이용태도에 미치는 영향 연구〉 (2013)

〈Internet as a Facilitator of Cultural Hybridization and Interpersonal Relationship Management for Asian International Students in Korea〉 (2009)

주요 저서

『한국사회와 인터넷저널리즘』 (2009)

『한국의 인터넷, 진화의 궤적』 (2008, 공저)

『디지털마니아와 포비아』 (2007, 공저)

이 승 하

골드스미스대학교 심리학 박사

현 영남대학교 유아교육과 교수

주요 논문

〈Meaning and Usage of a term for bullying-like phenomena in South Korea: A lifespan perspective〉 (2012, 공동)

〈Perceptions of bullying-like phenomena in South Korea: a qualitative approach from lifespan perspective〉 (2011, 공동)

〈만 5세 유아의 공격적 행동과 또래관계 - 또래관계의 안정성, 가해/피해행동의 관계, 성별에 따른 또래거부와 가해행동과의 관계-〉 (2013)

주요 저서

「Reducing bullying and cyberbullying in schools: Eastern and Western Perspectives」 (근간, 공저)

「El Acoso escolar y su prevencion: Perspectivas Internacionales [Bullying and prevention: International Perspectives]」 (2013, 공저)

진 달 용

일리노이주립대학교 커뮤니케이션학 박사

현 Simon Fraser University 커뮤니케이션학과 부교수

주요 논문

〈The social mediascape of transnational Korean pop culture: Hallyu 2.0 as spreadable media practice〉 (2014)

〈Commodity and Community in Social Networking: Marx and the Monetization of User-Generated Content〉 (2014)

〈The Insecurity of Innovation: A Critical Analysis of Cybersecurity in the United States〉 (2014)

주요 저서

『Digital Platforms, Imperialism and Political Culture』 (2015)

『De-Convergence of Global Media Industries』 (2013)

『Korea's Online Gaming Empire』 (2010)

임 상 수

서울대학교 교육학 박사

현 경인교육대학교 윤리교육과 교수

주요 논문

〈정보윤리교육의 방법론 모색〉 (2003)

〈정보사회의 프라이버시 보호와 정보 자기결정권〉 (2006)

〈사이버불링에 대한 법률적 대응책의 허와 실〉 (2013)

주요 저서

『정보윤리의 이해와 실천』 (2010, 공저)

『디지털 시대의 정보윤리』 (2009, 공저)

최 숙 영

노바 사우스이스턴대학교 교육학 박사

현 우석대학교 정보보안학과 교수

주요 논문

〈An Adaptive system supporting collaborative learning based on a location-based social network and semantic user model〉 (2012, 공저)

〈사이버불링에 대한 국내외 연구 동향 및 대응 방안 연구〉 (2014, 단독)

주요 저서

『인터넷 윤리』 (2011, 공저)

『Computational Thinking & 창의적 문제 해결 방법론』 (2013, 공저)

이 원 상

독일 뷔르츠부르크대학교 법학 박사

현 조선대학교 법학과 조교수

주요 논문

〈형사정책적 관점에서의 게임중독에 대한 논의 고찰〉 (2014)

〈형법적 관점에서의 사이버불링(Cyberbullying)에 대한 소고〉 (2013)

〈청소년 유해환경에 대한 형사정책적 고찰 - 청소년 유해매체물(음반물, 게임물, 비디오물)을 중심으로〉 (2011)

주요 저서

『Cybercrime in the Republic of Korea I: Criminal Law and Policy on Cybercrime, "Recent Discussions on Hacking in the Republic of Korea"』 (2012, 공저)

『울리히 지버(Ulrich Sieber), 전 세계적 위험사회에서 복합적 범죄성과 형법』 (2011, 공저, 번역서)

『Die Verhaeltnismaeβigkeit im Cyberstrafrecht』 (2010)

이 유 미

독일 도르트문트대학교 사회복지학(청소년복지상담 전공) 석사 졸업

현 푸른나무 청소년폭력예방재단 학교폭력SOS지원단 단장

주요 저서

『전국 학교폭력실태조사 연구』 (2010, 2011, 2012, 2013)

『학교폭력 예방과 상담』 (2006)

『학교폭력 위기개입의 이론과 실제』 (2008)

『학교폭력 예방 및 대책』 (2013)

『학교폭력 예방의 이론과 실제』 (2014)

신 나 민

펜실베니아주립대학교 교육학 박사

현 동국대학교 교육학과 교수

주요 논문

〈청소년 사이버폭력 현황 및 피해 · 가해관련 변인에 관한 연구〉 (2013)

〈청소년 또래괴롭힘의 참여유형에 영향을 미치는 요인들: 공감 구인을 중심으로〉 (2012)

주요 저서

『원격교육입문』 (2007)

사이버불링의 이해와 대책

2015년 4월 25일 1판 1쇄 인쇄
2015년 4월 30일 1판 1쇄 발행

공저자 : 안성진 · 이창호
조윤오 · 오인수
김봉섭 · 김경희
이승하 · 진달용
임상수 · 최숙영
이원상 · 이유미
신나민

공저자와 협의하에 인지생략

발행자 : 김 동 규
발행처 : 교육과학사

경기도 파주시 문발동 광인사길 71
전화(031)955-6956~8/팩스(031)955-6037
Home-page : www.kyoyookbook.co.kr
E-mail : kyoyook@chol.com
등록 : 1970년 5월 18일 제2-73호

낙장 · 파본은 교환해 드립니다.
정가 15,000 원
Printed in Korea.
ISBN 978-89-254-0934-4